岁月凶猛

马 仑 著

出版集团 · 北京

图书在版编目（CIP）数据

岁月凶猛 / 冯仑著 . -- 北京：中信出版社，
2017.2（2024.6重印）
ISBN 978-7-5086-7149-9

Ⅰ . ①岁… Ⅱ . ①冯… Ⅲ . ①企业管理－通俗读物
Ⅳ . ① F272-49

中国版本图书馆 CIP 数据核字（2016）第 298400 号

岁月凶猛

著　　者：冯　仑
媒体支持：冯仑风马牛（ID：fengluntalk）
出版发行：中信出版集团股份有限公司
　　　　　（**北京市朝阳区东三环北路 27 号嘉铭中心　邮编**　100020）
承 印 者：北京通州皇家印刷厂

开　　本：880mm×1230mm　1/32　　　印　　张：12.75　　　字　　数：259 千字
版　　次：2017 年 2 月第 1 版　　　印　　次：2024 年6月第 18次印刷
书　　号：ISBN 978–7–5086–7149–9
定　　价：59.00 元

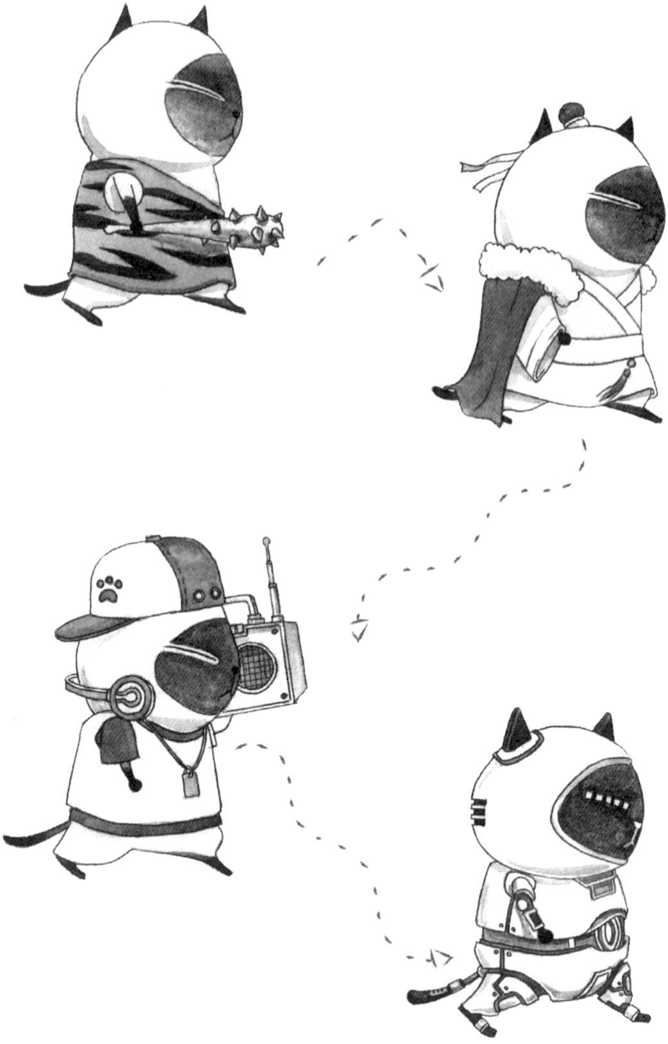

岁月凶猛

自序

也许是命运使然，也许是世事弄人，曾经有一个星期，我碰到很多非常奇怪的巧合。

先是一个十多年没见的朋友来访。碰面以后我才知道，他居然在约莫 15 年前被卷进一个案子里，被判了 20 年刑，过了十几年才出来。这个老板曾经是当地叱咤风云的人物，他的企业鼎鼎有名，无人不知。在我们分别的岁月里，他居然有十多年是在监狱里度过的。

一天后，媒体突然报道了我的另外一个朋友，也是刚刚出来。他因为一个经济案件被判了三年，一年多之后又因为另外一个经济案子，进到另外一座监狱里，而且那座监狱居然还不在国内。

这之后，我又在媒体上看到一个朋友，他之前坐了将近 17 年的牢，也马上要出来了。周边的朋友都在为迎接他做准备，要与他共同见证这个崭新的命运转折点。

在一周中，接二连三发生的这些事情，让我反复地思考一件事情：这二三十年以来，民营企业在制度转型和市场争夺这两件事情上，既挑战了人性，又挑战了商业技能，同时也挑战了企业家对制度转型当中一些法规政策的理解和把握能力。

岁月就是这样一天一天地过去，把你从一个肉团团的婴儿，变得挺拔，变得亭亭玉立。当然，它也可以让你变得弯腰驼背，最后像枯枝败叶一样，在萧瑟的秋风中，颓然落下。

人们常说“岁月是把杀猪刀”。现在，已经年过半百的我，再度回望身边的人和事，很想知道这把“杀猪刀”究竟把人的哪些部位剃掉了。是剃掉了骨头，还是割去了肉、伤到了皮、挑断了筋？它荡涤了我们身上的哪些污泥，又伤及我们哪些柔软、善良、美好的部分？

我用心审视这些走过岁月的人，发现他们心底里已经不再计较是非。我看到，一个人经历了无数的蹂躏和摧残，或者从一段孤独痛苦的监狱生活走出来之后，他们的第一反应是淡然、冷静，而不是愤怒、激昂。

人一旦经过磨难，更能体会什么是“是非成败转头空”，更能看淡是非的绝对性，而对是非的相对性会有更深切的体会——“是”不一定就“是”，“非”也不一定就“非”，昨是今非，今是昨非，随着时间的推移，是非不再决然对立，有时候还可以画上等号。

时间还可以改变人的角色，甚至剥夺人的角色。在进入社会之前，每个人都是自然人，唯一的符号是家庭、父母和祖宗烙在身上的印记。进入社会以后，无论是教授、将军、书记，还是明星、运动员，每个人都拼命奋斗，其实都只是为了扮演好社会规定的某个角色。

人在青年、中年的时候，最渴望的是把某个角色演到极致，可以在自己的角色前面冠上“牛”这个字。但是当年纪大了之后，就慢慢退出社会，一代人逐渐凋零、谢幕。那时候就算你还在场上，周围跟你有相同经历的人也会越来越少，你能够跟社会产生的联系也越来越少，最终你还是会淡出社会。

我的干爹就从来不去参加什么追悼会，因为他看见自己身边的人一批一批地死去，这让他的角色慢慢被人淡忘，回到一个自然人状态。曾经的“牛”不再被认为是“牛”的，曾经的光芒也照耀不到现在，更别谈照耀未来了。80 岁的人去跟 20 岁的人讲当年的辉煌，在我干爹看来，无异于是痴人说梦，会让人觉得怪异。普通的人不一定会尊重你，反而还会觉得你很落伍。

人一旦年纪大了、心里没有是非之后，他可能也不想要有一个固定的角色。因为角色的副产品是“是非”，而这个副产品会强化这个角色。如果不想继续扮演这个角色，其中一个方法就是遁入空门，吃斋念佛去修行，使自己变成“空”，就像一滴墨水掉入水中慢慢地晕开，让这个角色浅浅地渗入社会，最后归于无形。

有一个词叫“褪魅”，褪去魅力。如果说年轻时候的奋斗都是在“增魅”，那么岁月会不可抗拒地使你褪去魅力。

除了角色之外，岁月还会消除人的性别。人的性别意识从青春期以后才开始强化，于是产生了男女交往的固定模式，有了相对准确和公认的是非概念，然后就开始扮演性别角色。而上了年纪之后，当胸脯已经变平，当身上所有的肉都松垂下来、只剩一张皮囊裹着一副骨架，当身体越来越佝偻、走路也越来越困难的时候，人就会忘了性别，也不会去关注性别——没有了性冲动，性别还有意义吗？

岁月像一个磨刀师，除了样貌之外，它还会一层一层地磨削你的心。有时会把你心里的老茧磨掉，露出鲜嫩的新肉，让你变得更加坚强，更加富有激情，能更有活力地面对未来，但这样的概率很低。更多时候，这个磨刀师会磨掉你身上的棱角、毛刺，磨掉所有那些与外界相冲突的部分，最后让你的内心变得圆润、不扎手，让你的潜意识也能与社会相融。

如果你愣是融不进去，那么还有监狱等着你。把你放在监狱里，让与世隔绝的生活伙同岁月一起来打磨你，最后你要么屈服，要么死亡。

岁月像一趟慢慢开往前方的列车，人生的经历、角色、故事、成败则像路两边的风景；列车把我们带到越来越遥远的地方，而风景在我们的身后远去，它们最终将无影无踪。

也许我们也会看见些新的风景，但真正能够触摸并融入新风景里的人，是下一代。我们只能在车上想象，未来与我们越来越无缘。这种想象大概就是岁月送给我们仅有的礼物了吧。

在整理《岁月凶猛》的时候，无意中又回头看了一眼《理想丰满》，再往前又抚摸了一下《野蛮生长》。当这三本书放在一起时，突然感觉，这正是人一生中所包括的全部阶段和拥有的所有感悟。《理想丰满》是经过岁月磨砺后仍然保存着的理想和激情，以及触摸未来时所留下来的温度。《岁月凶猛》则像是一位中年人手里捧着的一杯温热的老酒，这酒里有苦、有香，也有甜，有沉淀、有漂浮、有过往，也有未来。这杯酒量不大，但足够你喝一个下午，再加一个晚上。第二天醒来的时候，你会发现其实人生就是先经历《野蛮生长》，再去触摸和追求《理想丰满》，最后虽然你的心里可能会留下“凶猛”的痕迹，但仍然是一种丰富的完美。人生就当如此。不经历风雨，怎么见彩虹！

新年了，把这三本书一起拿去出版，就像是展示在人生路口的一个胴体，也算是送给大家的新年礼物。在此我要感谢中信出版社和风马牛团队，正是他们的关注和努力，让我手里原本这些零零散散和粗糙的文字能够变成像剥了皮的老玉米，虽然坚硬却也新鲜。感谢读者，也感谢岁月，同时也感谢我们将要一起迎接的未来。

是为序。

目录

上篇

岁月的智慧

目

录

下篇

未来的新风景

目录

上篇

岁月的智慧

第一章　决胜未来的新思维

市场究竟有多聪明

我做生意这么多年，也不知在商场上打了几千个滚了，但有时候还是会想一个问题：市场究竟有多聪明？我们在市场上能做的事情，究竟有没有边界？市场究竟把我们的能力放大了多少？抑或把我们的能力扭曲了多少？

在现实中，经常会出现两难选择：这件事情究竟是用市场的方法做，还是用政府行政的方法做？是让公司去做，还是发文件让下级去做？不同的选择，最后产生的效果往往截然不同。

比如，怎么解决“乱停车”的问题？市场究竟能不能矫正人类的行为，或者督促人们依法依规办事？市场能不能让政府的手延长，而且更有效？在有一年的冬天，我似乎看到了一个答案。

大概是在十六七年前的冬天，我去了美国印第安纳州的一个小城。路上的雪约莫有半尺厚，而且雪还在不停地下。司机一路开着车，每到一个需要停车的地方，不管是加油站、餐厅，还是学校，路边都看不见停车位的线。

这种情况下，要是在国内，就算有个戴袖章的人过来查，你也完全可以说："这怎么停啊？你能看见停车位吗？"很容易就能搪塞过去。可是这个司机却是每到一处停车，就恨不得把四周的雪都扒拉开来看一下，确定自己没有压在线上，然后才走开。

于是我特别好奇，问司机："这大雪天，还这么讲究？警察都不出来了，还担心被罚吗？"司机说："这你可不知道，这个季节是拖车公司生意最好的时候，他们会特别认真地逮你的小毛病，然后罚你的款、挣他的钱。"

司机告诉我说，以前他们这儿一到冬天，由于下雪，乱停车的人就比较多，但是警察又没有办法一个个查，于是他们就想出一个办法：每到大雪季节，就发两三个牌照出来，有这个牌照的人，就可以成立一家拖车公司。

对政府来说，预计一个冬天的罚款最多是 3 万美元，而养警察一个冬天的费用可能就要 5 万美元，还不如发个牌照，让拖车公司去找碴儿，罚款就作为拖车公司自己的盈利，政府自身也省了钱。

对拖车公司来说，这笔生意有一定的风险。如果看走了眼，人家没有停在线外，你举报了人家，还把人家的车子拖走了，之后引起纠纷，打官司输了就得赔钱，那自己不就亏了？于是拖车公司就特别谨慎，一旦他们认为这个车子停得有问题，在处理的全过程中他们都会录像，同时请自己的律师把所有文件做好，然后举报给警察，最后在事实证据确凿的情况下，才能去罚款。

这样一来，每到冬天，司机也就会特别小心，因为他们都知道，拖车公司是私人企业，为了赚罚款，他们不怕寒冬，兢兢业业地 24 小时都猫着。而且这帮家伙特别狡猾，车轮稍微压一点线时，警察通常不会那么认真地查处，但拖车公司的人会超认真地找出你这些毛病。于是，司机一到这个季节就特别自律。

关于市场的作用，还有第二个故事。

“9 · 11”事件之后，拉登藏匿在阿富汗和巴基斯坦边界的一个地方。有一段时间，美军不断地派大军进入这一带，但后来又无声无息了。很多人揣测：美军是不是放弃了？是不是不抓拉登了？

但是拉登一直没有出来活动，因为他比谁都清楚，美国人从来没有放弃对自己的抓捕：不仅有像 CIA（美国中央情报局）这样专门的人在盯着情报，更重要的是，在他身边随时都可能出现赏金猎人。

赏金猎人是美国政府用来抓捕拉登而调动的民间力量。只要你有专业的背景，比如当过警察，加入过特种部队，或者在这些地区做过雇佣军，那么你就有资格向美国政府提出申请，通过审查即可获得去抓拉登的许可。最好是父子俩或者兄弟俩一起，这样成功的概率更大。当时，美国给出的最高悬赏金额有 5 000 万美元。在抓拉登的过程中，所有的成本都要赏金猎人自己负担，比如手铐、武器、机票、吃喝、服装。一旦抓到目标，这一辈子就翻身了。

这个赏金调动起来的干劲真是大，在拉登可能藏身的地点，经常会有这样的赏金猎人出没。他们伪装成本地人，分散小股地活动，像狼一样嗅觉非常灵敏，一旦有消息就过去探探。这些猎人对拉登的威胁反而更大，所以拉登更不敢随便把消息走漏出来。

在抓捕拉登的过程中，赏金猎人和正规的特种部队还起了矛盾，因为赏金猎人比部队还积极，经常会打乱正规部队的行动计划。于是，正规部队就利用这一点，故意放一些假消息出去，让赏金猎人去折腾。这样一来，还能误导恐怖组织以为自己没有被注意到，因而放松警惕。

拉登最终是被海豹突击队干掉的，但在这10年中，赏金猎人在这一带的出没无疑给拉登制造了巨大的压力，也给美国政府最后解决拉登的问题创造了重要的条件。这是一个市场和政府共同行动的计划。赏金猎人自掏腰包深入到最艰苦的地方去，恰好弥补了正规部队的高成本和无法去到一些犄角旮旯地方的缺陷。

第三个故事，说的是战争中的私人企业。在全球的武装冲突、局部战争中，我们越来越多地看到一些私人企业的身影，市场越来越多地渗透到原来由国家武装力量、政府权力、政府职能管辖的地方。

我第一次了解到这件事情，其实是在第一次海湾战争期间。在那一次战争中，很多人十分诧异地发现，大量的美军给养车队来自私人的物流公司。

物流公司的效率根本不输于部队专业的汽车兵。私人的物流公司有专机，有卫星定位系统，有专业的司机。所以在海湾战争当中，它们负责了大量运输军需物资的工作，为军队提供后勤保障，包括一些技术保障和基地军人的生活保障。

在第二次伊拉克战争之后，美军在伊拉克安排了一个行政长官，当地政府也选出了自己的政府高官。在这些官员、工程师、技术人员、特殊部门的周围，活动着非常多的来自私人安保公司的保镖。

最著名的私人安保公司就是黑水公司。虽然黑水公司因为误杀了当地的民众，最后在谴责声中倒闭了，但是作为美国五角大楼的一个承包商，这家公司完成了很多政府不能完成或者不让完成的特别任务。

这样的私人安保公司现在也始终存在，而且在冲突热点地区，他们的生意格外好，成为推翻当地军政府或反对派的重要力量。比如在近年打击“伊斯兰国”的过程中，出现了很多雇佣军，这些雇佣军就是受雇于私人安保公司的武装力量。

所以，地球上的冲突和战争也越来越多地变成代理人的战争，变成局部的冲突和小型战争。这样就让国家或区域间的利益纷争可以在一个可控、低烈度的范围内解决。

最后来讲讲我们国家打海盗的故事。

近几年来，我们威武雄壮的海军出行亚丁湾，保护了我们远洋的贸易船队——这样的新闻总会令国人振奋。但是别忘了，除了海军以外，其实更多防范和打击海盗的工作是请国际上的安保公司来负责的。

这个市场有多大呢？在亚丁湾上海盗出没最活跃的时候，我们国家的商船出行一趟要付给安保公司 8 万美元。而中国一年跑去亚丁湾的商船，有几千航次。由于生意好，很多安保公司都来抢生意，发展到现在，每一艘商船上都配了专业的武装安保人员，而且价格越来越低，到现在不足 3 万美元一次。

对照来看，动用一次海军大军舰，对付只是几条小舢板的海盗船，威风是威风，但是成本可能是几十万美元，跟收益实在不相匹配；倒不如花个三五万美元，每条船上请安保公司派几个人，又有效、又简单，成本也能大大降低。

显然，市场能够做的还有很多，只是我们今天并没有完全意识到。仔细想一想，目前有很多政府在做的工作，或许可以换一个方式，通过市场也能做，而且会配合政府做得更好。

所以在当下，我们应该更多地研究社会管理如何改革，如何把一些政府职能交给市场、交给 NGO（非政府组织）、交给老百姓自己。这样一来，社会秩序反而会变得更好，人们自由活动的空间也会更大，做事的效率也会提高。

当然，这所有的一切都依赖于一个有效、公正的法制系统。其实社会不怕有冲突和矛盾，最怕的是决策的混乱和法制系统的不健全。我们要更多地相信市场，从另一个角度来说就是要更多地相信法律，依法治理这个社会，依法来让市场发挥作用，这才能让社会可持续、健康地发展。

那些年，我们一起追过的“电灯泡 +”

近年来，关于互联网对现实世界产生的颠覆，已经被神化到无所不在、无所不能的地步。但凡一个创业者，或者任何人，拿着一份投资计划或者是谈到一次升职，都在谈 O2O（线上到线下）、垂直闭环；甚至在生活中，人人都可以说自己是“互联网 +”，或者“+ 互联网”。

政府更是大力提倡“互联网 +”，号召大众创业、万众创新。

一时间，见面就谈互联网，相逢必说 O2O，弄得传统行业的一些人自惭形秽，甚至七老八十了还要努力迸出几个互联网词汇，不是为了应景，而是为了在新世界中讨一口饭吃。

在这样懵懵懂懂的互联网热潮中，有很多企业投了很多钱，花了很多时间，耗费了很多精力，想给自己的企业找到一个转型的出路。似乎有了“互联网 +”，就能够所向披靡，化腐朽为神奇，让自己的企业立即起死回生或者再造奇迹，同时也能让自己的人生重放光芒、步入新境界。

然而，经过一连串尝试、奋斗、转型等折腾之后，大家似乎又消停下来，想要重新去认识：“互联网 +”到底意味着什么？它神奇在哪里？它能为我们创造的灿烂未来究竟长啥样儿？

当看不明白前路时，通常可以从过去寻找答案。回顾历史，往往能看见驶向未来的帆船的桅杆，也能发现新时代的曙光，这就是历史的神奇之处。我回望了一下我们的房地产发展史，忽然发现 130 多年前也曾有过一个类似的故事，这个故事就是“电灯泡 +”。

我们可以想象一下，在电灯泡发明之前，房地产是个什么样子。所谓房地产，就是创造最具价值的固定的人造空间。我们只要把这个人造空间造得安全、舒适，可以提供给人们去生活、工作、开展商业活动，这就算是完成了使命。

如果没有电灯泡，那这样的一些空间，比如说餐馆，就一定不能是太大的房子，因为火把、蜡烛的光线是照不了很远距离的，而且光照不均匀，有些地方亮，有些地方暗，客人很难辨别物品的真实颜色

当看不明白前路时，可以从过去寻找答案

和形状。当然你也可以用很多火把，但是这会受到成本和获取原材料的方便程度的限制。这个空间也一定不能太高。更重要的是，为避免油尽灯枯，这家餐馆的营业时间也受了很大的限制，可能很早就要打烊。在那个时代，餐馆通常只是一个供人们短暂停留吃饭的地方，而不是可以用作大规模公共活动的特殊空间。

那时候的戏剧也一样：演戏的空间也不能太大，因为全靠火把照明；而且因为光照度不够，演员就必须把脸上的色彩画得非常浓重，比如日本艺伎脸上画的那样白白的、红红的，或者中国京剧黑白分明的脸谱。那个时候的表演者一定是浓妆、重彩，而且要用面具来把人物的表情和样貌轮廓非常夸张地展现出来。只有这样，观众们才能在这个空间里一起观赏、体验、娱乐。

突然有一天，一个叫作爱迪生的人发明了电灯泡。第一个用上电灯泡的餐馆会是怎样的情形呢？所有空间里的光亮度大大改善，食客们看得清每一件物品、每一道菜肴、每一份水果、每一盘甜点的样子，心情就会大好。用现在的话说，就是消费体验更好、更极致。更重要的是，餐馆的营业时间可以比过去至少延长一倍——不仅白天可以营业，阴天可以营业，傍晚可以营业，晚上可以营业，深夜也可以营业，甚至可以通宵营业。因此，这第一个用上电灯泡的餐馆，给客户带来的体验一定非常好、非常新奇、非常愉悦。同时，营业时间加长以后，营业额会增加至少一倍，餐馆的收益一定会有非常大的提升。所以第一个使用电灯泡的这家餐馆，就变成了“电灯泡＋餐馆”，或者叫“餐馆＋电灯泡”，于是这家餐馆就具有了无可争议的竞争优势。

同样，剧场全部改用电灯泡以后，舞台上的表演者就可以化淡妆，让观众可以看到他们的表情，更容易融入戏剧的情境，更多地享受戏剧带来的震撼和快乐。于是，“电灯泡 + 剧场”或“剧场 + 电灯泡”的商用房地产形式也应运而生。

总之，电灯泡刚开始出现的时候，一定会流行“电灯泡 + 某某”。所有行业或产业，都会因为使用了电灯泡而获得竞争优势。这时电灯泡就变成了商业变革很重要的手段。

那第一家餐馆用了电灯泡后，生意翻了一番，周边的人一定会投来羡慕的眼光，之后就会是仿效，会有更多的人要给自己的餐馆安上电灯泡，给自己的旅馆安上电灯泡，给自己的工厂安上电灯泡。一时间，所有的地方都可能被安上电灯泡。

而当一条街上的餐馆全都安上电灯泡以后，客户们终有一天会对电灯泡带来的新体验变得麻木。下一代人一出生就生活在“电灯泡 + 住宅”的房子里，他们心目中上课的地方从来都是“电灯泡 + 教室”，对餐馆的心理预期也必定是“电灯泡 + 餐馆”。电灯泡终于变成一个普遍的标准配置，成为任何一个空间里都必须要有的基本条件。

“电灯泡 +”的黄金时代就这样过去了，它不再是房地产的竞争优势，而是一个谁都必须要付出的成本，于是一切复归正常和平静，人们只能再去寻找新的有助于增加餐馆收入的竞争力。

回到当下。北京万通中心有家“五味网络餐厅”，它的特别之处是“互联网 + 餐馆”。这个互联网餐馆的竞争优势，就是预订。通过预订，餐馆可以大大减少备料方面的巨大浪费，同时还能压缩厨房面积和进行标准化操作、降低制作成本。此外，还改进了支付方式，减少前台收银和服务人员、降低人工成本。有了这三条，“五味”获得了一种新的竞争优势，变身为网络餐厅，结果在开张第八个月就实现盈利；现在新开的第二、第三家店，只需三个月甚至一个月就能盈利，而且70%的客源增加都来自手机预订。这样一种互联网餐厅，与当年“电灯泡+”的故事如出一辙。

这个“电灯泡+”，让它得以把自己和别人的差距大大地拉开来。因为互联网可以做到24小时营业，可以用电子支付、远程配送等各种方法来扩展空间有限的餐饮服务，让一个十平方米的空间可以提供二三十平方米，甚至是相当于原来几百平方米的空间能够提供的服务。

当年“电灯泡+”引发了餐馆的革命，也带来了商业不动产的革命。130多年后的今天，当大家早已把电灯泡当成一个标准配置和成本支出的时候，又出现了“互联网+”，使餐厅得以进一步提升业绩、产生新的竞争力。这样的一种历史演变，让我们看到了一个商业活动，或者一个竞争性企业的进步轨迹。

事实上，一种新的技术手段的出现，会在短时间内创造出一种特别的竞争优势。这个竞争优势，无非就是扩大服务范围、缩短服务流程、提升服务质量，由此给一个最先使用这些技术的企业带来成倍的效益增长。可是等到这种技术被普遍应用以后，它就不再是一个竞争优势，而只是一个成本，一个甚至会让你受到拖累却又必须支出的成本。

现在的情形也是这样。三年前甚至是十年前，最先完成“互联网+”的企业获得了超额利润，它们今天已经成为当红企业，成为“独角兽”，成为被人羡慕的网络英雄。但当全民都在讲“互联网”的时候，当互联网已经成为任何一个企业都必须有的基本配置、必须付出的基本成本的时候，其实互联网带给我们的已经不是独特的竞争优势，而是一个比原来没有互联网的时候更高的竞争成本和门槛。

当一个技术被普遍应用以后，如果我们还是希望借助它来创造竞争优势，实际上已经是一个徒劳的幻想。这个时候，我们应该再回到商业的本质来看，去找下一波的技术爆点在哪里，下一个能够被我先使用的独特技术在哪里，下一波能够改变客户体验、扩大营业范围、创造营业绩效的手段是什么。于是产生这样一波又一波的从“电灯泡+”到“互联网+”，再到下边可能还有物联网等新的技术。我们必须清楚，每一项技术能真正给你带来具有颠覆性优势的商业模式、带来垄断利润和超额利润的时间并不长。

今天，当我们普遍地被“互联网+”诱惑、骚扰而晕头转向的时候，不妨往回看一下那些年我们追过的“电灯泡+”这样的“美女”，同时憧憬一个更加令人激动的未来。

在未来，住宅仍是重点，但会转向三四线城市

北大哲学研究生中曾经有个奇才，他上本科的时候，就在北大开了个窗口卖火车票。

因为他发现每年春运的时候，火车售票点都非常拥挤，于是就开始研究全国的火车票，把售票原理、站点之间的连接关系、每个窗口的上班时间和售票人员这些信息都研究透彻了，之后就开始卖火车票。他的口碑很好，大家都知道到他这里买票简单方便，而且一定可以买到。

当他考上哲学系研究生时，别人问他为什么选哲学。他说他觉得自己就是一个哲学家，因为他每天都要问一个问题：从哪里来，到哪里去？这也是哲学的终极问题。

我们人类也经常要问自己这个问题，是从肯尼亚来到火星去，还是从阿拉斯加来，要到木星去？

那么我们的房地产领域又要到哪里去呢？

过去大家都被统称为“房地产开发企业”，都是开发住宅，现在则细分出了住宅不动产、商业不动产、房地产投资……而各个细分领域内的企业模式也在不断演变。

拿商用不动产领域来说，部分房企已经进入一种新模式：以售养租，卖掉一部分，然后留下一部分用于出租，以租带动资金回流。再加上银行业的支持，出租经营到一定阶段，用经营型贷款把钱再拿回来。

这是当年香港房企做过的事情。一开始它们也是只做住宅，后来随着香港的发展，才开始把住宅和商用进行配合，发展到了“社区性商业”阶段，商用部分以购物中心和附属的酒店、写字楼为主，和住宅关系很密切，所以可以卖掉一部分甚至是全部住宅，来支撑商用发展。

但是这种模式也只是过渡性的。随着我们经济的发展和土地制度、市场的变化，到人均 GDP（国内生产总值）达到 1.5 万美元之后，这个模式就会放慢速度甚至停下来，然后进入下一个模式：轻资产模式。

比如轻资产模式做得很好的一个企业，2/3 的资产都是管理资产，提供 1/3 的净利润，剩下 1/3 的直接投资资产则提供了 2/3 的净利润。

它有十几只基金，有纵向也有横向的投资，通过基金、资本市场、自身产业三者的精妙配合，最终使它获得超高的资本回报率，在亚洲上市的大型房产公司当中是最高的。

轻资产模式其实是美国模式的亚洲版。在美国，企业和政府谈好之后会成立一个基金去买地，而不是用自己的钱买地，企业作为收费开发商来经营这块地。现在美国企业到中国开发项目，仍然采取这个模式。在美国模式下，企业直接投资比例更低，连管理资产的 1/3 都不到。

再往上，我还看到了美国的房地产信托资金支付模式，在轻资产模式的基础上又跟黑石集团做了一笔交易，一次性给它 390 亿美元的写字楼。

为什么房地产行业的这些改变和创新会在这个点发生？为什么是 20 岁结婚，25 岁生小孩，而不是 5 岁？这里面有三个必然性。

第一，由经济增长自然产生的需求重点变化。

在人均 GDP 达到 8 000 美元之前，我们首先要解决的是住的问题，还顾不上更好的度假村、写字楼、购物环境，所以这个时候，住宅几乎就等于房地产。

但是现在中国人均 GDP 已经超过 8 000 美元，房子有了，住地踏实了，就开始抱怨买东西、看病、孩子上学不方便，于是社区性商业开始出现了，主要是围绕几个住宅区或者是一个大型住宅区的街铺、购物中心，这个需求将会非常旺盛。美国上市的商用不动产中，市值第一位的就是购物中心。

等到购物中心满足了大家，移动、创业、金融服务需求又会越来越强烈，写字楼里面的人越来越多，对高档写字楼的需求开始增多。创业的人也开始多了，闲钱多了，买的东西从必需品变成奢侈品，所以高级购物中心、酒店也出现了。

第二，房地产的价值链有其内在的变化。

房地产也是下游为制造业，到中游变成服务业，上游则是金融业。制造业的核心是成本、速度、规模，只要围绕这些进行创新，在制造业里就一定会胜出。

服务业围绕的则是态度和服务技巧。态度很重要，但是如果技巧不好，比如推个油把凳子砸到客人脸上，那一样得不到小费。

在服务业这个领域里，估值的模型已经变了，核心指标变成了每平方米的回报率，而不是开发面积。我们在过渡模式下做的上百套楼也比不上人家的一套。

之后把服务业上市，就又跨越到了金融业，价值链又会随之发生变化。

第三，中国市场经济的金融环境和金融制度发生了变化，使得轻资产模式、美国模式在中国的生存能够越来越容易。

现在很多公司抱怨说房地产不好，没钱。但事实上一些专业性好、历史长的公司，它们却过得很好，完全不差钱。如果按照我刚才讲的创新逻辑去看，现在真不差钱。因为现在直接融资也在大规模进入房地产市场，其中光是信托资金就从民间吸取了1万多亿。

但是这些钱很少用在第一阶段的制造业，如果你还在这一阶段，是闻不到香味的。

但是到了第二和第三阶段，比如像一些已经在做私募基金的企业，就会发现钱并不是问题，问题在于专业能力，能不能做到眼光好、手艺好、服务好，因为直接融资比银行更挑剔。

从制造业到服务业再到金融业，每个阶段创新的重点不一样，所以企业要选择好自己的位置，并且有清晰的认识，有属于自己阶段的战略和创新，这很重要。

在未来一个阶段，住宅仍然是中国长期发展的重点，但是会转移到三、四、五线城市，因为这些城市的人均GDP大部分都还远没有达到8 000美元，发展空间还很大。

所以按照我们前面讲的行业规律，房地产行业实际上还处在盛夏，将来的路还很长，我们的好日子也才刚刚开始。

是什么在左右住宅价格

房地产当中，最贴近我们生活的不动产形式是住宅，而平时大家最关注的，就是住宅的价格。房价到底是怎么决定的？我们对此做过很多研究，这里给大家一些提示，方便大家参考。

第一个研究方法是看当地的GDP。根据宏观经济的研究，经济增长一般是从人均GDP为一两千美元时开始的。当人均GDP到8 000美元时，温饱问题已基本解决，住宅市场会逐渐饱和。中国整个国家的人均GDP已经超过8 000美元了，整体住宅供应量已经饱和，所以近几年大家看到很多城市的住宅逐渐滞销。

第二个研究方法就是看一个城市卖的新旧房子的比例。如果这个城市每天卖6套房子，一半是新房，一半是旧房，这就意味着房市接近饱和，北京、上海等很多城市就是如此。

但是如果超过这个比例，比如说纽约卖了6套房，4套房是二手房，2套房是新房，成交的二手房多于一手房的时候，这个市场就已经饱和了。目前，国内相当多城市的二手房交易都多于一手房。

在这种情况下，值得我们去关注的潜力住宅，都在一些“三增长”的地方。

第一，人口增长。因为住宅和人是直接联系的，如果这个地方的人口没有增长，你买的房子一定会贬值。东北每年有180万到200万人离开城市，你现在去那儿投资住宅基本上都是赔钱的。

人口增长非常重要，北京、上海、深圳的房价为什么不掉？那是因为北京和上海的人口每年净增长五六十万，而深圳已经是过千万人口的城市，现在还在增长。北京的朝阳区，光是中央电视台就为它带来了几万人，所以这个地区的租金持续上涨。

第二，积极人口的增长，即要关注人口增长的结构。如果增长的人口全是要饭的、流浪者，当地的房价不仅不会涨，可能还会降。因为社会治安不好，犯罪率高，有条件的人就都跑掉了。

大家知道，硅谷里都是一些科技人才，受过非常好的教育。这些人有的还会创业，既创造了很多就业机会，又能带来收入。这种人口增长，本身就会变成一个需求。举个例子，过去是制造业、出口创造GDP，而现在是服务业、科技创造 GDP。

比如做煎饼，天津人做了几百年煎饼，却没有一家的营业额超过1 000 万元。但是北京有个创业者用互联网思维做煎饼，市值高达 20亿元。这个创业者不仅提高了他的个人价值，还创造了很多就业机会，带来了更多的收益。

第三，经济的增长。最近三年以来，城市经济的增长发生了很大的变化。十多年以前，经济增长是外延式的，主要靠制造业、基础服务业，包括原材料、能源在内的传统实体经济。加强基础设施建设、财政投入，所以过去的增长表现更直观，城市越来越大，投入也越来越多。挖煤的人赚钱了，挖矿的人也赚钱了，所有做出口、加工的人都赚钱了。

而现在，这些人都说日子不好过，我就想起了《新鸳鸯蝴蝶梦》的“由来只有新人笑，有谁听到旧人哭”。各个行业都是新人笑、旧人哭。新人是谁呢？我们叫它“五行业”，俗称“五大美女”——互联网、云计算、人工智能、基因生物、大娱乐大健康，大家知道这五大行业都在奔向高科技。那旧人是谁呢？就是刚才我们讲的，传统的制造业、矿产、能源。一遍一遍地重复新人笑、旧人哭，这就叫社会进步。

我们城市的经济地图发生了很大的变化，过去的经济地图中，每个二线城市都差不多，大多是卖地、卖矿、出口，但是最近这几年，“五大美女”只活跃于七八个城市，所以这七八个城市的住宅有戏。

举个例子，互联网现在集中度高到什么程度？光看前 2 000 家互联网公司，60% 在北京，30% 在深圳，10% 在杭州和上海，其他的城市没有，所以但凡有点想法的，就跑到北京去了。

大家看娱乐行业，电影特别火，差不多有 100 亿美元的市场。但是你们知道吗？现在是五大公司控制 90% 的电影行业，这五大公司都在北京。所以北京美女多，因为电影公司都在那里，所有做明星梦的人都到北京了。

大文化、大娱乐都在北京，基因生物在深圳，而金融服务业，大家也知道，都分布在北京、上海、深圳。未来的整个经济地图都变了，今后的高峰就是北京、上海、深圳、杭州、广州、苏州、厦门、成都等地方，剩下的都是“平原”。

如果你们以后要买住宅，得到高峰的地方去。美国的国土面积和中国差不多，大家能记住的美国城市不超过 10 个，都是洛杉矶、旧金山、纽约、芝加哥等，剩下的是“平原”。

除此之外，还有三个因素能够决定住宅价格。

第一，税收。如果你买了 5 套房想给你的子孙，得赶紧的，否则你的小孩可能交不起遗产税。假定这个房子价值 1 000 万美元，美国的遗产税大概是 45%，你需要缴纳 300 万到 400 万美元的遗产税，这套房子才能过户到你的名下。

国外经常有人因为交不起遗产税，得去贷款借现金，把税交完，拿房子抵押再贷款。这个倒腾的过程很累人，而且经常没有时间倒腾。如果老人是12月下旬去世的，你转年就得交税。所以很多老人选择一定要死扛着熬到年初，就是为了给小孩一年的时间倒腾。

如果遗产税、财产税，还有增值税等持有住宅的成本很高，你就不愿意买房了。如果税比较低，比如像新加坡、中国香港、中国台湾，综合的税收大概就11%，很多人就愿意持有不动产。

第二，汇率。如果人民币不断升值，在海外买房的人就会越来越多。因为海外的房产的产权是永久的，贷款也很方便，很好操作，利息也很低。但是如果人民币贬值，我们出去买东西就觉得贵，什么都觉得贵，可能就不会出国买房了，特别对于大城市的高收入人群来说。

第三，对于社会经济发展的长期预期。一些活跃的经济人口，如果对这个城市、对这个国家经济发展的长期预期很好，就会比较积极地置业；如果预期不好，可能会选择租房，然后在海外置业。这种社会心理的偏好，对于住宅的价值变化来说，也是至关重要的。

为什么大楼着火时我选择电梯逃生，而不是楼道

不管是住宅还是商用不动产，都有一个概念叫作“容积率”。很多人批评我们，说“容积率太高”，所以我们到成都，到西安，到任

何一个城市，先要解决的问题就是密度。

我们先在全世界范围内看那些城市密度最大，但是又比较舒服的地方。

日本的大丸地区，1 平方公里，建 600 万平方米的建筑；人口最密集的芝加哥，它的卢普区 1 平方公里建了 1 000 万平方米的建筑，但这个地方就有点压迫感了，不如日本舒服。

新加坡也很有意思，原本国土面积是 570 平方公里，后来填海扩张到 700 多平方公里的时候，承载的人已经有 580 多万。现在新加坡规划的新住宅区，1 平方公里就有 4 万人，但是我在那里住了一年多，感觉非常舒服。

我们过去经常在概念里觉得，似乎是越松散、住的密度越低越好，但其实密度本身并不是一个特别吓人的问题，只要规划得当，我们可以有大丸这样的享受，也可以有新加坡的这种便利。

在提高城市密度的问题上，我们遇到了很多技术性的质疑。

一是“高了不接地气”。但“地气”这件事儿，就像中国人说的“上火”一样，谁也没见过，但什么都能拿它来解释。如果越接地气的楼越好，那究竟是 1 楼小孩考北大概率高，还是 20 楼以上的小孩考北大的概率高？到北大去看，住在平房的一定是少数，中国绝大部分城里人都不接地气，都在楼里，但都比原来聪明。

第二个质疑就是“消防”，这是我们在规划中碰到的最多的问题。那么是胡同着火好救，还是大楼着火好救？胡同里一着火，连个消防栓都没有，车也开不进去，火烧连营地就烧没了。大楼里如果是小火，基本上没事儿，就算是大火，在一开始规划设计的时候也已经把技术上能防范的考虑进去了。所以，现代大楼的存活率远比传统的胡同要高。

现代城市消防技术的进步，已经大大提高了在楼里存活下来的概率。比如 541 米的世贸中心，“9 · 11”事件后复原状态时发现，造成当时人员伤亡的原因主要有两个。

第一，虽然设计了消防通道，但是没有考虑到紧急的状态，就像当时中国所有的高楼一样，只有一个逃生通道。一旦有紧急状况，救火队员往上走，逃生人员往下跑，就都堵在路上了，一堵，就容易发生踩踏。所以,“9 · 11”事件之后最新的 1 号楼就调整成两个通道了，救火的、逃生的各走一边。牺牲一点大楼面积，但是一旦发生事故，存活率能大大提高。

第二，着火时的浓烟问题。我有一次刚入住上海四季酒店，就碰到广播播报火警，我也是头一回碰到。当时我住在 23 楼，就纠结：走消防通道，还是走电梯？最后我决定走电梯，因为我觉得火刚上来，电梯应该没问题。

我为什么不走楼道呢？我知道当时“9 · 11”事件的时候同样遇到了这种问题——着火的时候，楼道就相当于一根烟囱，所有烟都往上拔，走楼道就会先被烟呛死。所以“9 · 11”事件之后又出现了一个“气幕技术”，用一股强大的气压，把浓烟压制下来，保证人在通道里面还是能存活的。

所以，城市里的消防技术、防火规范远比乡村低矮的房子做得好，就算是高密度，也可以做到方便、安全、有效。

一个城市要不断地提高密度，靠什么？建筑技术。如果没有建筑技术，一栋楼几万个人，怎么往上盖呢？全世界范围内有一个统计：一座城市大概每 100 年会生长 70 多米，而这个生长过程，主要依靠的就是技术。

1929 ~ 1956 年，曼哈顿掀起了第一个“摩天大楼时代”。在那之前的建筑技术，就是用石头、柱子造最多二三层楼，有穹顶，有尖顶，但上面基本不住人。金融危机之后，曼哈顿变得非常拥挤，于是出现了现代建筑的“三大技术”。一是钢结构。要建高楼，一定要用钢结构，那么往上盖楼的基本结构问题就解决了。二是电梯。即使有楼，要是没有电梯，人怎么上去？但是当时的电梯只有最简单的垂直升降功能。三是玻璃。如果都是石头建材，往上建 20 层，建筑的自重太重，地基受不了。

有了这三大技术以后，把建筑盖高就变成了可能。等摩天大楼建完，曼哈顿平均“生长”了差不多 100 米，现在的很多高楼都是那个时候建的。

但这三大技术还遗留了一个问题。因为当时的技术很简单，所以那时候的建筑功能只能简单化，没有综合体，写字楼就是写字楼，住宅就是住宅。但是最近 30 年来，特别是在“六本木时代”之后，建筑又出现了三大技术的改进，使建筑复合功能的多样化变成可能。

第一，通信技术，保证能在复杂功能的建筑里找到你。以前太复杂的建筑结构，人一进去可能就找不着了，这就有安全问题。而通信技术能让所有人都无处藏身，走哪儿都方便。这就带来了建筑功能复合化的可能。

一个城市基本上承载了 120 个功能，现在一个复合建筑的功能就可以做到 10 个以上，包括酒店、公寓、剧场、车站，甚至在上面再做工厂、农业。这种行为的多样化，都要靠里面的通信连接起来。

第二，能源技术，保证不管在多大的空间里，光线、温度都是一样的，不会因为功能多样化了，舒适度反而降低。

第三，纳米技术，建筑材料改变以后，建筑就不会被因过高而产生的自重压垮。

最近的建筑，除了功能多样化外，高度又开始长了。现在已经建成的，并且在运营的最高楼是迪拜哈利法塔，828 米，从地面到最顶楼只要 57 秒，这就是技术的进步。

现在，500 米以下的建筑太容易盖了，这已经是常规技术了，要盖到 500 米以上才算在技术上有点挑战。在拉登老家吉达，有一座正在建的楼，大约有 1 000 米高，楼名就叫“一公里”；巴黎也有一座在建的楼，1 100 多米；阿联酋的首都阿布扎比，正在筹备建 1 200 米的高楼。

技术的进步太重要了，没有这些，我们的城市要向上长也不大容易。所以，其实技术决定了土地是“无限”的，所有人都觉得城市太密集没法住人，但我们要在实践中慢慢说服大家，让大家知道这个密度没有问题。

月球上的经济适用房

伦敦的潇潇细雨淅淅沥沥地下个不停。因为一个建筑奇才、令人尊敬的大师扎哈的故去而惋惜的我，此刻又走进了另一家值得尊敬的建筑事务所。

在入口处，我就被一张照片吸引了。我对主人说："这照片很眼熟啊。"

主人笑着避开话题："你先看一下那些熟悉的、真实的建筑。"

我说："这难道不是真实的？"

他说："半真半假，似真似假。一会儿告诉你。"

于是，我跟着主人，循着他们预定的参观路线，一步一步地去看那些能讲出道理来的建筑。它们或者高耸入云，强调高度；或者用了某种材料、技术，强调节能环保；或者巧借山水造势，强调建筑与环境的和谐呼应；又或者强调某一个空间的独特性，满足了业主的经济需求。

然而，这些不乏想象的建筑，我在这些年里已经听得多、也算见得多了，甚至我自己也做过一些。所以，在参观的过程中，我兴趣全无，甚至三步并两步地主动引导主人尽快往前走，恨不得能跳过这些，直接揭开进门时心中留存的那个悬念。

我说："我们还是看看这个吧，这到底是什么？我一直都很好奇。"

主人笑了，说："这是一个特别有'未来性'，但是又特别真实的建筑。虽然我们都没做过这种建筑，但这种建筑离我们的生活其实并不遥远。”

“这到底是什么呢？看着像是科幻片里的东西。”

“不对，这已经不是科幻，这即将成为现实。”

“这个现实离我们还有多远？”

“不远。就在2020年。”

“那不就只剩4年了吗？”

“对。这是某两个大国的航天机构委托给我们的任务——在月球上建房子。”

“怎么可能真的在月球上建房子？”

“是真的。这两个国家的航天机构本身都非常了不起，它们委托的这个任务是有硬性条件的，我们必须要在约定时限前，让这个月球上的房子可以住人。”

我好奇地问：“这房子该怎么建呢？有难度吗？和地球上的房子到底有什么不同呢？”

他回答说：“第一个难度就是没有建筑工人。我们研究了很长时间的技术问题，包括现在的智能化技术。你看，这个地方有很多像小车一样的东西，我们可以用火箭把这些小车都送到月球上。这些小车就是智能的建筑机器人，它们会在月球表面把一些特殊的材料堆成一个像建筑一样的东西。”

“但这种智能建筑机器人，你得弄多少上去才能建一座房子啊？”

“现在还没有计算出具体的数字，我们考虑的是，在火箭上一次性搭载可以建一个300平方米到500平方米房子所需的机器人数量，它们可以日夜不停地在月球上独立工作。”

“建这个房子需要多长时间呢？”

“怎么也要三五个月。这还要看机器人是否能够按照计划和指令完成工作。”

“那种特殊材料是什么呢？也要用火箭送到月球去吗？”

“我们不能按照地球建筑材料的标准去衡量月球建筑材料。在月球上，不是像在地球上一样刮风下雨，而是下陨石雨。那劲道可大了！陨石要是落在地球上，砸出一个大坑，那是很平常的事情。如果还是用地球建筑的材料在月球上建房子，碰上大大小小的陨石不断地落下来，那可是要破脑袋的。”

“怎么才能抵挡得住呢？”

“这就是我们研究的课题。我们不仅要把这些材料堆积起来，让它有足够的硬度，还要让它能够在造型上避开陨石的垂直冲击。所以你看，月球上的房子就是这种曲线的造型，没法做成平顶，也不能做成坡顶，这样才能减缓垂直的冲击力。”

我有点明白了：“怪不得这个房子又像窑洞，又像一个很奇怪的动物造型，你这么一说我就明白了。不仅要考虑缓冲，还要让落下来的陨石能够落到别的地方去，否则在房顶上越积越多也不行。”

他说：“这可不是一般的技术。我们的挑战就是既要让机器人按照我们的预期正常工作，还要让它们完成这样一个造型的房顶。”

“这种建筑里边的空间到底要造多大呢？它能用来干什么呢？”

“在我们的想象中，最早一批住在月亮上的人，需要的应该是一种混合空间，既能居住，又能工作。同时，肯定还会有很多科学实验工作，所以，要有一个足够大、足够高的空间，可以容得下一些科学仪器。总之，我们准备的是一个敞开式的空间，至于将来人类上去以后怎么用，我们也没法想象。”

我说：“问个庸俗的事儿，多少钱一平方米呢？”

主人笑了，说：“我们不能把任何东西都变成生意，也没办法把地球上的生意带到月球上去，因为月球上没有人和你讨价还价。”

这就是第一批在月球上盖的“经济适用房”。地球人到月球上别无选择，只能选择这样的房子，我们不能挑长相，不能选户型，也不知道它的价格。它满足的仅仅只是我们“居住”的需求而已，这是绝对的“刚需”。

一到月球上，事情就变了。在那里，除了你自己心里的是非恩怨，没有人会跟你讲是非，因为月球在你到达之前，是“零”，是空的。这个新的、空白的世界，是没有地球上所谓的“规则”的。

可以想象，那些第一批住进月球的人，将成为月球规则的缔造者，同时也是月球的主宰者，是可以通过月球来主宰地球的、法力无边的“神”。

我又问：“在2020年，真的会送人上月球吗？”

主人说：“本来我们以为这只是一个设计方案，好像很遥远。但现在，随着业主方对我们设计工作的要求越来越具体、越来越急迫，我们觉得这件事好像已经近在眼前了。而且真要实施起来，似乎也并不如想象中的成本那么高、难度那么大。”

“为什么呢？”

“你没注意到吗？最近埃隆·马斯克的实验已经取得了巨大的进

展，他不仅在陆地，甚至在海上都能发射火箭，然后再回收。这就解决了很重要的成本问题。”

回收火箭的技术，能把成本压缩到相当于原来单程票价的 1%。以现在的科学技术，如果我们想去火星，大概要两年半到三年的地球时间，但是到月球要简单得多，不用一天就到了。一旦能够回收火箭，这个时间可以缩短到一二十个小时，相当于从中国飞到美国的时间。

如果这个成本进一步降低，那么谁拥有这个技术，谁就能把人类带到月球上去，直接入住。甚至来回穿梭于地球和月球之间，也会简单得像现在进行一次跨洲飞行一样。

这么一想，埃隆·马斯克发明的岂止是一项技术。美国人当年就是因为来到了美洲新大陆，从而获得了制定规则的主动权，最终成为这个地方的新主人。

从月球上的经济适用房，到埃隆·马斯克的可回收火箭，给了我们一个特别大的启示：人类对自然的开发、征服和利用，以及人类自身的发展和改变，最终都将取决于企业家的创新精神，而这些创新精神又将推动科学进步。

不管一个人在地球上有多牛，最终都会臣服于优秀企业家推动的科学技术。但如果因为对未来的恐惧，而用社会体制来束缚企业家的创新，那么我们不仅将失去在地球上发展的机会，更会失去在月球上管理地球的机会，最终会被时代抛弃，变成一个彻底的失败者。

这个“月球上的经济适用房”颠覆了我之前知道的所有房地产的故事，也颠覆了我对地球上的游戏规则的理解。但这确实是我们应该认真观察的、未来的希望。当我也住进了月球上的经济适用房的那一天，一定会为人类无限的创造力感到骄傲。

民营企业有“七夕”，却难有“百年好合”

新旧体制的转型相当于两所房子，旧体制是过去的旧房子，新体制是未来的新房子。企业家过去30年就做两件事：一件是对旧房子贴贴墙纸、擦擦窗户、做些装修，这是在旧的框架内适当收拾更新；另一件就是派一部分人在旧房子外边搭建新房子，这个新房子叫市场经济。

改革开放以来，有8 000万公务员去建新房子，有个专门形容这种行为的词语叫“下海”。现在每年毕业的大学生，大部分都直接到了新房子，其他少数考公务员的大学生才进到旧房子。另外，就是那些长期依赖旧房子体系、岁数比较大的人，他们对旧房子还是很留恋的，因为一旦旧房子塌了，他们就没有了安身立命之处。

所谓的改革，其实就是让旧房子里的人尽可能安心，同时保证新房子的建设和运转越来越顺畅。这样，旧房子里的人不但知道自己还可以在里面待着，而且如果哪天自己想要去新房子，能被新房子的人接纳，这样大家就平衡和踏实了。

社会转型，实际上就是新房子和旧房子之间的博弈和游戏。领导做决定时最困难的地方，第一在于怎么能让旧房子里的人全都搬到新房子里，同时保证在搬的过程中，一旦旧房子塌了，不至于砸伤里面的人。第二就是当抽掉旧房子最后一根梁的时候，还要保证自己有能力去管理新房子，不能等最后一心把旧房子的事处理好了，新房子里却没你的事了。领导者要面临的这些问题，就叫作“决策者的困境”。

新房子和旧房子之间的关系，始终是民众、领导、社会考虑的核心问题。有时候旧房子里面的人处境困难，领导就从新房子里拿些材料过去加固旧房子，这叫倒退。有时候领导又发现旧房子里的人已经很难在里面生存下去，但同时，新房子还得继续建，就把一些东西再释放出来，比如市场化，这叫改革开放。

通过这样不停地倒腾，我始终比较乐观地认为，这最终将推动整个体系产生新的进展。社会的理性和进步就表现在时不时“中左”，时不时“中右”，所以我们的政策不再是“极左”和“极右”。一个社会想要直线往前走，只能是左一脚、右一脚，而且必须是一脚微左、一脚微右。如果换成是一个跛子，一直往同一边跛，走了半天，会发现自己在原地打转，费了很大力气其实什么也没动。

社会的转型和改革不是一个抽象的事，简单地说，就是要让市场经济更有效率。市场效率体现在交易成本、交易速度，以及能否对企业家的创新进行定价。比如扎克伯格，在他 28 岁时经营的脸谱网就市值 300 亿美元，这是美国资本市场给的定价，不是“相关部门”单方面宣布的。

反观中国企业的政商关系就有些悲哀了。我曾经看过一本叫《革命与生意》的书，讲述的是辛亥革命 100 年里民营企业与社会、政治的关系，得出的结论就是：当时的民营企业毫无出路。

这 100 年里，民营企业始终要面临两个博弈。

第一个是商品市场的博弈，比如卖布、卖药、卖肥皂、卖面粉，以及以此提供的优质服务，从而降低成本，提升竞争力。

第二个是制度性博弈，就是体制博弈。这 100 年里，我们经历了 4 次社会制度变革，平均 25 年一次。一个民营企业好不容易熬了 20 多年，结果社会换一个制度，企业就死了，所以很少有民营企业能穿越 100 年，它们的每一天都是“步步惊心”。

在这个博弈过程中，每一个民营企业家苦恼的是，既要卖好商品，又要适应社会制度变化，把自己搞得“筋疲力尽”。

举个例子，30 年代有一群海归精英，都是学化学的博士，他们制造的肥皂已经在市场上打败了联合利华，最后对方退出了中国市场。但在经历了抗战、国共内战，还有社会主义改造之后，这个企业被折腾死了，然后联合利华就趁机又回到了中国市场。

企业之间的竞争，如果是在市场上输了，无非就是退回去进行产品的进一步研发，等到时机成熟后再回到市场，只需要研究市场博弈，不需要研究制度博弈。

而我们的民营企业，必须两头都研究。我跟一些老板谈事，前半截都是谈市场，后半截自觉不自觉地都会落到谈体制，这些事情咱们哪里懂啊？因此，阻止民营企业发展的不全是商品竞争，还有制度博弈。这样的话，政商关系就成为中国民营企业的死结。如果一种体制能稳定 100 年，我们也一定会有百年民营企业。

民营企业的三种死法

凡是企业 20 年以上的民营企业家，他们现在的心理状态除了有丰富的“联想”情结以外，更重要的是一颗破碎的心。20 多年来，这些民营企业家大部分是家破人未亡、妻离子不散、苦大没有仇。

经过了 20 多年的折腾，他们现在的心理状态就是：不能相信什么，也不能什么都不信；不能相信未来，也不能不相信历史，基本上属于非常矛盾的混合体。对于所有的过往留下的记忆，其实美好的也不是很多；对于未来，他们仍然有憧憬，但是已经打了折扣。

他们最羡慕的就是教父柳传志的故事。那是一个完美的故事：从体制内出来做生意，赤手空拳创业，40 多岁开始创业到企业做到全球最领先，最后控股公司上市；家庭和睦，子女也很有出息——在商业的江湖上开始搅动起另外一片天空；人生很完美，朋友非常多，没有敌人。我发自内心地说，我认识他 20 多年，他的结局算是非常完美的。

那个年代的民营企业都在想着怎么有个好的结局。就像习近平总书记前两天说的“靡不有初，鲜克有终”：一件事开始很容易，有好的结局不容易。你看在商业上，辜振甫一生追求一件事，就是下台的时候转身要优雅，可惜最后也没能如愿。所以对老民营企业家来说，最后的考验是收场，而不是开场。大家看媒体上的相关新闻，要么是卖了，要么是转型，要么是退休，要么是收购，总之都是和退场有关系。

那么退场以后做什么？每个人就开始规划如何为自己活，因为在做企业的时候，他们都是在为股东、为社会、为员工考虑，常常很被动。我不知道大家有没有看过一个广告，说“老板不哭”。李总理也很同情老板，他说，当你们在领工资的时候，你们的老板可能正含着泪在贷款协议上签字，借钱发工资。

所以王石总说要“换个活法”。“换个活法”的意思是怎么让你的人生更丰满，开拓你人生新的事业天地。王石他们的想法是 70 岁以后去阿拉善的沙漠驻地。这就是换一种活法，与钱无关，只关乎自己的梦想和情怀、自己的身体健康。

今天我们要缅怀那些 30 年来为民营企业的发展而“牺牲”的朋友。民营企业家有很多“两院院士”——一进法院、二进医院。我们时常想起他们为什么会“牺牲”，除了他们自己不注意身体，更多的是因为其他的社会原因、制度原因、体制原因。

可是为什么会这样呢？他们本来也该坐在车里，却只能在“彼岸”休息。我们对他们经营的这些民营企业除了缅怀，还要反思一下它们的死因。因此我们总结出它们的死因，大体上有三种。

死法一：政商关系

由此造成的死亡率是第一位的，特别是那些规模大、影响力比较大的企业。当年关于马云创办的湖畔大学到底上什么课，他本人提了一个建议，大家都很赞成，就是研究民营企业的死亡。把死亡研究清楚了，剩下的都是光辉的前程，而其中被研究最多的就是政商关系。做企业的首先把政商关系这种死亡陷阱避开了，就至少能多活 5 年。

政商关系导致的死亡率为什么这么高呢？因为我们现在正处于社会转型的时代，市场经济正在由野蛮生长的状态进入法制秩序的状态。在这个过程中，磕磕碰碰在所难免，能够做到善终、毫发无损的人太少了。

比如任志强，曾经因为投机倒把罪被关了一年，因为当时只要你卖的东西不是自己生产的，从甲地卖到乙地还加价的，就都是投机倒把。今天大家无法理解，因为这些现象太多了，可当时这会被定罪，这就叫“制度性摩擦”。后来法律变了，他就出来了。

当时民营企业的制度上有很多“口袋罪”，像抽逃资本、非法经营、集资等，所以 30 年来民营企业的死亡最多的就是这种制度冲突造成的。

我们分析政商关系，它大体上可以分为三种：

第一，企业经营与外部体制环境的关系。

第二，你的民营资本与国有资本的关系。这个关系比较不乐观，因为国有资本有两个属性：一是超经济特权，不能流失。在国有资本上，有意识形态的神圣性和政权的强制性保护，所以它有不同于普通资本的特殊属性。在财务审计、人事管理、利益分配上，都有一套和民营资本完全不同的游戏规则。二是，国有资本没有人格化。我们常说苦大没有仇，就是因为常常不知道该找谁。如果资本的地位不平等，那么混合经济对民营企业来说就是一个特别大的挑战。如果这种混合经济想成功，那么国有资本的属性就应该和民营资本一致，应该淡化它的意识形态特征，淡化它的超经济特权，使它回归于普通资本，这样才有可能把它混合好。

第三，企业家和政治家的关系。大大小小的官员都可以叫政治家，大大小小的老板也都被叫作企业家，政商关系就演化成领导和老板的关系，那么这种关系应该怎么处呢？《论语》里面说：“唯女子与小人难养也，近之则不逊，远之则怨。”其实就是在说，关系太近或太远都不行。

如果上面这三方面的关系处理不好，在治理结构上就会体现出一个特点，那就是资本的权力过于集中，一个人完全说了算，这样的公司出问题的概率就高。如果是透明的上市公司，死亡的概率反而不会太高。治理结构非常重要，在治理结构上适当地改善、增加透明度，再加上你自己的自律，同时处理好和外部的法律关系，这样的企业就可以避免这一类死亡。

死法二：集资

民营企业在过去的30年中，资源尤其是资本资源非常短缺。因为国有经济占了大部分的信贷资源，所以民间资本没有来路，于是就出现了集资。民间资本获得资源有以下三种形式：

第一，靠权力杠杆来配置资源。这种人不集资，他们的行为方式是诡异、低调和贪婪的。这一类民营企业家配置资源的效益特别高，能量也相当大。

第二，用市场的方法配置资源。

比如我们的上市公司，这一类民营企业家比较中调甚至是高调，他们愿意和媒体沟通，也不用集资。

第三，靠地缘、亲缘和血缘关系集资。真正在集资上死掉的大部分是草根民营企业家。他们不懂发行股票，只能靠地缘、亲缘和血缘关系集资。这种集资方法非常粗糙和简单，也忽视了基本的法律约定。如果你没有配置资源的特权，又没有市场配置资源的经验、知识和能力，就只好走民间的集资路线。当法律过于严苛的时候，就容易出状况，被冤死或者误伤，于是走向彼岸。

死法三：商业竞争

前两种死亡是有中国特色的死亡，而这种死亡是正常的死亡。小微企业的这种死亡率特别高，存活 5 年以上的企业不到 7%，10 年以上的企业不到 2%，存活率可以说非常低。

我们希望后面的企业能避免前两种死法，但对于第三种死亡我们是无能为力的，因为在每个制度下它都可能死。我们研究先烈们的死亡规律，发现越大的企业越易死于政商关系，中等企业多死于集资，而微小企业则往往死于商业竞争。当我们从它们的安息地前走过的时候，一定要好好想一想，怎么能够避免死亡。

这个车队如果继续往前走，我们会发现车上幸存的大体上是三类民营企业家：第一类是纯草根的民营企业家，他们很能干，是非常有力量的赚钱机器；第二类是“红顶商人”，又做民营企业，又在政协、人大有头衔；第三类是彻底市场化的民营企业家，比如现在经营互联网和科技类公司的人，他们就做产品和服务。

老奶奶教孙女做爱，教的不是造人，而是怎么爱

我觉得现在聊创业的事非常尴尬。因为我已经折腾 27 年了，好像我创业的那个时代已经翻篇了。如果再教大家做什么，感觉就像老

太太教小孙女做爱，哪和哪都不对。但是人类要继续繁衍下去，这件事（做爱）好像还得继续做，那我就只能讲怎么个爱法了。

这几天大伙儿都在看奥运会，因为奥运会的竞争是最直接、最明显的。人类在竞争中，大概会对三件事的胜负结果认账：

第一，体育。刘翔跑得比我们快，其他人谁也不敢跟他叫板，就算不断学习，也没他跑得快。

第二，军事。军事竞争叫作“变动中的对抗性竞争”，结果一清二楚，几方各出一个小队，牺牲的就死了，剩下的就活着，没人对胜利者说三道四。

第三，做买卖。这件事最后比的是报表，比谁赚得多，比谁活得久。而且现在什么都有可能发生，所谓的独角兽，可能过两天一下子就变成小乌鸡了。

我们这茬创业者算是在商场里混得久一点的了。我和这些今天看来很成功的老板打了 20 多年的交道，大家从 30 年以前开始创业，并且活到现在，坐在一起都不讨论什么“十字路口”的问题，也没有说什么“冬天来了”。他们现在一点都不困惑，每天都很高兴，因为他们内心对未来的看法始终非常坚定。

所以，如果要看今天的商业竞争，可以从结果倒过来看：哪些企业先死。

从“术”这个层面来看，第一批死掉的，是投机倒把、投机取巧的人，比如卖假药的人；死得更快的，是产品和技术的剽窃者；再有别的原因，就是组织没管理好，团队有毛病。

从“术”的高一层面来看，想要活下去，有四件事需要处理好：

第一，股东。如果股东相对牛，即便犯了一点“术”的错误，就算第一个产品做坏了，还可以继续做第二个。

第二，政商关系。过去 30 年，没卷入政商旋涡里的，基本上能比别人多活一段。

第三，公司内部治理，内部稍微有点矛盾没事，别打得揭“被”而起、太不像话就行，只要这件事控制在一定范围内，就还能继续走下去。

第四，控制公司内部团队不要发生群体性、突发性的恶性事件。

处理好这四件事，活10年基本上没问题。那么要想活10年以上，又要靠什么呢？

靠“新的愿景”。你的内心要非常强大，这样可以感染并且争取更多的人支持你，而且也可以更好地解决前面的四个问题。看别人看不到的地方、做别人不做的事、算别人算不清的账——如果能做到这三件事情，你就能成功活过 10 年以上。

比如马云，他就看见了别人没看见的地方，结果做了别人不做的事，非要“让天下没有难做的生意”。十几年前，听他讲要算海量的数据、在第一个 10 年赚几亿的钱，很多人都不信，因为我们算数都不这么算。但他就是有这个本事，所以活 10 年以上不是问题。

等到大家都是几十年的公司，都在砸几百上千亿做事，价值观都很牛的时候，要想活到 20 年以上，这时候靠什么呢？靠智慧。

我前两天去了龙泉寺。大家都知道，龙泉寺有一个“贤二小和尚”的小动画，我看了其中一个片子。有人送给贤二小和尚一个苹果，小和尚对师父抱怨说："师父，师父，这一个苹果是坏的！"他很窝火。师父把苹果转过来，对贤二说："我们还有半个好苹果。"这就叫智慧。

同样的价值观，看到的东西却是不一样的。"无"就是一切，所有人都可以干这件事，但你一动就可能失误，出现破绽，这和价值观无关，和智慧有关。

现在所谓的大佬，但凡50岁以上，折腾了二三十年的，都越来越少出现在江湖上，手上的珠子越来越多，衣服越来越简单，他们都进入智慧阶段了。这部分人考虑问题都越看越宽、越看越深、越看时间越长。老爷爷一般从50年前说起，比老爷爷牛的人从200年前说起，最牛的人会从5 000年前说起。说到最后，是对人性和心性的挑战，是对三观的体悟。

一个企业活到20年以上，已经相当于是老奶奶了，这时候要给孙女讲的不是做爱的经验和技巧，而是智慧，不是讲怎么造人，而是讲爱，讲生命。

关于"寒冬""十字路口"的看法太复杂、结果太多了，天天讨论"房地产冬天"的人都死了，不讨论的还活着。

所以，要想成为一个长跑选手，要想在创业中活到20年以上，就要在不同阶段处理好"术"的问题、"道"的问题和"智慧"的问题。这样，当自己从孙女变成奶奶的时候，在太阳之下戴着老花眼镜，也可以跟自己的孙女去谈谈生命和爱，感觉还是件很开心的事情。

性感十足的商用不动产

商用不动产一共有五大类：写字楼、购物中心、物流仓储、教育研发、医疗健康。而决定商用不动产价值的元素，除了市场供求外，还有开发商的水平，因为商用不动产不是用来销售，而是为了出租的。

比如，搭建一个餐馆，出租给餐馆经营者，经营者再开餐馆让别人来吃饭。这条经营链条比较长，开发商的水平很重要。我有个朋友在成都专门做这种房地产。他在好的街道边上盖一些矮楼，准备好各种厨房设备，甚至板凳桌椅；除此之外，他还培训公共服务员。

这样一来，要开餐馆的人需要准备的就特简单，申请个执照，招牌一挂，就完了。很多餐饮店老板认为，这样开餐馆的成本就降低了，万一经营不好，拍屁股就能走了。所以他的不动产很受欢迎，这也体现了开发商的水平。

在商用不动产中，每一种业态都很复杂。在整个商用不动产的建造过程中，开发商起什么作用呢？他要先把运营商请过来，然后再去找投资商解决财务问题。所以开发商是导演兼制片，运营商是明星，投资商是财务支持者。只有这三者顺利结合，才能建造出一个好的商用不动产。

在这个过程中，对开发商来说最重要的事情，就是“选明星”。拍电影的明星那么多，是不是名气越大，就能保证票房越高呢？不一定，名气大，你要给他更多的钱，但是我们看电影更多是因为导演而看的。一个好的开发商一定要找到适合这个酒店的管理公司。

另外，开发商也要会编剧本。这个酒店在什么位置？是度假酒店、办公酒店、精品酒店，还是民宿？因为酒店不容易赚钱，所以在资金财务安排上，如果开发商拿出 10% 以上的钱去做酒店，都是要死的。

比如，在国外做物流仓储能赚钱，但到了中国就不赚钱，因为这种房地产的成本太高。商用不动产需要长期的资金支持。所以好的商用不动产开发商，能够找到合适的运营商，匹配比较低的成本、长期资金。

其次是购物中心，中国的购物中心和全世界其他地方一样，因为受到电商的强烈冲击，每年减少 10%~15% 的经营面积。现在大家从电商买的商品，都是直接从仓库运到家里的，所以这些经营面积便转移到了物流仓储上。

至于教育研发，有些地方的学生宿舍的租金在慢慢上涨，特别是围绕着大学附近的学生宿舍，而围绕着教育和研发服务业的特种物业，需求也会增长。

接着看医疗健康。美国的医疗健康商用不动产占房地产信托投资基金（REITs）的 15%，大约有 1 万亿美元，这是一个非常大的市场。而目前中国医疗健康的不动产，还没有形成一个完整的业态。

中国现在大概有 12 000 家民间医疗机构，还有 11 000 家左右的公立医疗机构，但民营医疗机构每年上涨超过 1 000 家，公立的每年只涨几十家。

因为公立医疗机构要去财政申请资金，大部分的资金用来自己建不动产、买设备，而且技术更新以后，老设备都舍不得扔。而现在全世界大部分的医疗机构，只要付租金即可，连医疗专用的设备都有服务机构为它们专门定制，成本都花在拉拢人才上。所以，民营医院的服务质量好，发展快。

最后来看写字楼。有能力做写字楼的，有北京、上海、深圳等几个城市。写字楼如果做得好，比住宅更能赚钱，但是这需要长线的算账方法。要知道，中国任何一个中型开发商，一年就能做到 100 万平方米，而有个北京的房产商做了 30 年才做了 100 万平方米。但是就算这样，这家房地产企业的估值竟和排名第一的房企差不多，为什么呢？因为后者是销售型企业，只要停止销售，估值就下来了；但是前者收取租金后，不动产的产权还是自己的。

从长远看，投资商用不动产的诀窍就是，在最好的地段，做品质最好的房子，租给最有钱的人。哪怕再过 20 年，也不会输给任何住宅公司。

对中国来说，商用不动产发展的好时候其实才刚刚开始。在这个行业里，我们还要进行长期的深耕经营。

现在的年轻人知道疼自己了

本来我一直以为，活到一定年纪，就会变成有高度、有深度、有广度，但没有温度的人。因为凡是有高度、深度、广度的人，温度一般都比较低：遇事比较沉着，不以物喜、不以己悲，无故加之而不怒，猝然临之而不惊，沉得住气，不轻易发表意见。

而现在我发现，随着互联网社会的日益开放，高度没上去，大家反而越来越喜欢低俗。这也未必不是一件好事。就像台湾歌手郑智化说的，他总是从“底下”看人生，而且看到的人生更精彩。

一般人往高处看，看到脸；往下看，看到了腰；再往下，看到了脚后跟。而郑智化看到了大家没有正视的东西。我 50 岁以后看到的东西，比 20 多岁时想象的更令人开心，因为这个世界更加真实了。

同时，看到的事也越来越小。原以为我们可以管大事，因为我们有家国情怀，现在看来管不了了。社会各有分工，艺术家管艺术家的事，官员管官员的事，在商言商，我也要守住自己的本分，看管好这摊小事。

另外，时代似乎变得更浅显了。所谓深刻，就是把痛苦像腌咸菜一样腌着，最后拎两根黄瓜出来。凡是痛苦的、沉淀下去无法流动的、不能在一瞬间用感官化解的东西，就是深刻的。

陕西、山西、河南的很多作家，都是深刻的人。路遥当年写作的时候，桌上搁一碗白水，再搁一个馒头，最后写出了《人生》。而深圳、香港反而没那么多深刻的作品，因为再多的痛苦，晚上去酒吧、夜总会一泡就没了，深刻不了。

现在的小时代，跟我原来想象中的情况正好相反——变低、变小、变浅薄了。

小时代和大时代的青年，最大的不同是“词汇”不一样。

贾平凹有篇散文，讲的是两个年龄和我差不多的陕西人，蹲在茅坑里大谈伊拉克问题。国际大事谈了一圈之后，才发现两个人都没带手纸。上厕所带手纸这么大的事都忘了，还在关心国际局势，这当然是个笑话。不过，陕西人大体都是这种“大时代”的人，他们的情怀都是5 000年的。

80后和90后一般都是说自己，最多说说同事，说说北、上、广就算是谈大事了。再就是研究房贷、谈对象，还有就是琢磨旅行、购物。

这种区别，实际上是思维方式的差异：管自己的事，还是管闲事？大时代的人就是管闲事，80后、90后最大的优点，就是开始管自己的事。我觉得在这个社会，如果连自己的事都管不好，别人的事肯定也是管不好的。

另外，二者获取的信息量也有很大的差异。大时代的人基本用眼睛阅读，最多再用点耳朵。现在大家感知信息几乎是“五感”调动，信息量非常大。这带来两个好处：第一，素质在提高，适应性也在提高；第二，创造性在增强。

现在获取知识的成本越来越低。原来获取知识的成本，可能要高到一个村里供一个老爷爷，而且这个老爷爷一死，这个村里的人就都成文盲了。而现在，知识的成本低到“鼠标一点，什么都有”，但是创造的成本却越来越高，因为你知道的，大家也都知道。

再者，就是个人的权利意识在增强。如果是做房地产客户服务，你会发现：70岁左右的客户遇到分歧或问题，从来不知道找律师，你自己掏钱给他请律师他都不相信；40岁左右的业主就要好沟通很多；再年轻一些，30岁以下的客户，都不用见面谈，直接找律师打官司就行了。

这说明，现在年轻人的权利意识、规则意识开始增强。这一代人变得具体了，了解自己了，知道疼自己了。

80后、90后是中国未来20年的希望。看得见未来的人才有未来，为未来欢呼的人才能创造未来，站在未来看今天的人才会快乐。

小时候妄想改变中国，现在想着如何改变自己

在上大学之前，对我影响最大的人是我的家人和老师，是他们让我感觉自己背负着某种责任。

我中学时喜欢写日记，写的都是要“改变中国”，现在想起来觉得有点妄想。那时，我的中学老师是黄埔军校毕业的学生，她是林彪的同学，出身不好。1949年以后，她的父亲投诚了，没想到后来又要镇压，而她父亲还算是个比较厉害的人物，就被斗死了。

她父亲死后，给她留了两间屋子的洋面，也就是现在我们说的面粉，他以为这两屋子的洋面就足以养活一家子的后半辈子了。但实际上，他们家从那时候开始就家道中落了。再后来，我的老师遭到政治运动的迫害打击，被折磨得都快疯了，在墙上涂涂画画，也没法再给我们上课。

当时我是班长，只有十四五岁，偶尔会去看她。在我的印象中，

她的房间里有一根电线吊着一个小灯泡，灯光很昏暗。因为心脏不好，她气都喘不过来，所以总是奄奄一息地躺在床上。外边下着雨，屋里生个小炉子，我坐在那里，听老师讲历史。她是历史系毕业的，会给我讲家族史、社会史，讲社会是如何不公正，要如何改变。她讲的这些让我感到很震撼，所以我写日记时就有那么一点“妄想”。

我们家几代人都是教书人，办教育，所以都有读书的习惯，都有积极的价值观。在“文革”的时候，很多人都不看书，我受到老师和家人的影响，读了很多人文方面的书。这些书也让我有“妄想”，想要“改造中国”。

1977 年，我去考大学，当时有很多人报考，录取率只有几百分之一。当时我能考上，可能也跟早年受到书和老师的影响、产生了某些“妄想”有关系。

改革开放以后，我改行做生意。刚从机关单位出来时，我还需要适应当时的社会。一个人如何紧跟变革的时代、不掉队，其实很难。

我常会想到这样的画面：我在路上走，从这条路拐弯出去，从一个颠簸不平甚至没有路的地方，慢慢找到一条土路，再找到一条车辙，然后拐到普通公路，到达高速公路。这个过程，就是改革开放的过程，是一个转折。

在改革的过程中，开始是坐在拖拉机上，到高速公路的时候，坐上了奔驰，中间可能还换了很多车。车上的人也在不断变换，刚开始是村里的一帮大娘、老大爷、啥也不懂的小屁孩。最后走着有路了，有的人就想“那不行，出了村不安全，坏人多”，就不往前走了，但你还得继续走。

你有时候是司机，有时候是乘客，就像我们在开始的时候是司机，20 多年后的现在，我们变成了做小买卖的司机，希望在法制健全的轨道上做生意。这个换车换人的过程就叫“高速经营”。

实际上，这些事情有偶然性，时机的拿捏非常困难。这个过程中有很多人成为“先烈”，但也有很多人上了高速，有些人却还在村里观望，在没人注意的时候就过时了。

如果车上的人总是不换，也是很闷的，因为他们说来说去都是村里的事，做事情都按照村里的规则来。太平天国为什么会有“天京之乱”呢？就是因为村里的人在惹事。洪秀全建立了那么大的太平天国，把村里的人从金田一直带到天京（现在的南京），扯皮生事的人都是他奶奶、他爷爷。

现在也很奇怪。别看有些乡镇企业、莆田系企业在大城市里风起云涌，但它们解决问题的方法却还是村里的那一套，村里三老四少、书记、村长都参与解决问题。它们拒绝改变，这就不对。车已经出村了，车上那些村里的人就要减少，一路上需要增加新人，增加一些县城里的人、三线城市的人，上了高速公路就要往大城市扩展。组织要不停变革，人也要不停改变。

所有企业家都要随着时代的变化而变化，且要领先半步变化。眼睛要看一步、十步，行动要领先半步。现在是互联网时代，小组织可能更有活力，我们也要跟随时代进行“变调”，改变价值观，利用小组织的优势，自驱动、低成本、高回报。如果建立了很多小组织，那么这些组织的价值观必须相同，否则小组织就会乱，就成了一盘散沙。

怎么才能让组织变革？可以研究一下宗教，甚至是基地组织，还有社会上各种新的组织形态，从它们身上学方法。虽然可能等到学会了，时代又变了，又要重新适应。如果现在还把公司里的人圈在写字楼里，前面办公区有半个篮球场大，后面弄个大班台，把自己隔绝开来，每天坐在那里听员工汇报，看上去很牛的样子，不用微信，不用网络，就是“不变化”。

20 年前，作为一家民营企业，我们就有了最牛的一个千万大单，那是我们赚到的第一笔钱。1992 年，我跟朋友各买了一张 3 万块的桌子，很高级，是进口的。后来公司搬家，桌子都扔在老地方，没有搬走。再看今天创办的很多公司，老板的座位甚至是跟员工的座位连在一起的，也没觉得有什么不好。

回过头来看，一定要记住“在变应变”四个字——在变化中应对变化。当然，最重要的是自己要随时改变。

第二章　创业的不确定性

投资者怎么看一家企业的好坏

不同的人看同一家公司，或者同一人在不同时期看同一家企业，都会有非常不同的观感，就像看风景时“横看成岭侧成峰，远近高低各不同”。

这也跟看姑娘一样，一眼望去，十人十说。但总的来说，一家公司，好看的是脸，摸着舒服的是胸脯。一个外人，未经对方允许随意上下其手，会被斥为流氓。除非对方病得不轻需要手术，而你正好又是医生，才能看得真切。因此，人们经常因不能看清一家企业而烦恼，想要投资却无从下手。

我回想起多年前看中医，他们只通过望闻问切就能把症状看分明，不禁产生联想，想要为企业号一下脉。

第一，一家好的企业应该能用一句话说清楚，别人也能一眼看得懂。比如公司是做食品，还是服装的，无论问哪一级员工，大家都能说得八九不离十。

除此之外，别人对这家公司的说法，与你自己对公司的说法也能够吻合。过去有很多公司失陷的案例：德隆的整合产业、三九的低成本扩张、各种“系”的资本运作等。这些公司的掌门人少说得用上百句话才能把自己的故事圆清楚，同时，从媒体到投资者，面对这家企业都像盲人摸象一样。

相反，再看那些如联想、TCL、汇源等稳健成熟的公司，它们的掌门人任何时候都只需寥寥数语，就能说清自己。我们外行也无须多花工夫，一眼就能看明白他们在做什么。

这个道理也同样适用于外企，可口可乐、吉列、麦当劳是简单到我们一眼就能看得懂的企业。而安然这类怪兽，当人们开始看不懂它的时候，这家公司便破产了。世间万物，复杂的东西特别好看，但华丽的背后往往是荒唐和陷阱。

第二，好公司一定有产品在连续销售。

商业的核心是交易，而交易的本能无非是盈利。一家公司无论有多伟大的商业故事，如果只看到它忙忙碌碌，听说它在卖什么东西，但市场上并不怎么能看到，那么这家公司显然是在通过中间过程倒腾资本，形迹可疑。

没有销售商品，就说明它没有稳定的经营性现金流。现金是公司的血液，而经营性现金流是唯一属于自己的健康血液，其他的现金流如资本性现金流和融资性现金流，固然可以输入企业维持生命，但因为不具有健康的造血机制，早晚会断的。

一些看起来资本运作很辉煌的企业，没有足够的经营性现金流，而是通过关联交易、编造交易记录等手段伪造业绩，蒙骗投资人的钱。许多公司便是因为吸食这类财务鸦片死掉的。

所以，不管多堂皇的企业，只要在市场上看不见它的产品，就不应相信它的神奇故事，哪怕这个故事多么合乎逻辑。

第三，判断一家公司好不好，要看公司老板或经理下班以后干什么，和什么人混在一起。

要是老板天天跟政府官员在一起，那一定是遇到了什么麻烦。如果他和银行工作人员上酒楼、泡桑拿，那一定是公司需要银行施以援手。相反，如果公司的普通员工就能搞定银行相关事务，银行方面在接洽过程中彬彬有礼、公事公办，那这家公司一定是财务健康、运行良好的。

如果老板和公检法人员、军警宪特、江湖弟兄混在一起，也许是有些铤而走险的事需要摆平。相反，如果一家公司的老板或经理成天只知道往国内外同行那里跑、往市场跑，身边出现的多是各路大佬，就说明公司中规中矩，离行业先进不远了。

这基本上应的是一句老话："近朱者赤，近墨者黑。"

生一场病，学会用中医的眼神对企业望闻问切，号准上面三脉，一般就可以做到心中有数。"你的柔情我永远不懂，你要让我把你看得清楚"——情场是这样，商场也是这样。

爱一个人都有风险，何况创业

“胸怀”这件事很有意思。如果追求一个具体、很小的事情，那么一旦得不到，你会很生气；但是如果想要的是别人没有、很远大的东西，你就会变得能够理解、包容很多事情。

大时代的人都有这么几个特点：大使命、大责任、大口气、大词汇、大气魄、大年纪。我有一个认识了20多年的朋友——R先生，他身上就集中了大时代最典型的人物面貌。

R先生的其中一个特点就是胸怀大、气魄大，能装下世人的很多批评甚至谩骂。其中，他的“气魄大”就体现在他回敬这些谩骂时的语言之直率、目光之犀利、口才之善辩、立场之坚定。

说到胸怀，就不得不说企业家精神。很多企业家喜欢登山，因为这与创业的过程很像：知道起点，知道山顶，知道会很艰难，但不知道这个过程会发生什么；知道山上缺氧，但是缺到什么程度、自己的身体会如何反应，没法完全知道。爬到一半的时候，才可以稍稍松口气：“过去的路，我算是知道了。”但未来的路仍不可知。

我1991年办公司，赚到第一桶金的时候，给自己规定了一个“反省日”，一直反省到现在。我经常在想，我们的爹很慈祥，但是不给我们钱，也没有给我们提供什么特权，那么我们是靠什么活下来的呢？

一个是“学好”。其实“学好”很简单：投机取巧的坏事别干，有错误就改。比如接到投诉，该认错就认错，该赔钱就赔钱。

我记得在一个饭局上，一位学者问马云："你的商业怎么规划得这么好？一开始是怎么计划的，怎么做到周密预测？"把马云问得愣住了，他想了想，回了一句："活着。我没想那么多，就是为了活着。"

事实就是如此，阿里巴巴一开始做支付时，在西湖边上用现金跟人家换东西，跟小偷似的，后来马云才发现美国有个支付工具，就过去把它学了回来。做完支付，他又发现物流也是一个问题，又去学物流；之后又发现软件是大问题，就又去研究软件。

这就是创业的不确定性，解决这个不确定性的过程中，就蕴含着风险。创业者愿意付出、愿意冒险，甚至喜欢这种风险，所以创业的过程也是一个倒逼的过程。

万通的创业也是一样：把地买了，要规划，规划完了要去研究政策、密度和容积率等，做完这些还得研究产业……

总体来说，在一家公司做员工，是在"确定"中把任务完成的；而创业就是要在各种"不确定"中博弈，寻找成功的确定方向。企业家的胸怀，能够同时容得下别人的质疑和各种负面消息。

爱一个人是要冒风险的，但如果你愿意承担这个风险，就不会觉得有什么痛苦。做愿意做的事，痛苦就小多了。

企业家也是一样，因为在做自己想做的事，所以登山路的高、寒、风都不是问题，人生最重要的是做自己愿意做的事。企业家都习惯了压力，登山者都习惯了山上的大风，甚至很享受。

当然，一个企业家的自我认知也很重要。在华夏同学会内部讨论会上，我曾这样总结——就像姑娘年纪大了要转型，我们传统企业也是如此，而传统企业的现状无非以下几种：

第一，人老了，但比年轻人有钱，可以买更贵的化妆品，穿更炫的衣服，佩戴更贵的珠宝首饰，这就叫“老黄瓜刷绿漆”，硬扛着。但这样多数是不成功的，因为毕竟年华逝去，如果站到舞台灯光下一看，到底不如年轻人更光鲜漂亮，很多观众就不买账。

第二，跟年轻人合作，把自己的资源、人脉提供给他们，也给他们起步的资金支持，同时制定游戏规则，让年轻人在这个规则下做事。

第三，企业固守不改，但把市场缩小，从主流市场变成边缘市场，从大众变成小众，只保留一部分客户。比如只做中老年人市场，或者只做老客户，也还能生存下去。

第四，洗手退场，再不参与市场。

每个企业家面临企业转型时都必须想到这四种角色。第一种角色最累，风险最大，第四种退出不做了。第二、三种是可行的。万通现在就是第二种，雇用年轻人，让他们由一线员工变成管理者。

许多时候，我很害怕自己成为一个阻碍别人成功的人，所以只要看到有人确实有成功的基因，就会尽量帮助他。

从这个角度来说，一个企业家的胸怀不够宽广是不行的。因为你只有学会放手，让大家看不见你，后来者才有机会真正成为公司的主体。对于我们这些企业创办者来说，最重要的不是开始，而是逐步结束自己的故事。

借钱的本事

你没出去借钱的时候，可能觉得自己面子挺大，但当你创业资金不够，想借 100 万却只借到 20 万的时候，才会知道自己在这个世界究竟有几斤几两。一个企业家的身价高低看的往往不是富豪榜上的排名，很多时候要看他落难时能借到多少钱。对于创业者来说，这就是在初期倍感煎熬的一部分。

天下创业者的共同点就是没钱。没钱要变成有钱，这才是创业的动力。有钱的人早就趴在钱上睡觉了。但是，钱在别人口袋里，怎么能跑到你的口袋里呢？

我认为，谋人钱财其难度仅次于夺人贞操。

但是为什么就有几个人成功？凭什么人家愿意把钱给你保管，让你做事，最后挣了钱还留一部分利润给你？我觉得这个问题很值得思考。

我和几个朋友一起开始创业的时候也没钱，连生活费都没有。那个时候经济不像今天这么发达，公司里所有人一起凑也只借到 3 万块钱。我们拿着这笔钱去办了执照，最后还剩下几百块钱。我们几个人就坐在海南的马路牙子上，和今天的农民工一样。

一想真是“钱路茫茫”，几万块只换来一张执照，除此之外什么也没有。但再一想，不继续做下去，已经欠了这么多钱了，继续做下去无非继续欠。所以我们决定继续做。

但借钱本身就有两大挑战，一个是把腰弯下来，一个是诚实守信。

有一次，我向一个人借 10 万块钱，对方要一个人做担保。于是我就想请人吃饭，然后让他帮忙做担保。但当时我又没什么钱，于是就把人叫到家里来做饭吃。我当时借住在陕西老乡张维迎的家里，是一个 15 楼的小房间。结果那人喝了点酒就睡着了，直到后半夜才醒过来，我就带他到旁边的大钟寺酒店睡觉。开房时，我一摸口袋没有钱，就对他说："不好意思，您先垫上，结账时候我再来。"

其实当时我的内心极其纠结，毕竟我以前在机关工作，在公家单位，怎么也是个庙里的小神，而借钱这件事，挑战的其实是人的自尊心。

人都希望自己站着，但是有时候你会发现，人也需要弯腰下跪，甚至是趴下。人生还需要各种姿势，跪着、蹲着也是一种姿势。心大是非就小，心小是非就大。遇到这种情况，我经常安慰自己："就当自己蹲一会儿，咱们陕西人蹲习惯了，蹲着也挺好的。"见皇上见多了，下跪也会变成习惯。

第二天，我借钱付了房费，他答应了做担保，我借到了钱。

后来又要借钱，这次借得多，要 500 万。借钱人要我帮他做一件事情，如果事做成了，他就把钱借给我，相当于用事换钱。我按照我们的约定把事情做了，然后就在这个人这里借到了 500 万，后来又借了 1 300 万。借了这么多钱后，才买了我们最初的房子，卖了之后才赚到第一桶金。

为什么别人愿意把钱借给你？其中一个很重要的因素就是因为你诚实。在赚钱之后，我们原来答应别人的事情都做到了，而且别人遇到困难，我们也涌泉相报。

当然，借钱时也要注意一些沟通技巧，比如，我去找借钱人之前，都会先找朋友把要说的话来回演练几遍，看是否能表达清楚。特别要注意前三分钟的对话内容，因为它常常会直接决定这场对话的气氛。

很多创业者不愿意求人，苦于放不下身段来求人。那怎么叫“求”呢？其实那可以叫交流，交流求人和被求的经验。过了自己心里这一关，再加本身诚实的素质，钱就来了。

钱以外的本事

当一辆汽车在高速公路上并线转弯的时候，想要同时保证速度和安全是非常困难的。关键不在于汽油，而是司机的技巧。这个“技巧”就相当于我们在做生意的时候需要的“钱以外”的能力。除了之前说的放低自己的姿态、“挣钱要像孙子，花钱要像大爷”之外，“钱以外”的能力究竟是什么？有两种。

价值观

在你没什么钱的时候，钱是个数量上的概念；而当你有了一点钱、要挣更多钱的时候，钱的“多少”反而会被放到第二位，更多时候，钱是“是非”。所以在挣钱的过程中，还要处理好“利”和“义”的关系。

其实会纠结的无非就是三种情况：挣人钱的时候、给人钱的时候、拿人钱的时候。比如，行贿是给钱，慈善也是给钱。那么哪些钱不给？哪些钱要给？如果说左边叫赃款，中间叫利润，右边叫善款，那么本来是“中性”的利润，一行贿，钱就进入了是非，变成了“赃款”。不给这个钱行不行呢？很多人认为不行。

以前在海南，经常陪生意伙伴去K歌。当时在KTV工作的有两种女孩，一种是小姐，一种是服务员。我问服务员："人家一晚上能挣400块钱，你端盘子一个月也挣不了多少，你们怎么不干那个？"服务员说："我们不是那种人！"然后就转身生气地走了。

我一直在琢磨服务员的这句话，"我们不是那种人"。哪种呢？生理结构都是一样的，不一样的就是观念了。所以这句话的意思应该是——"我们的想法不是那样的"。由于想法不同，所以就算天天看见那么多钱在眼前晃，人家也无动于衷。

有时候面临该不该给人钱的情况，我也会想起这句话，也在心里说："我不是那种人。"我要做夜总会里的处女：给钱，我要摸一下，也认了，但我不是"那种人"，有所为有所不为，有妥协也有原则，有些事情就是不干，这就是我的价值观。我对金钱、是非都有自己的看法。

所以，第一个"钱以外"的能力，就是价值观。所谓价值观，就是我们判断是非善恶的简单标准。之所以做这件事而不做那件事，之所以这么做而不是那么做，决定你的选择的，就是价值观。

我们在研究马云是如何成功的时候，不要看他成功的案例，而应该看他是如何做微观决策的，是如何判断细小的是非的。比如在集团上市的时候，有些人会自己拿下70%的股份，而马云只拿了5%，这就是他的价值观。

马云总是谈价值观，大家都感觉这个话题有点虚。但我要告诉大家，这是真的，这是保命的本事。如果你不明白这一点，一不小心真成了"那种人"，只要一有风吹草动，你就会紧张，可能不知道哪天就"归零"了。

我曾经去监狱里探视犯人。有一天，我发现监狱的墙上都记着分。我就问监狱管理员这是什么情况。他说，这里的人每天劳动都是有积分的，比如倒水，一天 5 分，一周 5 天就有 25 分。但是一旦有一个动作做错了，当天的积分就归零；一个星期劳动的最后一天，哪怕是最后一分钟，只要有动作做错了，这周的积分就归零；这个月最后一天一个动作错了，这个月归零；这一年最后一天倒水，烫到别人手了，这一年的积分归零。只有连续三年没有归零过、一点差错都没有的人，才能申请减刑。

后来我才明白，我们的生活中也有很多这种“归零”的情况，只是我们没有重视。比如现在很多贪腐的官员被抓起来，相当于他这一辈子归零了。明确钱的“是非”，知道什么钱该拿、什么钱该给，实际上就是要明白，要想把企业持久地经营下去，就要小心一点，一旦做错，我们就会“归零”。

在一家公司中，大事小事是相对的，但成败是绝对的，归零和不归零的差距很大。所以，一定要研究钱的“是非”，不要因为企业规模还小就忘了这件事。

正确判断未来

当一个企业已经发展得不错的时候，实际上也面临着更大的挑战。这时候“钱以外”的第二个能力，就是你能不能正确地判断未来。

我在公司已经做了 25 年董事长，没有做过一天经理。而且我发现我能做的工作并不多，但是很费神，我就做三件事情：

第一，看别人看不见的地方。当一个企业正常发展时，“看不见的地方”包括了风险、机会、很多在当时还不知道的未来变化的趋势。所以我经常说，我要和神、先知做邻居。

第二，算那些算不清的账。那些眼前的账最简单也最现实，比如我们要给灾区捐献多少钱。但是还要算一笔背后的账，比如社会的情绪、公众的期待，都和捐多少钱有很大的关系。还有更复杂的账，比如我们要找一个合作伙伴，可能有五个人站在你的门口，他们都可以给你投资，其中有土钱、洋钱，有笨钱、聪明钱等。你选谁？其实这种能力，就是在算不清的账里找到算清楚的方法。

第三，做别人不愿做的事情。比如履行企业公民的责任，去救灾、去做公益，这些事情是经理人不太愿意做的，因为既耗精力又要出钱。所以，董事长就要做这些他们不愿做的事情。

不管是价值观，还是对未来的判断，这些都属于“钱以外”的能力，其实非常难掌握，并不是说花多少钱就能获得这个能力，而是要通过长期的积累和研究去主动学习。

创业就是找不舒服

在我 50 岁生日时候，给了自己一个礼物——在台湾骑自行车环岛。在骑行的过程中，我看到一个中年妇女在磕头环岛。我问朋友，她为什么能做到这样。朋友告诉我，因为她有宗教信仰，这种对信仰的追求给了她毅力。

宗教追求也好，理想也好，都是内在自我激励的动力。“士必有坚忍不拔之志，才有坚忍不拔之力”，说的是要先有一个理想和志向，才会有一直实践下去的毅力。做生意也一样，能否坚持做下去，不在于生意的好坏，而在于追求的理想是否高远。

当年我们在海南做企业，同时在做的还有几十万家企业，但是坚持到现在的，只剩下几百家。100 家民营企业里面，能够活五年以上的，只有 7 家；如果还要做成优秀的民营企业，那就只有 2 家；如果要做极其优秀的民营企业，那可能几十万家里面才会出 1 家。

所以创业成功的概率实在太小了。万一你在创业的过程中失败了，不要丢弃自己的梦想，爬起来继续做。王石去看褚时健的时候说过一句话，“一个人的高下，不是看他成功还是失败，而是看他失败以后的反弹力”。

做生意过程中碰到的麻烦、曲折，我相信总有办法解决。而理想和初衷就像黑暗隧道尽头的光明，一旦光明消失，你会感到恐惧，害怕向前；有了这个光明，你才能在隧道里坚持前进。

骑行的时候，我还遇到过两次台风。我们曾经做过实验，1 级风力吹在身上是什么感觉，10 级、12 级又是什么感觉。最后发现，一旦风力达到 10 级以上，风这种最软的东西可以变得很硬，你会感觉迎面有一堵墙，一吹就能把你推倒。我们看到过骑摩托的妇女被风掀翻，车子砸到她身上。

人生有很多东西是风。比如别人的流言蜚语、潜在的威胁，这些我们看不见的力量，会突然强大到足以让你死亡——别人挥拳，你尚且可以抽刀来应对这种有形的力量，但是像风一样的力量来了，你能怎么办？

当舆论、道德、媒体，这些所谓“软性”的东西，要像风一样把你吹倒的时候，你是没办法急的。一旦跟所有人急，你就成了恐怖分子。你应该把自己变成这种风一样的存在，培养自己的软性力量，比如影响力、眼光，还有情绪管理能力。

在创业过程中，甚至是创业成功后的每一天，都会有情绪变化，这些情绪通常是焦虑、多思、怀疑，以及结果出现之后的喜悦或者痛苦。

大家可以看一本书，巴特写的《恋人絮语》，讲的是恋爱过程中人的情绪变化。“我——热恋中的我——又注定了得守株待兔，不能动弹，被钉在原处，充满期冀，又忐忑不安——像火车站某个被人遗忘在角落里的包裹。”做生意也是这样，等待是很痛苦的。有时候一个合同明明快成了，突然又不成了，这样就会让人焦虑。

王石有句话非常正确——“创业就是找不舒服，就是习惯不舒服，就是把不舒服当舒服”。所以，管理自己的情绪很重要。

创新就会有压力，从创业以来，我遇到的不公、产生的郁闷可以说不胜枚举。我在面对这些压力时，实际上并没有太多好的方法。我非常清楚一点：最坏的结果就是失败。

社会没有理由为你准备好成功，等待你去享受，失败才是社会给你的正常回报。成功是一种标志，失败也是一种标志。比如项羽失败了也是英雄。理解了这些，压力到我这儿的时候，就被卸掉了。如果不理解，就会睡不着觉，压力反而更大。

我解压的方法比较简单。压力大时，我就一个人待在公司的书房里，找一些犄角旮旯的怪书看，比如关于殡葬的书，弄清楚什么是殡，什么是葬。在殡葬产业里，“葬”指的是埋、烧，这是制造业，不赚钱；而“殡”是“葬”之前的事情，反而更赚钱。等我把这些犄角旮旯、没人注意的事研究清楚了，焦虑的情绪就过去了。

在任何时候，我们都不要因为自己的情绪影响周边的人，影响事情的进展，要保持淡定。“卒然临之而不惊，无故加之而不怒”，别人突然来跟你急，你不着急，这就是淡定。怎么才能做到这样呢？

痛苦可以滋养人，一个人的坚定、睿智、幽默、自信、大度，没有吃过苦是炼不成的。一天到晚很舒服的人，很容易小心眼。

有人问我，为什么你遇到问题不爱生气？我觉得有两个原因。

第一，我知道的烂事太多。我们创办公司的时候，连公司执照都是借钱办的。这样一路过来，所有丑恶、光荣，比能想象到的有过之而无不及。所以我现在这个状态，不是突然炼成的，吃苦吃到一定程度，就没有什么可以刺痛你了。就好比你已经看过 100 具尸首了，当你看到第 101 具的时候，就没有什么感觉了，这时候你就淡定了。就像我们经常说的：“不就这么点事吗？”这也许是无奈的解脱，是一种不幸，但也是一种幸运，因为你还活着。

第二，我读人文科学类的书比较多，这些书里说的是人与人之间的关系，我会去研究这些关系背后的逻辑。历史是管长度的，从过去到未来；哲学是管宽度的，世界的普遍性。如果能把这两件事情弄明白，就能看透所有的必然性，心就会变大，就会产生一种类似庄子的状态，对很多问题报以释然。

创业的过程很苦，但不要拒绝受苦。我们可以把丧事当喜事办，把喜事当平常事办。

活下来便好

“活着”这个话题，在任何时候，切开一段来看，都会觉得有一些悲观；但是如果从时间维度串起来看，从过去看到现在，你就会非常乐观了。我从 27 年前开始做民营企业，到今天还活着，没有理由不乐观。

那么，我们为什么能活到现在？在我的经历中，有一些标志性的事件带给我一些启发。我有这样一个特别的故事。

我还在公家工作的时候，碰到一个民营企业家，那时候叫“个体户”，这算是我接触做生意这件事情的一个开始。

这个人在北京其实挺有名，是个大院子弟，也是那个时代的“老炮儿”。“文革”时，他因为在打架的时候把别人打死了，进了监狱。在监狱里，他有一个特别悲惨的经历，就是饿。那时候他和狱友背靠背，一起啃一个狱警从窗户里丢进来的馒头。出来以后，他找不到生计，就开始做个体户。

认识他的时候，我还在政府做事情，而他已经跑去深圳了。当时我有一个批文不会弄，想请他帮忙。我住在中央党校的一个筒子楼里，房间只有 12 平方米大，我睡地铺，所以地上还搁着一个床垫，他来了之后，就只能坐在门口。

因为住筒子楼里的人习惯一进门就急着把门关上，但他进来之后，把门留了一半，我就跨过去把门关上。聊天的时候，他频频去看那个门，我说："没事儿，没人在外面。"他说："唉，习惯了，在监狱里待着的时候，老是要去看有没有狱警过来。"

他还讽刺我说："其实差不多，你不过是'大号'里的人。"他的意思是，他曾经在监狱里是蹲"小号"，而我在机关里是蹲"大号"。在当时的中国，每个人都相当于在号里，没有什么自由的市场体制环境。

其实，最初开始做民营企业的，大部分是这些曾经不怎么自由，甚至失去自由的边缘人。在他们的那个年代，连注册公司都不行，他只能到深圳这个相对自由的地方买卖一些比较畅销的商品，比如尼龙袜、清凉油，最后活了下来。

1991 年的时候，有了一个新的更自由的环境，我们已经可以注册公司了。只不过不太方便，都要通过公家盖章才能注册下来。1993 年改制以后，有了《公司法》，才允许私人注册公司，更重要的是，这时候可以借到钱了。

我记得和创办企业的朋友一起聊天时，印象最深的就是公司创办第一年借钱的事情。现在是有钱才能当老板，但在当时是倒过来的，想当老板的都是没钱的人；现在的人可以将知识产权、技术折成股份成为老板，但当时的资本来源主要是靠"借"。

到 1995 年左右，上海发生“宝延风波”，宝安集团收购延中实业，中国资本市场的故事就这样开始了。中国的民营企业才开始知道，不仅可以自己办企业，还可以发股票，股票还可以买卖。后来我们去收购东北华联，但是没有成功。

到了 1999 年以后，“科学治理公司”变得越来越重要。现在的亚布力理事田溯宁，当年是第一个回国创业的留学生，亚信也是第一个在纳斯达克上市的企业。上市之后，田溯宁变成了当时的中国首富。

田溯宁在美国创业的时候，我们的美国万通就懵懵懂懂地投资了他，也就是现在说的“天使投资”。没想到他回到国内要融资的时候，一股的价格是 18 元。我们当时不懂，觉得哥们儿太不够意思了，我们是最早投资他的，结果现在公司还没做什么，就要 18 元一股。他说在美国都是这样的，这叫“公司估值”。最后谈不拢，我们就撤资了，结果这一撤，少赚 1 亿美元。

在这之后，我们才知道公司可以这样来运行，先有天使投资、风险投资，再有 PE（私募股权投资）、上市等一套流程，才觉得公司必须要好好治理。不是说集合了一帮人，有人投钱、有人挂名做老板就可以了，不能像土匪一样。那时候公司很多，但好公司很少。当时在海口这个不到 50 万人的城市，就有 3 万家公司。有一次在海南聚会，桌上点了很多土特产，我就喜欢胡说八道：“海南就两个土特产，第一就是皮包公司的老板，第二就是娱乐场所的‘妈咪’。”结果有一个哥们儿说：“哎呀妈呀，那我们家齐全了。我是皮包公司的老板，我媳妇以前是娱乐公司高管。”

但是这些东西和资本市场没关系，而且和田溯宁留学以后带回来的公司管理方式相比，味道实在是差得太多。

回过头去看，我们活下来的方法都不一样。当年的老炮儿在不自由的环境下，靠的是局部的小自由活下来的。后来很多民营企业活下来，靠的是权力、特别的资源、机会，比如靠爹，靠二大爷给一个批文，靠三舅给一块地，当然，更重要的是一个宽松的法律环境。再往后，像田溯宁这样的留学生回来创业，在一个与资本市场逐渐融合、持续创富的时代环境里，第一要靠规范的公司管理方法，第二要变得有价值，吸引更多的后续投资，最后还要上市，像亚信这样，发展到现在几万人的公司，一直都活得很好。

在民营企业成长的过程中，我们也可以看到几个现象：第一，法制环境越来越完备。第二，自由度越来越大。今天我们已经不在号里了，都是自由人，这给了我们活下去的信心。第三，我们能坦然地去赚钱、花钱。

而且从 2000 年以后到现在十几年的时间里，国内的资本市场又大大地往前进了一步。现在有大量的中概股回归，登陆国内资本市场，它们的估值在美国是 5 ~ 7 倍，在中国能达到三五十倍。也就是说，中国的资本市场不仅能给它们提供资金支持，还能有效地放大它们的财富效益。

我认为在有了资本市场以后，才出现了真正的“阳光下的富人”。不需要谁去查，一个企业卖了多少股票、套了多少现、交了多少税，大家马上就会知道。真正好的制度，不仅能让大家在阳光下持续地创造财富，还要能够合理合法地分配财富，最后让大家实现自己的梦想。

民营企业家的“活着”，一种是被动地活着，因为暂时还没有找到去死的理由；一种是主动地活着，想通过创业来服务社会，给别人创造价值的同时，也给自己找到活着的意义。所以，“活着”这件事情，是非常值得开心的。

而且我们可以看到，现在的年轻人都活得很好。如果我们看到下一代走路都弯着腰、迷瞪着眼，一副不想做事、痛不欲生的样子，那我们对未来会很没有信心。但我们看到今天的年轻人都很会玩，比如把约会当娱乐，这在 20 年前，是要先游街再枪毙的；还有其他的游戏、娱乐，都给我们展现出一个更加自由、美好的未来。

这种对未来的美好期盼，会让我们所有人活得更加坚定、更加阳光。

活在未来，在当下混混

前天，在一次会议上，我和华大基因的创始人汪建聊起未来，他非常兴奋地向我展示了“未来医院”。在他的设想中，未来的医院不像现在这样有这么多医生，取而代之的是机器人、基因工程师和物联网；医院也没有很多大型设备，而是通过编辑、修复、完善基因，来解决人类很多先天性缺陷，从而预防乃至根除某些疾病。

现在人类已知的疾病有 9 000 种，但能够检查出来的只有 4 000 余种，能够用药治疗的仅有 3 000 余种。所以从这个逻辑上看，医院解决不了的这些问题，只有通过技术的进步，从基因阶段去彻底解决。这样的一个“未来医院”，将使我们整个人的生命过程发生根本性的改变。

这是一个非常令人震撼的工作，而汪建为这项工作已经奋斗了几十年。未来，他仍将矢志不渝地继续努力。据他讲，他已经和包括深圳、贵州在内的几个城市签约了，大概会投 200 亿来建这种未来医院。

正说到这，一个朋友插话：“你俩真是一类人，你弄立体城市，他弄未来医院。你们都活在未来，只不过来当下混混。”

大家相对一笑，表示赞成。的确，一个好的创业者，其实最根本的工作就是着眼于未来，活在未来，在当下只不过是混混而已。

无独有偶，最近我在湖畔大学做学员面试。面试的第一题就是让学员画一张图，来讲解“世界因你而不同”。表达一下自己做的这家企业，会给周边带来什么变化，因为你、因为你的这个企业，未来又会发生什么改变。

事实上，湖畔大学要选拔的是能为未来工作的企业家，是能为改变周边事物的发展方式、改善周边人幸福指数而工作的企业家。这是湖畔大学迥异于其他商学院的、最有价值的地方。

通过两天的观察和体验，我强烈地意识到：一个有价值的创业、一个真正的企业家的使命，就是为未来工作。通过创业，改变世界的某个部分，提高人类的幸福感。这就是企业家的价值，也是创业最激动人心的地方。然而，如何走向一个正确的未来？这却是一个又容易又困难、又简单又复杂、又短暂又长期的任务。

当然这也有规律可循。一般而论，我们发现，人类要走向一个理想的未来，大体上有三种方法：

第一，价值观的指引。一个积极的价值观会引导你奔向一个好的未来。

比如，美国有一家市场服务公司，它是从一个宗教团体发展起来的，里面的成员都怀揣着宗教理想，愿意帮助别人。当他们看到一些公共的或私家的草地需要修剪时，就不计报酬、态度认真地去修剪。久而久之，被他们服务的客人感觉到他们真心的付出和诚恳的劳动，也愿意付他们一点钱，来维持这样一种服务。

现在，这家公司已经成为美国最大的一所医院的管理公司，专门负责管理医院和后勤。同时，他们也管理着很多军队、工厂的后勤。他们看起来总是做一些最简单、最初级的工作，但实际上却提供着最好、最专业的服务；同时，他们也通过这样的服务，改造、感化了很多流浪汉、轻微过失者，使他们获得生命的价值和工作的尊严。

由此可见，一个正确的价值观，能把一件事情、一个企业，引导到一个开阔的地带，创造出很好的市场前景。价值观会引导人们看见别人看不见的地方，使一些具备好的价值观的人，变成具有商业洞察力的人、具有先见之明的人、具有长远眼光的人和具有战略制胜先机的人。

第二，科学的方法。

在中世纪有两种人：相信科学的人和相信宗教的人。他们的价值观是不一样的。当一些人固执地坚持地心说时，另一些人却提出了日心说，他们试图用科学的方法来验证这一点，坚持不懈，甚至不惜牺牲生命来证明未来的正确方向。在我们今天看来，这是一个简单却亘古不变的规律和事实：地球是围着太阳转的。

科学是我们预见未来演变的一个技术路径。就像汪建最近一二十年来所做的工作，他从基因最基本的生命单位开始不断研究，最后找到根治疾病、延长寿命、获得更好生活的所有路径。

科学家总是用他们的显微镜、化学试剂、计算机编码、算法等这些方法，把未来世界越来越具体地呈现在我们面前。我们可以举出很多科学的例子：物理科学、太空技术、基因科学、生命科学，还有诸如现代医学、化学等。所有这些科学技术，都揭示了我们小到一个基因、一个物质的微粒，大到整个太阳系走向未来的途径。

今天，人类到火星上去居住，似乎也变得不那么遥远，而这样一种彻底奔向未来的工作，是由谁来做的呢？科学家、企业家。

科学家用他们的研究、用他们独特的发现世界的能力，让我们对自然有了全新的了解。而企业家，特别像埃隆·马斯克这样特别有创造力、有使命感的企业家，通过可回收的火箭、高速火车、汽车，以及未来的外太空旅行，用科学和技术为我们描绘了一个特别的未来，这是一个让我们充满憧憬又激动不已的未来。

第三，历史的方法。

历史是未来的一个倒影，或者反过来说，未来是历史的倒影。如果一个人想看未来看得久远，当他疑惑、迷茫甚至徘徊的时候，完全可以停下来看看身后的影子。这个影子就叫历史，从历史中，他能找到未来发展的一些征兆，以及可能会在未来重复出现的一些规律性的现象。

人类的社会发展，特别是社会活动的发展，事实上只有重复，没有创造。过往几千年、几万年当中，人类不断重复着一些行为。人和人之间不断产生的摩擦、进化，这个过程中所展示出来的规律，比如人的本性、人与人之间的关系、社会形态，实际上在未来的 10 年、20 年、100 年，还会不断重复。只不过在未来，这些规律的表现形式会穿上那个时代的衣服，用那个时代的语言表现出来而已。

比如，人和人的利益冲突无所不在。在没有货币的时候，利益冲突表现为直接的争夺食物和杀戮；有了货币、有了商业以后，利益冲突表现为在交换当中的一些算计。当这些利益不能平衡的时候，解决这些冲突的办法无非就是战争。战争是一种特殊的利益冲突的解决方式，我抢你的，你抢我的，压制你的意见、强化我的意见并支配你实施。

还有一种方法就是打官司，借助国家强制性的意志，也就是法律。我们彼此之间的冲突通过法律来仲裁。

当然，还有第三种方法，既不是战争，也不是法律，而是欺骗、阴谋甚至在肉体上消灭对方。

总之，历史上的这种规律，往往会在未来继续重复。这种继续重复对于我们来说，就是认识未来的一个重要方法。所以，只有那些深刻了解历史的人，才具有把握未来的强大力量。

一个优秀的企业家，要能够活在未来、创造未来、掌握未来，一定要有三种本事：第一，必须要有一个明确而坚定执着、正确的价值观，因你而改变环境，因你而使别人更幸福。第二，要掌握一些非常有效的科学技术。第三，要具备历史洞察力，必须掌握历史演进的规律，从过去的得失和教训当中，预见未来可能发生的故事。

创业不应该只是简单地让自己的口袋越来越鼓，更为重要的是，你要坚信，你的工作是有价值的。在每天的创业中，始终要记住，你为什么要创业，初心是什么，工作是为了改变世界的哪一部分，给环境的改变带来什么正向的积累，从而让周边的人和生活的世界变得更美好。

这就是湖畔大学创立的初衷，也是我们一些创办人的初心，同时也是汪建、柳传志、王石、马化腾的初心，是中国所有企业家的初心。

正是因为有了这些企业家的初心，生活才真的因为他们而变得更美好。我们今天用淘宝去这么便捷地购物，通过微信去这么方便地沟通，用百度去这么方便地检索，怀孕以后我们用华大的技术去筛查基因的疾病……在这个过程中，难道不应该感念在这个时代为我们创造了这么多东西的优秀企业家吗?

感谢时代，因为这个时代给了我们很多特别的机会，让企业家通过他们的工作，令社会、令我们的生活变得更加美好。感恩时代，让我们更多地去创造，世界将因我们而变得更加美丽。

前妻 O2O

不久前的一个下午，我正忙着开会的时候，突然有个大哥打来电话，语气很急切地说：“老弟你过来一下。”

“大哥，我正开会呢，什么事这么急？”

“你一定要过来一下，老哥我这里有闹心的事，要和你说说。”

“啥闹心事儿啊？”

“你来了就知道了。一定要过来，我就在你附近不远的地方等你。”

这是在我事业发展早期提供过特别帮助的一个老大哥，现已年近70。即使再忙，我也要放下手上的活计去听他讲讲到底发生了什么事情。

等我赶到一个咖啡厅的时候，看到他几乎是半躺在沙发里，双眼盯着天花板，正在发呆。我赶紧问：“大哥，有啥事，这么着急？”他说：“老弟，我碰到难事儿了，这事儿太闹心了。”

大哥是东北人，“闹心”是他常挂在嘴边的东北话。我觉得东北话非常生动，尤其是“闹心”这两个字。准确地说，“闹心”就是这事不会太大，但也不会太小；不会太容易，也不会太难；让你纠结不安，却又找不准方向。但我想象不出，“闹心”这个词和什么事连起来，竟会让大哥这么纠结。

我说：“大哥，先喝点东西吧，慢慢说。”

大哥说：“老弟，你说这事闹不闹。我那老婆死了。”

“是大嫂吗？”

“啥大嫂，就是以前的老婆。”

“人没了，那就把丧事办好啊。”

“是得办，但没心情啊，闹呀。”

“怎么就没心情了，这不是正常的事吗？”

“你不知道啊，我这几年遭老罪了，这些罪都是她给闹的。我原来早就跟她没有任何联系了，结果昨天她弟弟跑来，不光说人没了，还非得让我去主持追悼会。还要我在追悼会上说我俩当年如何好，分开是为了孩子。孩子都老大了，啥不知道，我还能骗他们吗？但她弟弟说，现在他们全家人都等着，叫我一定要去，给家人、给死去的大姐一个交代。你说这烦不烦，当年她把我整进牢里去，我俩早就散了。我今儿居然还要这样去给她主持追悼会。”

“大哥，这事你可真得去。追悼会上无坏话，批判会上无好话。到了那个地方，拣好的说吧。”

“老弟，这事你也知道的！我为此可是受了5年的罪，心里不平。”

我这才想起来，大哥的这个心结确实很难解开。这个心结多少和这位前妻有关，不过也和另一个女人有关。那个女人恰好也是一个前妻，是别人的前妻。

这大约是发生在七八年前的事了。那时候大哥正风光，每次出门都会被前呼后拥的一大堆人簇拥着。有一天，我去大哥那里说点事，看到门口排了很长的队伍，就悄悄地对他说：“大哥，会叫的鸡不一定都下蛋。您现在这么牛，哪天万一出了什么幺蛾子，怕是会很难弄。”大哥当时说：“没事兄弟，放心吧，我明白。”结果，没想到大哥真就折在日子正好过的时候了。

正当春风得意的时候，大哥认识了一个女子。我后来才知道这个女子是个老板，朋友们并不清楚她起初是做什么生意的，只知道她后来开了一个非常体面的大型美食城。开业的时候，大哥让我们一定要去捧场，没想到老板是一个圆润、长得很周正的女人。大家在那里吃饭、聊天，出来之后，就有人小声嘀咕：“这个是大哥的女人。”但是谁也不清楚为什么大哥要帮她开店。

我也觉得纳闷，后来断断续续地听到一些关于这个女人的故事。这个女人本来在别的地方做生意，后来遇到一些困难，辗转到了北京，遇到了大哥。而大哥当时也许是因为家里的日子过得不爽，或者是因为在外面春风得意，总之两个人突然就看对眼了。大哥对这个女老板心生怜爱，伸出援手帮助她，居然帮她在京城开出这么大的一片天地。

据说这个女老板当时也就 30 来岁，有很多艰辛的创业经历，以至于也变成了别人的前妻。更不幸的是，她的企业出现了一些状况，非常不容易。比这更折磨人的是，她还发现自己得了癌症。雪上加霜的是，做手术的时候，她的一侧乳房被切掉了。

大家都说：“大哥牛，好日子来了，居然能够有这么一个美貌而且自强不息的姐陪着。”有时候兄弟们也会在背后议论：“大哥这是真爱。”但同时也替大哥担心。

后来又听到一些断断续续的消息。这个女老板为了东山再起，居然到别的地方用大哥的名义集资，惹出了很多麻烦，特别是她把一些下岗职工的遣散费、一些国有企业解散后买断员工工龄这样的保命钱都吸进来了。没想到命运多舛，她的事业又失败了。结果这个大姐被抓了起来，大哥想了很多办法去救她，中间经历了很多曲折，最后这个女人就没有消息了。

这时候，大哥的前妻，也就是大哥前面提到的“我那个老婆”，心里极端懊恼、愤怒。于是，用现在的话说，她就“开撕”了。年轻的人开撕，总是想到媒体；年纪大的人开撕，总是想到组织；如今的人开撕，想到发朋友圈；过往的人开撕，想到举报。大哥的前妻就这么不依不饶地开始向组织举报揭发大哥，相关部门进行调查后，大哥不仅公司破产了，自己还去监狱“学习”了 5 年。

记得大哥刚出来的时候，用一个陌生号码给我打电话说：“我出来了。”

我当时就一愣：“谁呀？从哪里出来的？”

“我是谁谁谁，听不出来了？”

“您不是学习去了？”

“我出来了，我在哪哪哪，你过来一下吧。”说话方式和今天一样，当时我也是马上就过去了。到了说好的酒店以后，我在大堂转了一圈，找不到他，心里很纳闷，最后发现他坐在离酒店门口不远的一个马路牙子上。我就慌了，忙说：“大哥，你怎么坐在这里？”他说：“我刚出来，啥也没有，我不坐这儿坐哪儿？”于是我轻声安慰他，找个地方一起吃了饭。大哥那时候已经有 60 多岁了，然后才慢慢回到了正常的生活

今天大哥说起前妻追悼会的事，又让我想起当时见到他“学习”

回来的那一幕。大哥真不容易，他受到两个女人的夹击，一个女人把他拖到水里，另一个女人又踹了一脚，让他差点淹死在水里；一个女人在成为别人的前妻后要发愤图强，结果把大哥从“现夫”变成了“前夫”，同时制造了又一个前妻，最后这个前妻又把大哥送进了牢里。

说到这里，我又想起大哥在被前妻追剿过程中的一个故事。大哥曾经为了躲避前妻的追剿躲到一个地方，就连我也不知道他去了哪里。突然有一天，有人给我带话说：“大哥希望你能够帮个忙，他在哪哪哪。”我说：“大哥怎么跑到那里去了呢？”他说：“你别问了，肯定是一个靠谱的地方。”

后来我才听说，大哥是躲到他一个旧相好那儿去了。大概是几十年前，他们谈过一场纯洁、认真的恋爱，大哥的前妻也一直对他这个旧相好耿耿于怀。而这个旧相好因为早年和大哥有一段感情，导致后来的日子也过得不顺，也变成了某人的前妻。但是这个旧相好没有再结婚，也没有惹事、折腾，只是默默地在一个小城市里生活着，心里惦记着大哥。

她给了大哥一个温暖的回忆，也是大哥心里的一个安慰。所以当前妻追剿自己的时候，他居然想到这个最初相好过的女人，并在她那里过了一段相对清静和甜蜜的日子。这个某人的前妻确实给了大哥很多温暖，让他在快要被两个前妻夹击落水之前，获得短暂的安宁和快乐。

这便是大哥和三个“前妻”的纠缠，将他的人生切割得段落分明。对于接下来该怎么做，大哥心里其实是有主意的。他那天叫我过去，无非是想把这些闹心的事跟我吐吐槽，消解一下心中块垒而已。

当这些回忆在我的脑子里快速闪回之后，我就对大哥说："大哥，人没了，场还是要圆。这个场是圆给活人看的，除非咱们也不是活人了。人活着，就会有很多被迫要圆回来的场。你有两个孩子，周边有一些老人，还有一些以前了解你、想知道你近况的亲友，他们即便知道你们之前的不愉快，也还是会希望你在最后这一刻出面圆这个场，他们一定会在心里感谢你的。"

"我要他们感谢什么？这些事情跟他们有什么关系？"

"大哥，这话要是搁到20岁说，叫天真；搁您这年龄说，叫任性。"

"老弟，别说什么天真、任性的，我就是觉着不舒服，都这种时候了还要演！我已经演得够烦了！我刚刚出来那会儿，你知道我已经演到什么程度了？"

"看到您上电视了，不就是拿着一桶油、一袋米，拍了张照片吗？"

"什么呀，我成了劳改释放人员，成了社会最底层的人。街道干部每年过年都给我几百块钱，然后还让我拎桶油、拿袋米，完了还要拍照片，感谢这、感谢那。我以前做了这么多贡献，从来没人感谢我。之前我是为了公家演，为了让街道干部展示他们的正面形象，为了让组织展现对我这个失足老头儿的关怀，为了感谢党和政府的宽厚仁义。我演完了之后，还是饿着肚子吹凉风，没人管还是没人管。对着公家我要演，这会儿对着折腾过我的前妻还要演。在你这里我不必演，想想就爽。"

“大哥，为了圆这些场，人一辈子就是要演。活着就是一出戏，我们演好每个角色，都是对其他看戏人的一个交代。”

“那你说这事怎么演？”

“就演呗。拿点钱去，所有在场的至亲及前妻家里亲近些的人，每人多少给点。然后在追悼会上简单说几句，别说太多。咱要演，但也不要演得太过，说点情面上的话就好。再把孩子们叫过来，说几句他们老妈的好话，再说几句对他们感到抱歉的话。完了之后赶紧撤，这件事情就算翻篇了，找个新老伴儿过日子吧。”

“我这一辈子，成在兄弟身上，毁在前妻身上。现在什么都没了，也可以谈个老伴儿了，但有些事情还得靠兄弟。多亏了你今天来，我能把这事说了。咱们再说会儿别的事吧。”

就这么聊了一阵，大哥的心情好了些。后来我听说，大哥真的就回去圆了这个场，算是把这篇真的翻过去了。

在我的记忆中，这些事常常会浮现出来，我一直在想，人这一生还有多少场要圆？

前两天，我看到在“互联网 +”的热潮中，有个年轻人提出了一个投资计划，叫“前妻”。这个商业计划很有意思，这个年轻人试图用一个 APP 和（应用程序）来解决所有的前妻问题，让天下的前妻更幸福，不再开撕，不再乘人之危、落井下石，同时能够自强不息，开始自己的新生活。而且，他试图组织一个特别的团队，这个团队要由各种前妻组成。也就是说，他要用一个由前妻组成的团队，来开发一个专为前妻服务、重度垂直的 O2O 的商业项目，这个项目就是做一个名字叫“前妻”的 APP。

我说：“你真行，人家有大姨妈，还有大保镖，你又整了一个‘大前妻’。”

他说：“冯董，我们的市场可大了。”

“为什么这么说？”

“现在有几千万的前妻市场。这十几年来，中国的离婚率每年都在增长。其中，文化水平越高、城市化发展越快、社会变动越剧烈的地方，离婚率越高，前妻也就越多。比如在北京，产出前妻最多的地方就是中关村，那些大学女老师特别容易变成前妻。”

确实，现在随便出个门、转个弯，可能撞不上电线杆子，但会撞上某一个人的前妻。这世道真的有很多让人看不懂但又习以为常的现象。

“你为什么专门研究前妻呢？为什么不研究前夫？或者把前妻和前夫合并成一个群体？”

“冯董，离了婚以后的男人和女人是不一样的。男人的状态相对轻松，而女人离了婚以后，要面对社会、子女，她们的精神压力特别大，所以这是一个刚需群体。”

这我也理解。男人会认为事业的失败才是失败，婚姻的失败并不是完全的失败；女人则相反，认为事业的失败不是完全的失败，而婚姻的失败则是百分之百的失败。从需要安抚、照顾、转型、重生这些服务的角度来说，女性的需求确实比男性更强烈，这也算是一种刚需。

我又问他：“你提供什么服务呢？”

他说：“我们的 APP 有几项主要的服务。一项当然是情感上的安抚，有很多心灵鸡汤的故事，让各种前妻们能够听到、看到其他前妻自强不息、转型重生的榜样，让她们能够获得一些慰藉。还有法律援助的服务，在将要成为前妻或者已经成为前妻的过程中，她们会有很多财产问题、子女问题、各种相关的法律问题需要帮助。”

“其他还有吗？”

“其他的就更多了。比如，离婚以后，如何照顾子女？需不需要专门托放到一个地方？我们在线下专门提供了一个能够阶段性照顾这些孩子的场所。另外，前妻自己有没有地方住？在没有安顿到新的住所之前，我们会提供一个临时的援助空间。”

“还有吗？”

“如果我们的APP上有几百万、上千万个前妻，我们还可以做一些电子商务，比如卖一些书籍，甚至提供一些特别的产品，让她们能够尽快从离婚的阴影里走出来。”

这可真是热闹，现在到处都有重度垂直的O2O，竟然垂直到前妻这里来了，这也是拜社会进步所赐。这同时也能够给社会提供正能量，使前妻成为社会和谐的元素，而不会成为社会情感不幸的疮疤。

“你这是功德无量，善莫大焉。”我说。

现在想起来，如果大哥当年“学习”回来，从那三个前妻给他带来的经历入手，顺应大众创新、万众创业的潮流，也来一个“双创”，自己投资一个关于前妻的APP，我相信他一定能够把这个活干好。当然，这是玩笑话。

事实上，我们身边总会有因为婚姻带来的各种社会问题，这种失败的婚姻确实需要用社会关爱来补救，互联网当然是一个非常好的方法。如果这个年轻人的创业能够成功，就有可能使天下前妻不再忧郁，绽放出新生命的光彩，而这大概也是全社会期待的。

事实上，从一个失败的婚姻中走出来，开始新的生命，也是一种成功，是人生一个更高阶段的完美。我们可以看到，某明星在两次“被前妻”的打击下屹立不倒，成为第三任“现妻”，她可以是这个“前妻”APP很好的代言人。

天下有很多失败的婚姻，有很多场需要圆，有很多戏正在演，这是人生的常态，也是社会的常态。也正因为如此，我们才有电视剧看，才有前妻APP，才有风险投资，才有继续生活下去的盼望和勇气。这大概也是活到一定年龄，看遍人生百态以后的开悟。

到了分手的时候，大哥事实上已经想明白了。谈话结束时他说：“老弟，行了，不跟你聊了，我得去圆场了。”

又有一个场被大哥圆上了，社会又多了一份和谐。

“妞”所创造的扎克伯格

这两天，扎克伯格上了头条。倒不是因为他造出了一个人来。一个如他这般健硕的男人和一个温婉的女人，由于爱情造出一男半女，不是个难事。之所以被送到头条，是因为他给自己的女儿送了一份礼物，这个礼物不是一般的物质，而是他对未来世界的美好愿景，是他描绘给下一代、再下一代将要生存的世界的一幅美好图景。

这个礼物有多重呢？重到值得他们夫妇拿出名下99%的脸谱网

公司股票，共值450亿美元。也就是说，为了实现这样一个美好的社会发展愿景，450亿美元只是一个开头。这个礼物有多大？那是超出我们任何人想象的。

扎克伯格的举动让世界上对未来敢于描述、追求、憧憬、奋斗的人都难以企及，一时间，“小扎”仿佛有了灵光，变成了圣人，而且光芒万丈，照亮了所有商人眼前的道路以及众人对未来世界的想象。

如果我没记错，媒体对他在学校期间的经历，似乎都是不甚崇高、不甚光彩的一些记录：辍学、泡妞，跟创业伙伴闹掰甚至互掐。而且这些传言，曾经被很多媒体不断地引用、热炒，甚至被用来作为电影情节。直到脸谱网公司上市，“小扎”的形象才开始慢慢变成一个商人、一个2 000亿美元公司领导者的形象，并且定格下来。

对中国人而言，对“小扎”的好感还不止于此，因为他身边还有一个华人血统的东方女子。这个女子站在他身边，使他跟中国有了几分亲近。更有意思的是，他从这个东方女子身上学到了怎么跟中国人打交道，而且还会一口并不流利但说得还算准确的中文，甚至在清华大学做了一次完整的中文演讲。

那么究竟是什么原因，让“小扎”从一个当初在学校里那样子的形象，一步步变成了今天仿佛圣人般的一个伟岸男子形象？有很多种解释，也有很多角度的观察，甚至有很多种揣测。但据我来看，似乎他所有的人生轨迹，就是一个男人和若干女人的故事，也是一个非常不错、动人的人生故事。

大家都说“小扎”早期是为了泡妞才做的脸谱网，所以脸谱网一开始是一个社交工具，甚至只是校园里面的社交工具，主要功能是泡妞。出乎意料的是，这样一个社交工具，走出了校园，成为人类最大的社交平台，而且给我们带来了一个交往、共存、共享、发展的特别天地。

如果说那个时候做脸谱网是为了谈恋爱，目的还在于满足年轻人的冲动和好奇心，以及对异性的追求，那么当他穿着 T 恤在硅谷四处寻找他的伴侣的时候，有一个“妞”后来稳定下来成为他的妻子，这个“妞”就是我们讲到的华人女子。

自从有了这个女子，一个躁动的年轻男子就稳定了下来，心稳定了、公司稳定了、家庭稳定了，人也变得更持重、更成熟，更有对未来的责任感，而且爱让他变得更有魅力、更宽容、更有成长力。

今天，当他又有了一个“小妞”的时候，突然迸发出了一种更大的责任感，这个责任感扩及人类和人类的未来，扩及怎样才能达成他所讲到的“发展人类潜能、实现社会公平”这样一些宏大的议题。

我们可以看到，“小扎”由找“妞”到娶“妞”，再到造“妞”、生“妞”这样一个过程。在他的生命里，女人标志了他生命的三个阶段，使一个少年男子变成了一个须仰视才得见的圣人，这确实要归功于“妞”的伟大。

显然，“妞”有一种化腐朽为神奇的力量，“泡妞”使男人发明了新的商业模式，“娶妞”让男人懂得责任，而“造妞”则让男人开始忧虑、开始思考人类命运。可见男人生命中不能缺少“妞”，关键在于这个“妞”是一个什么样的“妞”、这个“妞”能帮助男人进化到什么程度而已。

在看到大洋彼岸这个“妞”所创造的“圣人”的同时，我也想到，扎克伯格这个有急速创造力的商业领导者，所做出的将个人财富用于人类终极关怀的这么一个安排，确实会让东方社会感觉到文化差异——在我们所做的一些决策中，总有因为被传统束缚而表现出来的狭隘和局促。

同样是为了“妞”，我看到了华人中不同的例子。有一位台湾的科技大佬，家里有一对双胞胎“妞”，还有一个“老妞”，也就是他幸福的老婆。当两个宝贝女儿要毕业的时候，他在家里开家庭会议，关爱地询问每个人的愿望。其中一个“小妞”就说，我想开一个咖啡厅、酒吧；另外一个“小妞”说，我想经营一个商店；老婆又说，我喜欢爱马仕，一定要有个爱马仕店。怎么办呢？科技大佬说干脆给你们一家百货公司。

果然，他拿了近百亿台币，在台北买了一块地，建造了一个令人炫目的购物中心，老百姓俗称这个商场为贵妇百货。这个百货店里面极尽奢华，而且同时满足了他们家三个“妞”的心愿：一个开了咖啡厅，一个开了百货商店，一个在里面开了爱马仕店。

还有一个例子是，不久前香港有个姓刘的大老板，豪气冲天、海派作风。最近小女儿出生，花 4 亿多港币买了一块以女儿的名字命名的钻石送她。真可谓万千宠爱在一“石”。

华人、亚洲富豪往往喜欢用钱表达爱，结果把自己的“妞”变成了用金钱堆积的符号，终其一生就只有人、钱而已，没有其他的社会意义。对社会大众而言，这些“妞”也只是一个金钱动物。他们用钱塑造了自己的“妞”，让“妞”成为自己小世界里的公主，而失去了整个人类的大世界，令人唏嘘。这和大洋彼岸的“小扎”相比，确实反映出文化传统、制度环境等的极大不同。

中国大陆的经济要保持持续发展，对我们来说仍然有很大的挑战。这些挑战不光来自经济，还有社会发展、环境改善这样一些更巨大的挑战和命题。

我们该怎么样来面对、解决这些问题？我们这些民营企业要怎么样把自己准备给"妞们"的财富，用来解决这些巨大的挑战？要怎么样开始改变我们的社会环境、自然环境？这些的确都是值得我们思考的。

一个"小扎"被"妞"改造成一个圣人，中国的民营企业家身边也有不少"妞"，也希望这些"妞们"能为中国的未来创造出一两个甚至更多个"小扎"。这样中国的未来才会更加光明，我们的下一代、下两代才可以与大洋彼岸的美国比肩，才能够和未来的创造力衔接，才可以和全世界一起共享一个公平的社会发展环境，创造出人类更加灿烂的未来。

结婚是误会，离婚是理解

大家老想着结婚，不想离婚。但过度承诺的婚姻，有时候是一场误会，离婚反倒成了彼此理解的行为。

爱情是一个传说，每个人都说见过爱情，但每个人画出来的爱情却都不一样。张爱玲讲，"真爱就是见到鬼"，女人对真爱的要求，来自对稳定性和安全感的迷恋，她们希望用爱情来稳定男女关系，这也是雌性哺乳类动物的共同要求。

“恋爱中的女人智商为零”“情人眼里出西施”等，这些都是在讲爱情。爱情多少是有点盲目的，恋爱中满眼都是对方的好，甚至能从武大郎身上看到武松的影子。

爱情带有盲目的性质，婚姻更是包含了冲动的因素，很多人婚后被柴米油盐一浸泡，产生各种各样的矛盾，这时候各自的缺点就都出来了。情况如果好一点，还能磨合一下，凑合着过，差一些的就得离婚了。而曾经那些恋爱中的承诺，婚后自然全都不算数了。

爱情是化学，不可预料，不能操作。两个人走在路上，也许只因为一个眼神就产生了爱情。婚姻是物理，你选择跟什么类型的人结婚、跟谁结婚，都是可以操作的。谈婚姻要向上海人学习，在操作上下功夫。北京人到美国一直在谈恋爱，而上海人到美国就马上能够结婚。因为北京人是为了恋爱而恋爱，而上海人则把婚姻当成一个大项目来做。

在中国人的观念中，成家是人生大事，白头到老当然是最好的，这就需要在结婚之前，在恋爱时就先看清楚对方，不能一叶障目。创业、投资也一样，刚开始都是在想好事，过一段时间往往会出现很多问题，如果没有有效的责权管理、人事分配、制度监控，就会走向极端。创业初期懵懵懂懂，可能进度比较快，但是未来需要很大的成本去纠错。

所以在创业、投资时，看清楚对方十分重要。

如果要投资，只有把这家企业仔仔细细地看清楚了才能做出决定。这就要求企业刚开始必须正大光明、清清白白，老板和员工都清楚自己在做什么，对外也能讲明白自己公司做的事。同时，公司终端产品的持续销售、公司员工的行迹等，也必须都是阳光的，不能有见不得人的小动作。

公司做到这些，才能真正吸引到有价值的投资，投资行为也才能长久。否则，通过蒙骗，可能一时能带来收益，到中间还是得崩。这样反而浪费了大家的时间和精力。

不过，有时候即使万事皆具备，过程中也可能会发生意外。结了婚，牵了手，并不意味着后面的路能一直顺顺利利地走下去。感情淡了，或者思想出现了分歧，又或者是遇到了更适合自己的人，都可以分开，和平地跟对方说“咱俩不合适，分了吧”，然后再选择。当然前提还是要把共同生活那段日子里大大小小的问题处理好。

做公司也是这样，在一起时心要齐，如果内部出现了不可调和的矛盾，或者有另外更好的出路，也可以和平地分开。我们万通六君子就是“江湖方式进入，商人方式退出”，现在六个人各做各的，都还做得不错，社会上对我们这种方式也很认可。所以，能白头到老很好，梅开二度也能成就佳话。

心离钱越远，钱离口袋越近

最近看到很多创业者在公号留言，提问如何处理好理想和金钱的关系。其实这是所有创业者每天都可能碰到的问题——在我们没钱的时候，该如何看待金钱？当我们有钱的时候，又该如何面对他人与自己？

这让我想起几年前一次有幸和李嘉诚先生共进晚餐的经历，一直影响我至今，我也很愿意跟大家分享我的所得。

李先生是华人世界财富的状元，也是我心目中的偶像。按大家的惯性思维，这样伟大的人物都会等大家坐好后才缓缓进来，然后大家会请他讲几句话；如果要吃饭，他一定坐在主桌，有个名签，我们20多人中最伟大的几个人会被安排坐在他边上，其余人未坐；饭还没有吃完，李大爷就应该要走了。即使他这样做，我们也不会怪他，因为他是伟大的人。

但是当我们刚乘电梯到了楼层、电梯门打开的时候，发现李先生早已在门口等候了。这已经非常出人意料，更出人意料的是，以李先生的身价和地位，本来已经不用名片了，但是他还像在做小买卖一样，给我们每个人递发名片。发完后，又让我们每个人随机抽了一个签，签上的号码就是我们照相站的位置。我当时还想，为什么照相还要抽号？后来才知道，这是用心良苦，为了让大家都舒服，没有按辈排座的隔膜。抽号照相后，还抽了一个吃饭座位的号码。

最后，大家让李先生说几句。他说："也没有什么要讲的，主要是和大家见个面。"大家坚持让他讲，他说："那我就把生活当中的一些体会与大家分享一下。"为了照顾到不同的听众，他先用英语讲了几句，再用粤语讲了几句。他的主题是"建立自我，追求无我"，核心的意思是，要把自己融入生活和社会，不给大家压力，让大家感觉不到自己的存在，从而很自然地接纳他、欢迎他。

之后我们就落座吃饭。吃了大概一会儿，李先生站起来了，说："抱歉，我要到那个桌子坐一会儿。"后来我们发现，李先生在每个桌子坐 15 分钟，把一个小时平均分配给四桌的朋友。

临走的时候，他一定要与大家握手告别，每个人都要握到，包括边上的服务人员；然后还把大家送到电梯口，直到电梯门关上才走……

这一系列小的细节让我们非常震动，也从中感受到了李先生追求无我的个人境界。

我们在生活中经常看到一些人，做一些事情偶有所得，有点成功，他的自我就会让别人不舒服：他的存在让你感受到压力，他的行为让你感到自卑，他的言论让你感到渺小，他的财富让你感到恶心，最后他的自我使别人的自我无处藏身。但李先生不一样，他要在建立自我的同时追求无我。

企业家是为了某种价值观而活着的人，所以，企业家赚钱和普通人赚钱是两个概念：普通人赚钱是为了生活；企业家赚钱，一是为了满足自己的兴趣、专业，二是内心有向善的愿望，把价值观放第一位，顺便赚个钱。

心离钱越远，钱就离口袋越近。大家对现实世界的看法有很多差异，而正是这些差异决定了他们做事的方法，最后决定了天下的人才、资源、你眼前的机会跟你的关系。

柳传志以前不是联想股东，他没有钱，当时很多人让他改制。一般人认为应该在这个时代抓住这个机会才能赚大钱。但是柳传志认为，所有的事情不能 90 度急转弯，急转弯会翻，要拐个大弯，事情才能顺着走，该得到的都会得到。

又如王石，在商场上，他决定要名不要利，于是他做了职业经理人。他的工资在以前还不如我们公司的经理，但是他创造的利润是我们的五倍以上。

李嘉诚讲追求无我，柳传志讲拐大弯，王石取名不取利，大家都在抓钱的时候，他们刻意或者自然与钱保持距离。所有这些都表达了他们对生活的态度和外部世界的看法，而这些东西恰恰是他们的成功之道。如果把这些归纳起来，系统化，这就正是成功生意人与钱无关又息息相关的哲学。

向凤姐致敬

有一段时间，朋友圈不断地在转一些凤姐写的文章。我看了之后，突然发现凤姐的文章写得还不错。还有人评论说，她的文章不仅接地气，还能入脑。

凤姐是5年前因为炒作征婚火起来的。凤姐“征婚”有两个笑点：一个是凤姐说自己很有文化，平时主要看《故事会》《知音》，所以至少要北大、清华的毕业生才够格来应征。大家听了都哑然失笑。另外一个是大家觉得凤姐的形象很难恭维，她的身高、面相、五官，特别是牙齿，让大家觉得这个形象和北大、清华似乎挂不起钩来。于是网上、媒体上都是一片嘲笑声，甚至对她有一些诋毁和侮辱。

但有意思的是，凤姐好像有一副盔甲，无论别人怎么射箭、怎么拿刀砍，都伤害不了她。不仅如此，她还非常励志地去了美国，不是去迈阿密度假，也不是去洛杉矶华人餐馆里打工，更不是挺着肚子假装旅游去生孩子，而是跑到了纽约，还去面试找工作。

当时有一些公司操纵这些事情，发布了一些针对凤姐在美国的爆料，其中有很多被正常人认为是笑话的事。比如凤姐的英语水平，比如她对要去什么公司、要多少工资都提出了很多奇怪的要求。当这段故事结束以后，我相信操纵她的公司已经没有兴趣继续把她作为一个热点来炒作了，因为凤姐的签证问题、收入问题，包括她在美国的社会关系、语言问题，他们认为凤姐在纽约是生存不下去的，所以这些人后来就撤了。

结果 5 年过去了，大家发现凤姐在纽约不仅生存下来了，而且还生活得很充实、很从容、很自信。凤姐在美甲店里给客人做指甲，不时地在微博上发一些她所在的这个小店的环境描述，还有一些对客人的描述，英文水平也提升了不少。

非常有意思的是，她还开始在纽约找对象，并且在微博上直播自己找对象的过程，甚至发小广告征婚，找对象的标准仍然不低，还是那么自信。

还有一件事情也很有意思。凤姐会不时地对国内的事做一些评论，而且凤凰新闻客户端居然发现了凤姐的这个才华，专门邀请她写一个专栏，并且定期推送。连着推送了两篇之后，大家才发现她不仅写得很长，而且还写得很认真。

凤姐的第一篇专栏，写的是自己相亲找对象的经历。在这篇文章里，她讲了爱、婚姻和性的关系，可以看出凤姐坚守着一条中华民族的传统：不爱不上床。不以结婚为目的上床，她认为是耍流氓。其实和优衣库试衣间的行为对照来说，凤姐还真是中华民族传统美德的一个捍卫者。

第二篇文章写了“要是有一只鸡在我面前，我绝对跑不过它”。这篇文章讲了她小时候一些苦难的经历。我看了这些经历之后，觉得凤姐最强大的一点，是她“活在自己的世界里”。因为她在9岁的时候，父母就分开了，周围的人对她也不好，所以她就喜欢自己一个人看书。从那个时候开始，她就基本上活在自己的世界里，已经习惯了。今天大家黑她，甚至用非常恶毒的语言诅咒谩骂她，比如说她长得不好看，可能从小别人就这么说，她真的是习以为常了，相当于已经有一套免疫力了，所以百毒不侵。

现在是“外貌协会”横行、颜值高于价值的社会。在中国，对一个女孩子的形象有两种审美：一种是蒙古人种，高鼻梁、大眼睛、瓜子脸，我们会认为这是漂亮的；还有一种是马来人种，脸稍微有点扁，眼睛只有一条线，颧骨略大，这也是一种美，但不是亚洲人眼里的典型美女。凤姐偏向后面这种形象。

后面这种形象在欧美其实是挺有市场的。举个例子，吕燕是一个著名的模特，她的形象在普通中国人眼里也不算是大美人，小眼睛，有一点雀斑，脸形是扁的，但她到了美国就成了美女。

所以，美和不美，要看放在什么特定的市场上推广。凤姐如果在西方市场多待一会儿，她凭现在的形象也一定能找到一个好的“凤姐夫”。

凤姐在这篇文章里还讲到另外一个很有意思的细节：她在读六年级的时候，看到一本被泥裹着的、扔在地上的书，这本书讲的是美国的股市，所以在那时候，她心里就有了美国梦。

现在，这样一个手无缚鸡之力的苦难女子，在纽约这样一个高度竞争的地方生存下来了。纽约是一个什么样的地方呢？当时拉登把世贸毁了之后，我要在新世贸中心最高的楼顶上做一个项目，叫“中国中心”。为了这个项目，我从 2002 年开始，前后飞了 60 多次纽约，这十二三年来，对纽约也算是有了很多了解。

我在 2002 年去纽约的时候，没有人相信一家中国公司要参与世贸重建。所有的纽约人都投以白眼说，世贸重建这件事和中国有什么关系？要在自由塔上插五星红旗，美国人从感情上、从价值观上来说，都是接受不了的。

在五年以前，我们签约的时候，美国人的看法已经改变了，说这个地方就叫“世贸一号楼”，五星红旗插在上面，那就在上面吧。在纽约做房地产也好，投资也好，中国人已经成为纽约的宠儿。复星买了洛克菲勒家族的一栋大楼，潘石屹买了一栋保险公司大楼，我们的“中国中心”也继续在做，万科还要在那里盖一个 300 米高的住宅……

我眼见着在纽约的中国人慢慢多起来，说话的声音大起来，出入高档消费场所的人也多起来。这十多年的变化，实际上是因为务实的美国人认识到中国人口袋里的钱和美元一样，是好东西。我之前碰到过一个大哥，他说：“你可以说我是王八蛋，但你必须对我口袋里的钱表示敬意。”今天纽约的人也是一样，可以认为中国这不好那不好，但是必须对中国人口袋里的钱表示敬意。

正因为这个大背景的变化，所有中国人在纽约的心态，不再是一个悲苦的、被迫害的心态，也不再是一个讨饭的心态。这和 20 年前的一部电视剧《北京人在纽约》里华人的心态是截然不同的，那时候的华人在纽约生存得极其艰难，所以有很多抱怨，恨不得要骂纽约：“你混蛋！”

我记得那部电视剧的主人公叫王启明。那时候的王启明也受苦，现在的凤姐也受苦。他们都身处纽约的最底层，面临的生存环境其实也差不多，但是王启明和凤姐两个人的心态完全不一样：王启明悲凉，凤姐淡定；王启明压抑，凤姐坦然；王启明咒骂美国，凤姐包容、喜欢美国；王启明到最后要逃离美国，凤姐坚定地留在美国，一定要找到对象；王启明回来写了一篇小说《北京人在纽约》，讲了许多中国人在纽约酸楚的故事，而凤姐通过她写的文章，隔着大洋告诉中国人，中国人在纽约是可以融入美国的游戏规则、很自信地生活的，她还可以批评美国的一些事情，理直气壮地拒绝一些想占她便宜的美国男人。

所以，同样的苦难、同样的问题，你认为它是灾难，它就是灾难，你认为它是机会，它就是机会。如果你接受它，用未来的眼光去战胜它，其实是得到了进步的出路；如果你只是发发牢骚表达自己的悲情，那你就只能永远陷在苦难里不能自拔，而且会逐步变成一个被害妄想症，最后就只能忧郁地上吊、跳楼。

一切加害于你的、偶然的困难，都可以当成人生过程中正常的状态。没有人会为你的幸福准备好所需的一切，幸福必须靠自己去争取。从这个角度来看，凤姐是当今中国语境下特别好的一个“励志姐”。

现在我们都说“全民创业，万众创新”，与其找一些高大上的、遥远的人，去讨论怎么创业、怎么生存，不如看一看在纽约生活了五年的凤姐。我觉得，要从这个角度向凤姐表示敬意。

追杀合伙人

随着《中国合伙人》电影的火爆，“合伙人”成为创业中躲不过去的一个词；同时，随着《公司法》《合伙企业法》中各种有关股份公司的法律的完善，“合伙制度”也变成创业公司一个非常重要的支持和保障。

然而，在1993年之前，中国还没有《公司法》。所以在早期的创业中，大伙完全没有“合伙”的概念，有的是一起折腾的愿望、一起奋斗的雄心，还有一起打拼的激情。但是在利益、困难、纠纷面前，这些激情就像鸡蛋碰上顽石一样，会立即被撞得粉碎。

大概是在十五六年前的一个早上，天还没亮，我就接到一个非常急的电话，这个电话来自遥远的西部。

电话那头说："冯哥，不好了，出事了。"

我问："什么事这么早？"

他说："我们大哥昨天后半夜被人抢走了。"

我问："被人抢走了？是什么人？"

他说："是穿制服的人。现在我们大哥人也不知道去哪儿了，到处找不到他。"

我问："给他打电话了吗？"

他说："去他家里看过了，他的电话在桌上没拿走。"

我问："开车了吗？"

他说："车还在，但人不在了，车门都没有关。"

我说："那能去哪儿呢？你们赶紧找一下，看是什么人带走的，然后再给我打电话。"

大概又过了个把钟头，天边已经露出鱼肚白，电话又突然响起来："冯哥，查到了，是被某市的一个公安带走了。"

我问："某市离那儿有几千里，这么大老远的，公安怎么会跑到那儿去抓人呢？"

他说："不知道，可能是被H先生害的。对，一定是他在后面搞鬼！但是现在怎么办呢？"

我想了想，说："既然如此，他们肯定不会坐飞机，估计是坐火车。我们马上去找一找。"

于是，我们就开始四处打电话、找人。终于通过朋友找到一个铁路乘警，帮我们在火车上找到了这个大哥。我们暂且称这个大哥为N先生。

确认N先生在火车上以后，我们就又通过那个朋友对乘警说：“我们在终点站等着，这个人必须要放。”乘警说：“那不可能，我们必须要完成任务，把他带回去，然后你们再去处理后续的事吧。”

在电话里简单地争执了一下之后，我说：“好吧，我们帮朋友的忙，但也要尊重公安办事的程序。”于是我们就托人在火车站守着，看着公安把人带下来，然后又去了哪儿、关到哪儿、办了什么手续，全部弄清楚。

天一亮，我就和两个朋友一起，直接扑到这个城市，找到相关的主管领导，告诉他们这纯属个人恩怨，并不涉及真正违法犯罪的事情，希望有关部门能够在走完程序之后，尽快把人放掉。

在那些领导面前，我把N先生和H先生两人的故事讲了一遍：他们当时如何满怀激情从体制内出来，如何一起创办了一家公司，在遇到困难和利益分配时如何起了争执，在几年间两人又如何互不相让或妥协，以致最后又如何在江湖上大打出手……

领导了解情况后，就让相关部门做了调查，确认这件事情不涉及经济犯罪之后，就把N先生放出来了。

接N先生出来的时候，我问他：“怎么回事儿？你们这架打到现在还没打完？”

他说：“这事儿肯定没完。今天他把我给整了，我这剩下的一辈子都还得去跟他闹。”

我说：“不能再折腾了，你们见面谈一谈吧。公司已经垮了，钱的事情总能算清楚，大家就此了断恩怨吧！”

他说：“不行。冯哥，我先休息一下，另外找日子再跟你聊。”

于是，他回到了西部的那个城市。

无独有偶。大概过了半个月，我在一间咖啡厅约人谈事情，谈完起身正要离开的时候，忽然被叫住了："冯哥，你怎么在这儿？"

我一看，是H先生，我立马想起之前的那件事，正想问他跟N先生的过节现在发展到什么程度了，是不是能就这样算了。没想到他先开了口："你管那闲事干吗？我这辈子只干一件事情，就是非把他弄进去不可！这是我俩的事，你别再管了。"

我说："你们都已经折腾七八年了，大家能不能坐下来谈谈？把账算清楚，如果没法再一起做事，那就各做各的。也不枉当时一段燃情岁月，大家留一个好的念想。"

H先生红着脸、梗着脖子坚决不同意。

后来，我就没有再看到过H先生了，只听说他为了找到N先生，花了很多精力和钱财，公司也顾不得办了，家庭也不管了，就是要把N先生置之死地而后快。但他把自己折腾得够呛，几乎倾家荡产。

之后不久，我又去了N先生所在的那个西部城市。N先生比原来谨慎很多，而且他的情况比H先生也好多了：他的产业还是做得很大，有房地产、金融等。有一次，他带我去看他的一个大型房地产项目，其中有一个超大规模的夜总会，是他出租场地、别人经营的。

夜总会的老板一看是N先生，就非常客气地带我们进去转了一圈，然后我跟N先生进了夜总会背后的一个总统包房，一边吃夜宵，一边聊天。

我说："你跟H先生的纠纷什么时候才能了结呢？你们最好能面

对面谈一下，或者通过中间人调解一下。”

N 先生说：“我是想跟他好好谈来着，但是他就像走火入魔一样，对我不依不饶，已经把我弄进去两回了，搞得现在我也恨不得把他弄进去！但是我比他要稍微冷静一点，所以只是躲在这儿而已。”

我说：“你在这儿这么高调张扬，这哪叫躲啊，这不是招人、招事、招祸吗？”

他想了想，说：“你说的也有道理。我琢磨琢磨。”

一晃又过去了好几年，我和 N 先生逐渐失了联系。等有机会再去那个城市的时候，我托人打听 N 先生的消息，想知道他怎么样了。

朋友告诉我，他现在人躲起来了，电话也换了，跟以前的人都不联系了。

我问：“能躲到哪儿去呢？大楼、夜总会、餐厅，那么多场子都还在，就人消失了？”

朋友说：“真消失了。这些东西他早就都卖了。”

我说：“那他总得喘气儿，总得见朋友吧？火葬场没记录？公安局没记录？”

朋友说：“不好意思，冯哥，这次是真找不到了。”

后来，H 先生那边的消息也渐渐少了，他们的故事似乎已经结束了。有一天，我偶然在北京碰到 N 先生的一个朋友，于是问他 N 先生的下落。

他告诉我说，N 先生现在可牛了。为了躲 H 先生，N 先生卖光了产业，拿着钱云游四方去了。结果因祸得福，他因此收藏了很多重要的古董，这些东西可比房地产都值钱。他现在应该很逍遥地在江湖上享受自由、安全和财富，只是和过去的老朋友都不联系了，没人知道他在哪儿。正是因为断了联系，才断了他原来那些是非。

这时候我终于明白，原来“躲”的学问在于“了断是非”，就是把自己和原来的社会关系明确切割开来，从过去的“是非链”中逃出来，去一个新的环境，开始另外一种人生。

很多人之所以“躲不开”，是因为没有了断是非，心里还有旧人，偶尔回头看了一眼，结果就被捂死在里面。类似的事，在“民国第一杀手”王亚樵身上也发生过。他在躲避追杀的时候，因为放不下心上人，去和那个女子会面，结果被戴笠抓住机会杀死了。

N 先生深知“躲之三昧”，这一躲就是十几年，他们两人的恩怨也应该逐渐烟散了吧！

N 先生的结局虽然很不错，但这样一个“拆伙”的故事，其实是民营企业创业和发展的一个悲剧。

如果能有一个很好的法律环境，那么当创业伙伴产生分歧的时候，就能在法律给出的游戏规则下心平气和地分手、理性地分家，而且还能再各自去寻找新的天地，N 先生和 H 先生的故事就可以不再重演。

这样一来，“拆伙”意味的就不是死，而是生；不是停滞，而是进步；不是一种令人窒息的负能量，而是呈指数倍增加的机会，是创业过程中一股积极的推动力。

发结婚证的人，就别管别人怎么高潮

我上高中时还在“文革”期间。西安的夏天非常热，那时候格力集团董事长董明珠女士还是一个豆蔻年华的少女，我们还没用上空调。

老师们住的是一排平房，每间房子不到 10 平方米。我的班主任住在最前面那间，和她家隔了三户，是教语文的李老师的房子。

有一天，我到班主任那儿去，发现李老师家门口坐着一个妇女，穿着长袖衣服。我当时很诧异，就问班主任：“苏老师，李老师家门口坐着一个像是从农村来的妇女，天气这么热，她为什么不去房间里待着？”

苏老师告诉我：“陕西农村有个规矩，如果回家时丈夫不在家，妻子只能在屋外等着；她不能一个人在屋里待着，会有嫌疑，万一有什么动静，也容易引起误解；更不能穿着短衣、短裤在门口晃来晃去。所以她只能像现在这样，不管天气多热，也只能穿戴齐整地坐在门口，期待丈夫早点回家。”

我讲这个故事，是想说民营企业也该如此，要有一个“守本分、有期待”的姿态，期待并且相信市场的力量。具体地说，是期待两种变化：

一是调控的那双闲不住的手变成一双理性的、温柔的手。

我的一个朋友曾在微博上发过一个数据：有关部门一年罚款收入上万亿。我不知道这个数字准不准，但是确实看到过因为罚款太重致使一个河南妇女喝毒药的新闻。各部门的手都伸出来罚款，或者这些罚款都放在各部门、不交给公共财政、不转化为社保及教育和卫生资金，这些都不是大家期待的。

我们也期待审批程序更简化。为什么要简化呢？打个比方，你一个发结婚证的部门，为什么还要管别人做爱的姿势呢？就算你管得了做爱姿势，也管不了别人的高潮和生孩子。管得这么多，大家可能就都不结婚了。

我们一直期待的，是搞清楚宏观调控和市场的关系。我们也欣喜地看到这个期待没有落空：2013 年的十八届三中全会就清楚地表明，市场将会起决定性作用，而政府部门应该发挥积极作用，特别是发挥地方部门的公共服务职能。

二是民营企业的腰杆能直起来，放开胆子做点事情。

以往民营企业在市场上被挤压，生存空间越来越小，除了投降、推门跑掉，没有其他选择。所以，我们期待民营企业在市场当中的定位变得更清晰。

这个期待也没有落空，十八届三中全会同样明确了这一点：民营企业和其他所有企业都是一样的。

这意味着，我们不用再担心“国进民退”，也不用再欣喜“民进国退”，应该坦然面对“优进劣退”。只要做最好的企业，我们就能进；做得不好的企业，不论是什么出身，都应该退。

市场的力量强化了，调控的行为规范了，企业的角色清晰了，我们就会进入黄金 10 年。所以，我总是对一些民营企业家朋友说，我们不应该再发牢骚了，因为和过去 100 年相比，今天民营企业的地位

发结婚证的人，就别管别人怎么高潮

不是不高，而是相当高。

为什么这么说呢？只要是做得还不错的民营企业，地方首长无论是书记还是市长，都会很认真地接待；而且之前地方上还有一条规定：在饭桌上，官员自己不可以喝酒，而民营企业家可以。

过去我们吃饭，上一盘菜，桌上有四双筷子要动：第一双是地方部门的，他们的筷子最先动，还不断地夹菜；第二双是老外的，他们曾经趾高气扬，以高端大气的姿态进来；第三双是央企的，他们根本不用动手，只要使个眼色，服务员就把肉夹给他们了；那个时候民营企业只能坐在那儿，等别人都夹完了才战战兢兢地请示：可以动手了吗？等到我们开始吃的时候，盘子里的菜已经所剩无几了。

但是今后，这个宴席要变了。桌子上的菜增多了，地方部门的筷子却放下了，因为要偿还地方债务，土地财政的动力就消除了，地方部门圈地、卖高价地的积极性被抑制了；外商的筷子变得战战兢兢；央企也要自己动手、认真竞争才能夹上肉。所以民营企业只要看客户、看市场的眼色，就可以大胆地伸筷子，一筷子下来，就是民营企业未来 10 年的成绩。

所以我觉得，在“黄金十年”中，市场会更大，规则会更公平，民营企业的地位和作用也会发挥得更好。

我们的期待变得更加强烈，但这个期待跟以前不一样，以前是战战兢兢，有点忐忑，现在则是非常有信心，对未来 10 年民营企业的发展前景，抱有非常乐观的态度。

第三章　管理是永远的挑战

卖到 1 万块一碗的牛肉面

到台湾田村不能错过的一件事，就是去吃牛肉面。我已经在台湾吃过几十种牛肉面了，但是最有意思、最有话题性的，要数“牛爸爸牛肉面”这一家。

导游一开始跟我介绍说，这家牛肉面特别贵，一碗大概要卖到 1 万新台币（折合人民币 2 000 多）。我觉得这有点离谱，一碗牛肉面能卖这么贵？出于好奇，我就和朋友一起去看了看。

今年已经是这家店开业的第 26 年了。我第一次去的时候，它还在忠孝东路上，听说现在已经搬到民权东路了。这家面馆不大，经营面积也就 100 多平方米。除了两张比较大的桌子以外，几乎都是些四人台。地面很干净，墙上挂满了各种剪报，其中还有他们曾经获得“台北牛肉面大赛”冠军的报道。

据说，老板王聪源曾经问光临店铺的那些 VIP（贵宾）食客（其中有台湾本地的名人，有米其林三星级餐厅的大厨，还有世界各地的政治领袖）：“你们愿意为本店最好的牛肉面掏多少钱？”得到的最普遍的回答是：“1万新台币一碗。”

而到了今天，许多美食迷都已经知道，这家只有40个座位的小餐馆供应着世界上最昂贵的牛肉面。当然，牛爸爸餐馆还有一种比较便宜的牛肉面——菜单上的名称是“普通牛肉面”，价钱也相对容易承受，200新台币一碗。不过，几乎每一天都还是会有客人点最昂贵的那碗牛肉面。

“牛爸爸”的一碗面比一顿六道菜的正餐还要贵，原因何在？

老板花了15年的时间来改进牛肉面的配方，其中包括刚好120克的面条、五块4英寸见方的牛肉和一块牛筋。当然，还有一碗汤。

据说，他家的牛肉来自四个国家——日本、澳大利亚、美国和巴西，其中，巴西专门提供牛筋。主厨会把每一块牛肉都切成特定的形状，让牛肉和牛筋以最吻合的方式连接。举例来说：日本牛肉切之前要稍微冻一下，以便切出比较整齐的形状；澳大利亚牛肉则要先炖好，然后再从骨头上剔下来。

牛爸爸的定位从最初到现在，也经历了好几个时期。最初只有夫妇两人、几张桌子，凭着一份执着，做出味道不比别人差、价格比别人稍微便宜的牛肉面。结果宾客盈门，桌子越加越多。

到了开业第五六年的时候，老板开始茫然了：店内总是人声鼎沸，一天到晚在忙，几乎没有自己的时间。难道就这样做下去吗？于是老板开始琢磨如何改变，最后他决定，要做“世界上最好的牛肉面”。从牛肉的选择，到烹制的手法、烹制的餐具等，都在不停地改进。

在这个过程中，老板发现成本大大提高，这样就不能服务大量的食客，只能服务小部分的人了。到第 15 年的时候，这个阶段也告一段落：他们推出了从 1 000 元新台币到 1 万一碗的牛肉面，每天服务的顾客数量减少到 30 ~ 100 人。即便如此，还是有很多人慕名前来。

除了进一步提升食品品质之外，老板还开始做 CRM（客户关系管理）。由于客人少了，他们就可以记录客人的喜好与脾气，当客人下次光顾的时候，就能最快地按照他喜欢的口味提供食物。真是不同一般！

在未来，老板希望能将牛肉面事业传给读食品专业的儿子，把“牛爸爸”做成百年老店。

其实，台湾牛肉面的兴起要追溯到 1949 年国民党军队撤退到台湾之后。在永昌街就有一家“老张牛肉面”，它是当时的老兵在离开军队后创业开的，到现在做了两代了，生意非常好。

所以，台湾的牛肉面是一种很独特的饮食文化，充满了很多的商业玄机和管理门道。

一碗牛肉面看似简单，但它的竞争之激烈，远远要超出其他的餐饮种类。它们在定位、营销，包括配料的选择、汤头的独家研究上，都花了非常多的心思。

我在“牛爸爸”吃牛肉面的时候，边上还来了三个浙江人，他们点了一碗普通的牛肉面和一碗最贵的牛肉面。我问他们感觉怎么样，他们说：“就想吃一下，看到底贵在哪儿。”小店每天至少能因为人们这样的“好奇心”卖出去两碗最贵的面。

我想，可能正是坚持独特的定位，并且长期坚持下去，吸引很多人前来验证，“牛爸爸”才会形成今天的广告效应，同时也促生了经济效益。

“牛爸爸”很彰显它的个性，生意不算大，但是追求的确牛，而且说要当爹就当爹，踏踏实实在这个领域中把味道和营销做到极致，这一点值得学习。

商人应该怎样好好说话

我不赞成商人去做商人以外的事情。作为一个企业家，核心本分是把企业经营好，这样对社会进步、环境改善的作用都是非常积极的，远比标签化语言更有实际作用。

再关心别的事情，企业家还是企业家，把角色扮演好，这是第一位的，我信守“有本分、守期待”。这相当于男人会关心女人的事，但男人还得进男厕所、穿男人的衣服，不能说一个男人关心女人的事，就换了女人衣服、进女澡堂，这是流氓行为，是要被抓起来的。

不扮演好第一角色，其他的角色一定是错乱的。企业家是硬约束，利润、就业、增长等报表都是绝对标准，亏损就是亏损，一旦松懈下来进入软约束，就容易飘。

真理都有相对性，观念的争论很容易上升到意识形态。在没有法制的情况下，观念争论必然演化为街头暴力；而在法制比较健全的地方，无论怎么吵都不会打起来。在中国转型的过程中，企业家要有耐心，更要理性，期待法制更健康的同时，也要把自己的事情做好。

人的一生就那么几十年，能够做的事情很有限。要把有限的事情做好，人就得受委屈。不仅是为自己受委屈，还要为社会发展过程中阶段性的不公平承受委屈。民营企业当年注册个公司都不容易，今天一块钱就能注册公司；当年做公司时，没人给你投资，现在那么多人给你投资。

所以，发展都是阶段性的，要在发展过程中，让自己的言行与社会转型匹配好，守住当下的本分，并对未来抱有期待。这种期待有时候要说出来，但也要分场合、分人。

现在，企业家的状态与想法可能更加多元化，所以如果要给“守本分、有期待”再加一个词，就是“尚表达”，表达要准确。

我曾经说过，“不要别人进洞房，自己高潮”。就相当于别人兴奋，跟你有什么关系？把耳朵塞住，蒙住被子，自己躺床上就行了。偶尔碰到喜欢聊这个话题的人，我就调侃说，“不要扒窗台”。看别人进洞房，你自己高潮，干吗啊？到哪儿都嚷嚷，这也不是企业家该做的。

社会、媒体也不要绑架企业家。

就像企业家也不会绑架大家一定要去追求利润一样，政府服务部门也不要绑架企业家去做福利与公益，这种事得量力而行。比如，很多人看不起病，你不能绑架企业家把利润拿来给大家看病。

尤其是媒体不能绑架企业家，企业家只受资本绑架。科学家要追求真理，思想家要追求真知灼见，要创造对世界的看法，政治家要追求共同目标、公共服务与福利，而企业家要说对自己与股东有利的话。

我们尊重科学家，尊重一切对人类文明的探讨，但尊重不等于要把自己变成这样的人。我们尊重记者并不等于我要变成记者，尊重妇女的权利，我不能变成妇女，我还是我。

企业家可以把赚的钱转化为基金支持他们追求对自然、太空、环境、制度文明的探索，但不能要求企业家追求真理。

让你的公司更“张艺谋”

年年岁岁终复始，岁岁年年人不同。在市场经济的汹涌浪潮下，整个中国无论经济、社会，还是政治、文化，都开始彻底告别“老中国”，进入“新中国”。

这一背景下，民营企业也面临一场有史以来最严峻的挑战：如何从边缘走向主流，从被排挤、打压而躲避甚至反叛，转为在阳光下经营，融入市场经济的主流。

这方面，我在文化界找到了一个先进分子，就是张艺谋，他从边缘到主流的角色转换以及心态调整，很值得民营企业借鉴和学习。

张艺谋在电影界曾是一个边缘、逃避和反抗的形象，后来随着时间的推移和时代的进步，他渐渐融入电影甚至整体文化的主流。

张艺谋不仅拍出众多为市场和政府都叫好的片子，执导西洋歌剧和芭蕾舞，忘情于桂林山水，还执掌申奥大片、导演会徽揭幕乃至奥运开幕大典，并执导了刚过去的 G20 晚会。而张艺谋本人却并不恃宠而骄，反倒更加慎言谨行，对社会、对自己都表现得更加负责。

过去的 20 多年来，民营企业也经历了这样一个由边缘、反叛到主流与合作的演变过程。

过去处于边缘状态时，民营企业四处受歧视，企业家缺乏安全感，心态上就趋向逃避甚至反叛，于是他们选择地下经济、灰色交易、海外置业……这些也是迫不得已的聪明选择。

现在转变为主流身份之后，民营企业只有转变自己的心态和角色定位，成为市场经济中的“张艺谋”，才有可能取得更大的成功。而要完成这个转变过程，需要把握好以下 4 个方面。

第一，企业行事时不仅要从自己的角度出发，也要从更广泛的公众利益和社会发展的角度去考虑。

当然，要承担社会责任，需要很大的勇气、毅力和眼光，而且要耗费很多资金，短期来看也许得不偿失。但正如康有为所说：“德成言乃立，义在利斯长。”企业勇于奉献的同时也获得了社会的尊重，长此以往，就更能保持自身竞争力，从而赚取更长久的利润。这也正应了老子那句话：“非以其无私邪，故以成其私。”一开始的舍，成就了后来的得。

第二，民营企业要自觉约束自己，将私财私德与公财公德很好地融为一体。

一个利益阶层的崛起，必然表现为钱多、理大、声高、责任重。

“钱多”是指财富积累速度加快，在整个社会财富总量中的比重日益加大。

“钱多”带来“理大”，这一阶层说话的人越来越多、越来越显赫，他们的事和理也就都成了大事和大道理，不可不听也不能不听。

被更多的人听到之后，就能被传播得越来越远，声望也就越来越高，这就是“声高”。小商得利，大商得道，得道者必得天下之利。

第三，要简单、专注、持久和执着。

把张艺谋的人生拉直了看，他就是一个导演，足够简单；而且他的精力几乎都用于拍摄电影，足够专精；从 1987 年导演第一部电影《红高粱》至今将近 30 年，足够持久；他也是一个出了名的理想主义者，对自己的事业足够执着。

放到民营企业上来说，就是商业模式简单、一目了然；在自身领域内实现专业化；拥有长远眼光；愿景明确并且能够顽强坚持。

越简单的东西越容易活，也活得越久。所以商业模式简单清晰，甚至比一个企业的规模还重要。

我发现一个优秀企业家穷其一生所拥有的财富，其中只有 1/3 是通过现金利润挣来的，而这 1/3 又只能通过在一个专业领域中用看似简单的商业模式才能以复利的速度增长和积累。

第二个 1/3 是随着国民财富总量的增长，由全国人民共同努力和奋斗创造的。因为随着财富总量的增长和本国货币的升值，你所拥有的财富将自然升值。

这个 1/3 可以看成全国人民对“简单、专注、持久”的经营方式颁发的奖金。这个数额巨大到可以和你一辈子所挣的现金相比，但你并不需要为此多付出边际成本。你所要做的，就是让企业用简单的方式活下来，活到有一天能够站到领奖台上接受全国人民颁发给你的这份奖金。

最后的 1/3 则是由全世界人民颁发给你的另一份奖金。当你在海外上市之后，就能站到国际的领奖台上，未来的收入就是你所拥有的股价。

执着其实不易，其最大的动力来源于理想，而理想又源自对未来趋势和最终目标的深信不疑。所以，执着的人并不一定是最有才华的人，但必须是对未来比常人具有更深刻洞察力的人。

人们判断事物通常有三种方式：第一种是以过去判断现在，拘泥于经验，这种人在快速变化的环境中最先死去；第二种是以现在判断现在，参照榜样行事，榜样好你就能活，榜样不好就跟着死，但较之第一种有进步；第三种最难，站在未来判断现在。

这种判断所带来的创新，是引导企业与时俱进、进入主流的制胜法宝。

张艺谋似乎已经给他的观众造成一种强烈的心理暗示：他总是会给观众创造一个新的喜悦，不管是新的形式、题材、舞台、动作手法，还是新的“谋女郎”。于是人们对他的新作品总是充满好奇和想象，并争相涌入影院成为他的票房俘虏。

显然，不断创新和超越自己使张艺谋成为中国电影市场的制胜者。公司进步的道理也是一样，千万不可复制自己的成功。因为环境在变，竞争对手在变，企业必须不断超越自己。

然而，创新意味着打破常规，超越自我意味着否定自己，两件事加起来无异于同时与人为敌、与己为敌，也就是既要不断战胜市场困难和竞争对手，又要不断扬弃自己。

人生只有两种：一种是过日子、讨生活，维持多数人几十年、几百年甚至几千年延续下来的习惯和伦理秩序，这种人占 95%；另一种是剩下的 5%，他们创造生活，改变命运。他们是第一种生活的叛逆者，有自己独特的生活方式和道德标准。

企业也是如此：95% 的企业应付市场、维持门面，只有 5% 的杰出公司才创造市场、改写规则。

它们是自己宗教的教主，也是创新的自恋狂，它们用自己特有的创新方式改写着人类商业的文明史，使自己在旧的主流方向改变之时，自动承续其力量，成为新主流中的最前端，永远创造，永远活着，永远是主流。

世上只有妈妈好

在创业投资的过程中，有一种很特别的关系，那就是委托关系，比如委托代持股权、委托投资等。因为信任，“委托”这件事才能成立，但因为信任破裂而导致利益格局发生变化，最后双方反悔、反目、打官司甚至把对方往死里掐的情况，比比皆是。

我最早听到这样的故事，是在十多年前，一个台湾老板在发他老爸的牢骚。他跟我说，他们家是一个很大的企业，在这个企业正红火的时候，他们家几个姊妹就分了公司的股权，但是先委托老爸代持。因为他们当时年纪小还不懂事，都认为自己是公司的股东。

没想到后来他们老爸在外面泡妞，跟老妈掰了，还给他们娶了个小妈。而这个小妈对他们姊妹几个不好，所以他们就急着要跟老爸分家，希望把股权分清楚。这时候才发现，当时他们和老爸之间所谓的“委托关系”，连委托的法律文书都没有做全，实际上只是个口头说法。这样一来，他们老爸就不认账了，所以这几个子女就跟他彻底翻脸了。他现在只能流落到大陆来，跟我们一块折腾。这是一个由财产纠纷导致的家庭悲剧。

后来我们每次聊起这件事情的时候，这个台湾老板都会嘀嘀咕咕地骂他老爸，就算当着他兄弟姊妹的面也会这么毫无遮拦地数落。他跟我说：“这世界上，连老爸都靠不住。如果要委托，就要早点把手续办清楚。”

老爸靠不住，那老婆靠得住吗？

我有一个朋友，是一家大公司的老板，发生在他身上的一个故事，似乎是在告诉我们：其实老婆也靠不住。

这个哥们儿在春风得意的时候，喜欢上电视台的一个美女主持，于是跟发妻掰了。本来他一时风光无限，没想到突然陷入了一个是非当中。他觉得自己随时都可能出状况，于是就把名下所有的财产都临时性地转移到这个美女老婆和她母亲的名下，签了一份代持协议和一份委托投资协议。

结果这哥们儿真的进去“学习”了。几年以后出来，这个老婆已经对他提起离婚诉讼，但他以为她这样做是因为别的原因不得已而为之的，他们的感情还是在的。结果等他找过去的时候，这个美女老婆居然避而不见。他提出要把以前委托的财产转回来，这个美女老婆居然两眼一瞪，干脆甩手不认账了。

所以，这个“委托”最后变成了“赠送”。这哥们儿一贫如洗，想找这个老婆讨一点生活费都讨不到。这真是一个让人扼腕叹息的故事。这样看来，老婆似乎也靠不住。

那朋友靠得住吗？也靠不住。朋友之间因为委托而打官司的更多，其中最著名的是香港“小甜甜”龚如心的案子，更是让人看到这种委托关系背后的纠结和不确定性。

当时大陆对外资投资银行是有限制的，不过龚大小姐还是通过一个大陆朋友来代持投资民生银行。后来民生银行发展得非常好，收益巨大到远远超出开始的预期。这时候，二者就起了纠纷，官司一打就是十几年。

这个案子的关键点在于，最初委托的是借款还是权益：如果是借款，那么这个朋友只能得到一点利息；如果是权益，那么这个朋友将得到几十倍甚至上百倍的利益。这场旷日持久的官司，一直打到龚如心去世才了结，最后的结果是双方各得一部分利益。

在利益面前，信任是非常难以建立、维持的，甚至连亲情都难以抵挡这种诱惑。不只是现在是这样，中国历史上的“盗墓”也是一个很好的例子。

据说在古代河南，盗墓是一个很大的营生，一般是一家子一起去盗墓。盗墓的时候，需要一边有人下到墓室里去，一边有人在上面拿着绳子吊着筐，一点一点把东西和人一起拽上来。

如果是兄弟搭档去盗墓，在上面的这个人往往会因为想独吞利益，等东西到手后，就把人踹下去，把墓封上。这种兄弟之间互相残杀的事情经常会发生。

所以，后来就改成父子搭档。因为去墓室下面搬东西是技术活，也是力气活，所以在开始的时候，父亲心疼儿子，会自己下去拿东西。但当老子把这些宝贝装到筐里以后，儿子也不愿意跟老子分，又把老子踹下去。后来又逐步演变成了儿子在下面搬东西，老子在上面拉绳子。按常理说，老子是不会把儿子踹下去的，否则自己就绝后了。

所以，最后靠人的本性来维持这种信任关系，“老子在上，儿子在下”就成了这个行业的潜规则，这种家族营生得以勉强延续下去。

实际上，所有这些委托关系，最核心的都是两点。

第一，信任。如果这个委托只涉及一个很小的利益，那么这个信任可能不会变，能维持很长时间。一旦利益大到一定程度，这种信任就会面临挑战。在利益的诱惑面前，前期累积的信任就可能变成一道脆弱的堤坝，随时都会崩溃。最后，渴望获得巨大利益的欲望会摧毁曾经的信任。也就是说，信任值和利益大小有关。

第二，法律关系。要在法律上确认这种委托关系是否能保障你的权益。就像龚如心的这个案子，如果我委托某人持有某个股份，从法律上说，最终的受益人应该是我，而这个某人是一个受托人。但如果委托的时候，法律文件做得不周全，没有提前处理一些必要条件，没有形成一个完备的法律关系，那么最后的受益人就不一定是我了。

现在有一种比较好的方法能解决法律问题，就是通过一家合法的信托公司来代持，这种方式的风险相对比较小。

这样说起来，难道世界上的委托关系就没有一个可以信任了吗？有，但只有一个，那就是老娘。

在所有的财产委托和代持关系当中，唯一没看到打过官司、没有听说过亲人相残的，就是子女和母亲之间的委托关系。在商业历史上，几乎没有听说过因为母亲侵占子女的财产而打官司、最终闹得非常难堪的情况。

也就是说，通过母亲代持，是非常稳妥和安全的。尤其是现在独生子女的时代，委托给母亲更靠谱。因为只有母亲是百分之百地希望子女好，对子女的爱是 200% 的付出和 1 000% 的投入，而且，母亲和子女之间也没有财产竞争关系，家庭关系也更稳定，不太会有“老爸泡妞”这样的故事。

总之，要理解“信任是有条件的”，除了信任友谊、信任亲情，更重要的是要信任法律，通过专业的律师来做一些法律安排，来保障你的权益。在万不得已的情况下，最好委托给自己的母亲，否则你将会面对不可预测的风险。

在这个时候，我们才会真的理解那首小时候唱的歌——《世上只有妈妈好》。关键的时候，真的只有老娘是可靠的。

谈恋爱时可以互相吃口水，反目时看见鲜花都像凶器

在日常工作，特别是董事会工作中，每天都有大量的工作，其中最重要、最有挑战的工作就是做出正确的决策。这项工作看似简单，

实际上非常有挑战性。而我一直倾向于“慢决策”，因为要留出很多时间去处理信息。

2012 年上半年时，万通纽约公司提出一个出租公寓的方案。我们对这个项目的决策十分纠结，于是我和对方项目负责人见了面，又针对它的周边环境分别进行了三次考察，对该项目包括建筑设计、未来的样板房、管理方式等有了全方位的了解。

通过考察，我觉得这个项目如果能够建成出租，应是有一定市场前景的。回国后，纽约公司的上级控股公司团队、对方专门负责项目开发的伙伴团队和我们一起，开始了长达半年的评估过程。

没想到，这个本应该非常顺利的案子，却出乎意料地引起了巨大的争执，还出现了很极端的相互批评，个别同事甚至准备退出不干了。事后究其原因，我发现主要是信息传递等环节的不畅通，才导致了预想不到的困难。

在一开始信息采集时，双方公司都做了尽职调查。采集到的信息明明非常完备，到了中国相关单位的手上，却显得不够齐全。这是为什么呢？因为信息传递出了问题。

我们的一个分管美国万通的总经理助理，在查看尽职调查后，没有及时将信息完整地传达出去；前去交接的同事向他索要的时候，他的态度有些不耐烦，三言两语回复了对方。直到要开董事会了，大家都觉得这个项目连调查都没有做，怎么能够做决策呢？

于是又开始了第二轮沟通，对方很不耐烦，我们纽约公司的同事也不太愉快。

以前没有互联网，我们会当面交流；如今有了互联网，效率并没有因此提升，反而出现了很多盲点。我们每天都可能收到海量邮件，邮箱里的信息太多，有时就算看到也不能及时处理，反而遗漏了很多信息。在互联网时代，恐怕还需要及时提醒和跟进，就像当年的 BP（寻呼）机一样，有信息就跳出来叫一叫。

第一个信息传递阶段出现的问题，弄得彼此心情很不好，产生成见。这直接导致了在第二个信息分析阶段中，决策更加困难。

又因为三方团队离得很远，整个信息链都出现了扭曲。纽约团队认为紧急的事情，中国团队因为时差的关系，加上办事人手头还有很多其他业务，就会将此事搁置。每个人立场不同，纽约团队非常希望促成此事，因为这是他们一个重要的业绩指标；而对于在北京总部的同事来说，每天都有大量的项目，多一个、少一个对他们来说没有太大影响，多考虑的是回收期的时间、公司财务的安全。

这两个原因，导致纽约同事甚至会站在对方的立场指责总部。这时总部就觉得："你怎么能站在对立面责怪我们，是不是有吃里爬外的嫌疑？"

大家在情感、价值观、方法上的差异，最终面对同一个信息的时候，会出现不同的判断。我听到过一句谚语：两个人谈恋爱的时候，可以互相吃口水，一旦成为仇人，彼此即使看到鲜花都像凶器。

我梳理了这件事的内在逻辑，审视了整个战略以及这件事情的重要性，再根据公司的风险来综合判断。最后，我的结论是：这个项目，可做、可不做。不做的话，我们在纽约的发展慢一点，可能信用也会受点损失，但这都不是根本性的问题。

谈恋爱时可以互相吃口水，反目时看见鲜花都像凶器

所以在这样的情况下，我觉得既然是中性，就放手交给底下的老总去决定，并给予充分的支持和信任。又经过了两个星期的你来我往，最后控股公司的 CEO 做决定，放弃这个项目，并且为了厘清信息传递和责任人的关系，还可能要解雇几个人。我仍然尊重他的意见，既然做了决定，就要对后果负责。

这个项目有一个良好的开端，最终却以烂尾收场，问题就出在信息的采集、传递、分析以及彼此之间的情感因素上。针对跨距离、多部门的协调管理工作，这是一个教训。

比纽约投资案多 10 倍的投资，由于就在家门口沟通，又是一个传统业务，大家反而容易做决策；纽约这个项目只涉及 2 000 万美元，反倒决策困难，没有人积极推动。

由此可见，人在决策中，对于传统的、简单重复的事情，哪怕其实蕴含着很大的风险，也很容易达成一致；而对于那些创新的、有挑战性的、远距离的新项目，却往往本能地排斥，结果就会错失一些发展良机。

这个案例给了我一个教训：

在今后的决策过程中，涉及跨地区、多部门的项目，需要综合性判断和决策的，应该第一时间给予关注，在发现项目前景的同时，能够避开决策环境中的陷阱。

通过这些反思，我希望能把学习到的知识用到未来的工作中。我相信，决策是永远的挑战，做正确的决策是最重要的事情。

要想活下去，就要强化自己的基因

企业如果想要活下去，最需要强化的基因就是价值观。我们都看过马云 20 多岁的那段视频，路上有人在偷井盖，其他人都绕着走，只有年轻的马云上去吆喝。像他这样对是非所拥有的独特看法，就是价值观。

我以前的老板总是给我讲一个故事：三个男人吃饭，一个姑娘端上来一盘肉。第一个人看见的是端盘子的手——色，男人都喜欢美色，虽然他不敢看胸，也不敢看脸；第二个人看见的是盘子，眼光稍微高一点；第三个人很直接，看的是盘子里的肉；而第四个人看见的是肉上面的烟，我们称之为气韵，这些东西一般人是会忽视的，你能看见，就说明你看见了常人范畴之外的事情。

老牌上市公司中，活下来的不多。像华为、万科等这些老的民营企业，它们看待问题的方式都不一样。马云也是一样，当大家还在倒腾炸油饼、卖豆浆的时候，马云看到了互联网时代的“另类生意”。

当我们的眼光还在百货公司和超市时，阿里为了让天下没有难做的生意，一直在做电子商务的基础设施：先解决信息不对称；信息对称了，支付出现困难，赶紧做支付宝；支付宝投入使用后，因为难以判断诚信，便优化为实名认证；后来因为软件使用不方便，又开始解决软件问题。

当一个教英语的年轻人发狠心做这件事的时候，还有谁看到了电子商务的未来？所以今天能做好的企业，都看见了 10 年、20 年以后的某一个图景，这个图景跟他的价值观是相关的。

价值观能帮助你坚守与筛选。现在湖畔大学的招生面试非常有意思，你需要先回答一个问题：“因为你做的生意，世界会有哪些不同？你改变了什么？”如果你说：“我让油饼走向世界，从此油饼不再是中国武大郎的专利，而是世界的产品。”你肯定就被录取了。

你给社会增加了什么正能量、创造了什么，这就是马云的价值观。他要让毕业自这所学校的人都做守法、诚实的企业。湖畔大学是全国唯一一个要看税单的商业教育机构，你要是交不出税单，就上不了学。就这一点来说，它比北大商学院更有价值。现在湖畔大学的声望与日俱增，靠的就是做别人做不了事情。

湖畔大学刚开始是周末上课，一个月两三天，后来改到工作日了，原因是他们认为：一个企业家，如果连平时时间都安排不好，还敢说要做伟大的事业？所以湖畔大学又是唯一一家专拣上班时间上课的商业教育机构。

价值观能引导你做出不同的决策，这也是成功的秘诀。举一个炸油饼的例子，如果一个人认为炸油饼就是为了赚钱，他就敢用地沟油，因为成本低，为了口感好会再往里边兑点化学原料。

但有个老太太说，她炸油饼是为了让人民吃上健康放心的油饼，让油饼有地位：第一，她不用地沟油；第二，在控制成本的同时保证质量；第三，不做虚假广告；第四，和全世界做健康食品的人交朋友；第五，不断地改变企业组织；第六，视品牌为生命。她说的就是钱以外的事情，就是我老板说的气韵。

很多民营企业，如果在创业的开始就非常清楚自己的价值观，按照价值观来梳理公司战略、目标、和什么人在一起、怎么样做产品，其实已经成功了一半。

总体来看，一个民营企业要想健康，得有一个好的价值取向，再不断朝着积极的方向改进组织架构和制度。

大家都知道，作为一家民营企业，我们的爹不行，都只能靠自己，所以每一件事情，我们都必须下功夫。不让周围人失望，要让别人为我们从事的事业感到骄傲，这就是我们现在应该做的事情。

资本的玄机

做生意这个事，实际上是跟人的“恶”打交道，但还是要坚持善良。这非常不容易。

人是个什么样的东西呢？我们都是两只胳膊、两条腿的哺乳类动物，但这种哺乳动物创造了语言，还化妆、整形，天天都在释放虚假信息。哺乳类动物当中，就人最会撒谎，越撒谎越高明，各种语言的谎都能撒。

小孩不是天生就会说谎的，是环境改变了他。人越社会化，越会根据别人的眼色来表达自己。跟人性当中“恶”的部分处在一起，但又要去追求善的结果。

所以，要在交流的时候保持自己的自律性。在公司内部，创办人的价值观要特别清晰，要在不断地跟大家交流的同时，克服其中“恶”的东西。这件事要持之以恒地做才有效，就跟念经一样，念一两天没有用。

要达成“善”的结果，有三件事情必须要做好。

如果你要办一家可以基业传承的公司，第一，是你的公司要有“创世传说”——要通过一个故事，把公司从哪里来说得很清楚。而且这个故事要跟别人的故事略有不同，否则公司员工就会觉得你很怂。

第二，要有一本“经书”。你需要写一本有公司价值观的“经书”。

好的公司，都有自己的价值体系。在这一点上，有家公司做的事情就特别有意思。

这家公司的创办者，以前是部队的政治教导员，他特别重视公司的价值观。所有的员工都要背“同人共勉十条”，天天都背，连老外员工都背。最后，连这家公司附近的餐馆都知道了他们的“十条”。

有一天，他们公司的员工去餐馆吃饭，但是没带钱，就问餐馆能不能先赊着。餐馆说那不行，于是他们说：“我们是 ×× 公司的员工，公司就在这附近。”餐馆里的人说：“既然你是 ×× 公司的，那你背一下‘同人共勉’吧？”他们就很熟练地背了一遍，餐馆就同意了赊账。

第三，要有场所和仪式。宗教都有场所，教堂、清真寺、庙宇，这些都是场所；除此之外，还要有讲师。大师能带出很多门徒，牧师、神父天天讲，一讲一两千年，后来他们传播的有些观念，就变得深入人心。

要做一家好公司，就要把正面的价值观传达给公司，持之以恒地做下去，等你发现你们公司的味道和别的公司的味道开始不一样时，这就对了。

有一次我们公司和有一家公司一起搞活动。他们有 40 人，我们也有 40 人，一个台湾人说："你们两家公司的人很不一样啊。你们的员工比较活跃，他们的人比较职业。"其实这跟性格有关，他们公司的老总是当兵出身，他带出的员工就比较规矩、职业；我是老师出身，比较会讲，以鼓励为主，所以员工相对比较活跃。这就是公司之间的不同。

再说要怎么选投资人。现在有很多风投，会比较、计较创业公司的估值。我觉得，比估值更重要的，首先是要选对人——不是多少钱，而是谁的钱。

互联网江湖中最好的 2 000 家公司，都被 6 个大哥把持——BAT（百度、阿里、腾讯首字母缩写）、经纬、红杉、IDG（美国国际数据集团）；而今天媒体上报道的故事，都跟这 6 个大哥有点关系，比如其他几家互联网公司的合并。

再看电影行业，原来有三个大哥——华谊、光线、博纳，现在又多了乐视和万达，阿里也投资了大数目。其中，它们分别控制了内容、通路、技术三大块。

所以，现在的产业集中度非常高，创业公司能从 A 轮到上市，概率是 18 万分之一，跟以前很不一样。

我们出来混的时候，很多事情都没有人做，最后我们 6 个小哥们儿在北京 CBD（商务中心区）建了一半的房子。后来我想，我们之所以能做成，是因为当年我们在北京开始做房地产时，都没人敢做，都不懂，而今天，只要是个人都能说两句。

第二件事是治理结构，其实就是融资几轮以后的公司股东情况。现在融资几轮后最大的麻烦，就是治理结构太复杂所带来的问题。可能有 3 个不同的资本投了 3 轮，融资占了 80%，最后究竟是要借壳上市，还是要直接上市，还是要重组？这个问题永远达不成一致。

如果你创造了一个团队，你有 20% 的股权，另外 80% 掌握在其他 4 家手中，决策就会很辛苦，你自己也很辛苦。所以，要争取你的控制权，一定要坚持。

第三件事，假设你目标远大，生意又特别好，那一定要把公司的钱和个人的钱安排好。很多投资人创业，很长时间内都没有现金，全压死在了股份里，万一赌输了，就什么也得不到。最好能中间变现一部分，或者留一部分在外面，灵活地处理，等上市了以后，日子就能改善了。

今天的“钱”都是些什么钱呢？钱的本性，可以从人一生所能做的坏事中看出来，大概有 15 种：吃喝嫖赌抽，坑蒙拐骗偷，懒馋占奸猾。

“懒馋占奸猾”。第一就是懒，想不劳而获，把钱投在你这里，然后他自己不用心；第二就是馋，他什么都想做，便宜都让他占了；第三是占，他还比你会算账；第四是奸，怎么设计公司结构，他说了算，你又什么都不懂；第五是猾，一有风险他先撤，还要把你搞死。

所以，钱不是个好东西。在这种情况下，如果治理结构不合理，你又不会博弈，那就麻烦了。现在很多年轻人创业，就吃亏在治理结构上。

第四件事，你跟投资人谈的时候，要找一个很好的律师来帮你。现在的风投已经看了无数的项目，他们的律师把对他们自己有利的条款都弄清楚了。如果你没有律师，那么这个博弈基本上就是“作死”。所以，找一个律师再跟投资人谈，就不会那么被动。

现在互联网的江湖基本上格局已定。中国现在的创业环境，说好，也好；说不好，其实比我们创业的时候要难多了。因为现在凡是能想到的市场，大部分都有人做了。

如果能从死刑中复活，你会冒险做坏事吗

2013 年，我在华盛顿参加一次中美行业领袖之间的对话，期间接到了复星集团董事长郭广昌的电话，他说要在美国买楼，因为我对纽约的情况比较熟悉，所以他来询问我的建议。

郭广昌要买的是摩根大通的一栋办公大楼，离纽约世贸中心大约 100 米，楼高 220 米，总面积达到 22 万平方米，涉及金额超过 7 亿美元。我在电话里大致跟他说了一些我对纽约不动产的看法，并建议他不用着急，毕竟这不是一个小项目，所以我跟他说等我们见面再详聊。

结果还没等到见面，我便再次接到他的电话，说他已经签约买下了大楼。从他动起买楼的念头到最后签约，整个过程不超过三个星期。甚至在签约时他对于要如何改造这栋大楼、用它来做什么，都还完全没有规划。这在其他一些国家是很难想象的。

这也是目前中国民营企业的一个典型风格，决策速度非常快，尤其是在海外的业务决策上。之所以具有这个特点，在我看来有 4 个方面的原因。

一是大陆的民营企业往往很年轻，现在广为人知的一些公司，大部分的创业史差不多都只有 20 年，比如复星和万通；最长的像新希望、万科、联想，也不过 30 多年。

在人生的不同阶段，人们面临的选择不同，决策速度也会有所不同，企业也是如此。

通常来说，人的年纪越大会变得越谨慎，越容易瞻前顾后，因为留给他的时间越来越少，他所能看到的希望也越来越少。一个 80 多岁的老爷爷，唯一的希望可能就是保持健康，所以他很少冒险去做新的抉择，而是沿着现有的模式继续安稳度过余生即可。

但对于一个年轻人来说，死是太过遥远的事情，远不至于让他有所顾忌，他所能看到、想到的只有未来。他每天都在成长，每天都在面临新的变化，做出新的选择：读什么学校、找什么工作、要不要跳槽，或者自己去创业……所以他只有不断地快速行动甚至更快。

郭广昌通过一路以来的快速选择，让复星从十多年前的小公司，成长为如今的大企业，所以他还会继续保持这样的快节奏。对于许多其他企业来说也是如此。

中国民营企业决策非常快的第二个原因，则是因为在公司治理结构上，股权都比较集中。

就拿复星来说，郭广昌拥有绝对的股份，以及公司治理上的绝对支配权，即使是重大决策，郭广昌一通电话就能搞定。反之，如果复星股东比较多，郭广昌没有绝对的支配权，那么当其他股东有不同意见时，决策速度就会慢下来。

目前中国的大部分企业，都是私人占有主导力量，就算最初有一些合伙人，但发展过程中的意见不合，往往导致中国式拆伙，最后演变成唯一的领袖成为绝对的主导力量，占有绝对的股份，做快速的决定。

造成中国企业快速决策的第三个原因，是在现有的大环境下，企业的纠错机会大，纠错成本低。

在一个法制健全的商业环境中，企业的一个错误决策很可能造成致命的打击，而且东山再起的概率很低，所以大家不愿意轻易冒险。

伊朗曾发生过一个离奇事件，有一个人因罪被施以绞刑，事后家里人去收尸，却发现他在哭，于是他们把他送到医院。这个人后来被救活，而且被免除第二次绞刑，所以这个人虽然犯了死罪，却逃过一劫。

但是这种幸运的概率非常低，其他人也不会因此就抱着同样的侥幸；相反，如果从绞刑中存活的概率很高，那么犯罪率就会因此提升。这跟企业犯错的心理是一样的。

除了概率之外，还有纠错机会的因素。同样是这个绞刑案例，如果失误是发生在英国的一个刽子手身上，后果可能就严重得多。

这里所说的这个英国刽子手，他做了一辈子的绞刑，每天不停地做，做得非常专业，像是勒断颈椎的同时头跟身体不能脱节，要在最短时间内让受刑者死掉，免遭更多痛苦……

假使是这个英国刽子手出现了失误，那么他几乎没有任何纠错机会，因为他把所有的时间都花在这一件事情上，也就是说，一个错误就堵上了他所有的路。所以如果纠错机会少，企业就不倾向于轻易冒险。

而中国企业的纠错机会比较多。就拿信用体系来说，在一个体系完善的国家，信用是打通的，企业的信用污点也就无法抹掉；但是中国的企业在这个省犯下错误，也许转头又可以在另一个省重新开始，所以企业更倾向于冒险去做决策。

中国企业决策快的第四个成因则跟货币有关，即人民币在境内贬值以及在海外升值，这使得企业在海外业务上的决策比在国内还要快。

绿地公司的老板张玉良，花 50 亿美元在纽约布鲁克林买下一块地，要建一个大型的商业社区，他的决策同样非常迅速，他说现在花 50 亿美元的心理感受跟过去是不一样的。

以前 1 美元要拿将近 10 元人民币换，现在由于汇率以及国内通胀的影响，差不多只要一半，也就是说，对于大陆的企业来说，假设口袋里的钱原本只能兑换 1 万美元，现在却能兑换到 2 万美元，所以会觉得就算投 1 万美元进去打水漂也不要紧，反正口袋里还多出了 1 万美元。

而且这几年中国企业资本累积非常迅猛，大家口袋里都有钱，当口袋里有 10 块钱时，花 1 块钱是不会谨慎的，复星买楼也是如此。

7 亿美元对复星来说并不伤筋动骨，而且折算下来，一栋纽约黄金地段的大楼，每平方米均价不过 21 000 元人民币，并不比北京、上海贵，而且质量还更好，所以复星可以毫不犹豫地快速决定。

现在中国人到国外，觉得国外什么东西都便宜，干脆就在国外买，所以去年一年，中国光是在海外购置的不动产就达到了 300 亿美元，这还仅限于个人购买住宅，不包括商用不动产。日本当年在美国买房子，也是如此盛况。

所以总的来说，公司历史、治理结构、货币以及大环境的因素，导致中国企业的决策速度非常快，这一特点既具有时代性，同时也是企业领导个人成长经历的体现。

快或者慢都是一种风格，无关对错和好坏，快不一定每次都能赢，但也不一定输。风格不是绝对的，都在变化，中国企业家第一代居多，第二代刚刚开始，也许一二十年以后，慢慢过渡到第二代，他们会慢下来。这是一个过程，其他国家也是如此。

第四章　大时代镜像下的企业家

特朗普东山再起的本钱和艺术

15 年前我读了特朗普写的一本书，叫《东山再起：投资界的不死鸟》，并应邀向中文读者作了推荐，我算是最早在国内介绍特朗普其人其书的人吧。

我读特朗普的这本书，是先从最后一页看起的。我发现这本书的最后一部分叫“成功的要素”，就本能地想看看我们到底能有几条相吻合。第一个要素是勤奋，他把之前自己的几次失败归结于失败之前的成功。因为他过去稍微一成功就经常出去玩，开始享受人生，这个时候，企业就开始出现问题。于是他第二次再做企业的时候，就全力以赴地工作，就会反败为胜。

第二个要素是运气。他说运气有两种：第一种叫作幸运精子俱乐部，就是继承财产的人，想做这类人不是通过努力就能达成的；第二种运气是通过自己的努力，在恰当的时候和恰当的人做了恰当的生意，赚了恰当的钱，这是人们可以创造的。

他举了自己的一个例子：有一天，他了解到在一个聚会上有可能碰到他想见的人，而这个人可能会跟他有点合作机会，所以想去试一下。为了这个事情，他不惜从美国西岸飞到了东岸，结果到了之后聚会已经快结束了，他跟那个人说要合作，说自己是为了见这个人而专程从西岸飞过来的。那个人感到很诧异，于是就认真地跟他谈生意了。他的这个例子，说明运气里面还需要些勤奋，这样才能在恰当的时间、恰当的地点和恰当的人完成恰当的生意，并获得恰当的利润。

第三个要素是执着，是对一件事情的狂热的投入。我看世界上伟大的人大多都有这种执着，执着的一面是意志顽强、坚定，另一方面就是偏执。比如阿拉法特，世界上没人知道能否做成的事，他做了42 年，这个事情也许大家还能够理解，但是明明知道这事 42 年以后也做不成，他还继续做这件事，大家就不能理解了。正常人都认为不行的事情，他却拼了全力去做，是因为有强大的偏执力和意志力在支持着他。现在看，做任何事情都是这样，需要勤奋和运气，而这个运气不是幸运精子俱乐部而是要自己努力。

在看这本书的时候，我有一个体会，在历史的进程中，对一个人的道德评价历来是通常的生活道德标准，但其实还有一种标准，就是历史道德标准，这个道德尺寸会拉得比较长。比如，中国革命要胜利就要死人，但是一个农村妇女可能就会不理解，因为她不会想到历史的正义和非正义，她只是觉得杀人很残忍，但是放在更大的历史空间当中，正义也必然伴随着很多残忍。很多人能成功一定是能站在历史的道德观上，而不是站在一个普通老百姓的简单的善恶标准观念上，因为简单的善恶标准可能使你在一些大的历史关头丧失机会。

如果你有理性的、长期的道德评价基础，你要在历史上做一个好人，而不是在某一个时点上通过所有人的道德标准考验。这样实际上是对自己的一种解放，也就是说你跳出了拘泥于小处的狭隘的、简单的人情。这对很多追求成功的人来说是必须的超越。

特朗普在这本书里讲到，他一生最讨厌的就是媒体，因为媒体老在说他是坏人。他一生中都在怕别人误解他，比如他在交易当中实际上是很诚实的，但是很多人认为他在交易当中不择手段。他显然也受到了以上两种价值观（道德）的控制。所以通篇在表白自己人格的正义性。

其实中国很多企业家的失败，与其说是被现实压垮或者是经济上失败了，不如说是失败在自我评价上。他们承受不了周边的人对他道德上的谴责，这种心理负担远远比现实负担更为沉重，我想每个真正下过海的人都有这样的心路历程。这是中国企业家的道德障碍，也是他们心理脆弱的一个重要因素。

举例来说，企业家要做事，就要破坏一种既定状态，而破坏一种状态的行为最公平的说法是一半人受益、一半人受害。受益的人往往认为自己本来就应该受益，而不是因为你的努力和贡献，即便心里感谢你，表面却矜持不肯轻易说出来，于是所有的受害者首先会攻击你的变革。如果你壮着胆再向前走一步，于是受益者的一半又可能受害了，会有更多人骂你。最后可能连身边的老婆都会骂你多此一举。正常的人承受不了这个压力，于是就一个急转弯又回过来了。

可是这一转，原来受益的人本来在心里是感谢你的，后来发现你改变了，自己的利益又失去了，立即又跳出来骂你虚伪、软弱、无能。原来骂过你的人则被证明骂对了，就更加盛气凌人地教育你不成熟，于是你里外不是人，彻底成了“坏人”。

所以，格鲁夫说“只有偏执狂才能生存”。你只有很坚强地走到底，最后成功了，骂你的人也承认你是强者，大家才都觉得你好。许多伟大的人物都有这样的胆识和心路历程。

一个企业家无论处于顺境还是逆境，总要有超越通常人的价值观，把自己摆在历史的价值观的坐标上来管理自己，这就是彼得·德鲁克讲的使命感，有了使命感才能超越。对中国的企业家来说，就是要不拘泥于现实中各种各样的道德评判。我们实际上要遵守的是市场经济的游戏规则，而不是常人的道德评价，我们要把自己放在历史的坐标中寻求我们的正义、真理和价值。好人在社会当中永远是局部的：你能对某一个人好，是爱人；你能对所有人好，是伟人；在对所有人好的同时就会对相当多的人不好，这事说到底是一个立场问题。

企业家一定要有一个独特的立场，这种立场不应受他人眼光的限制，而是自己设立一个远大的目标，在坚定的信念下形成的立场。

如今看来，中国的企业家是写不出来这样的书的。我们的企业家写的书，要么是成功者的鸡汤，要么就是失败后的絮叨，没有人能有机会和心气写出这样一本淋漓尽致的、很坦荡的书。特朗普本身就是一个很率直、很可爱的人。我在想，为什么这种性格具有这么大的魅力？这可能缘自法制环境下的市场经济。如果一个市场经济不是法治的，那么这个人就必须跟权力做交易，他一定会暗箱操作，不敢那么率性和真实，所以也不敢对事物有鲜明的好恶态度。

只有在健全的法制基础上的市场经济中，每个企业家才都会按照游戏规则公开地玩，真实的想法也可以在交易中体现，更可以不屈服于权威，那时候，企业家的个性才能发射出光芒。

现在中国的企业家往往由两个东西包装着：一方面是媒体包装，给他竖立了一个很高的道德牌坊，让他用生命努力兑现这个牌坊。一开始他可能很反感，但当媒体的包装为他带来了很多正常经营不可能带来的荣誉和经济利益时，内心也就愿意追求这种媒体包装了，而且乐此不疲。另一方面，由于市场环境使得他为了企业的长远利益和个人的前途要做出一定的牺牲，而这种牺牲当中就有性格和人格的牺牲。

在这两种情况下就会出现一大批被包装的企业家，而这种被包装的企业家表现出来的就是一种非资本、非经济利益的行为，最终很可能在市场上带来一种非市场行为。

特朗普表现出来的人格上、人性上的一种自由，对中国企业领导者来说是至关重要的，那就是不要自己欺骗自己，也不要让媒体引导自己，媒体应该引导的是大众而不是领导者个人。另外，也不要把自己的很多事情归咎于媒体，因为是你招来的媒体。这就好比你爱上了一个女人，要为她付出代价，这个代价不仅是幸福和快乐这些正向收益，还有负向收益，那就是痛苦、尴尬、残忍和牺牲。

还有一个话题也很有意思，特朗普讲到他东山再起的最重要的因素就是签订了一个婚前协议。正因为成功地在婚姻幸福的时候补签了若干协议，才使他在最低谷的时候没有被拖垮。如果没有那个协议，在他离婚时，妻子可能要分一半财产，东山再起就没有希望了。所以东山再起的十大要诀的最后一条就是要签署婚前协议。其实，我们不该站在道德角度上，而是要站在一个企业负责人的角度来谈，我们应该要求每一个企业家在他的企业存续期间跟他的配偶建立一个理性的财产关系。随着今后的发展，中国企业领导者的婚姻也会成为被关注的焦点。

另外，我注意到书中关于赌博的一个情节，他和日本的一个赌客设定规则，必须输或赢 1 000 万美元以后才能罢手。在日本人几次要把他赢得要破产的时候，他几乎都可以用不同的借口破坏规则来止损，但到最后他都会考虑事先的那个约定，始终坚持规则。如果失败了，他也是守规则的失败者，虽败犹荣。我觉得这是对企业家的心理状态和道德评价的考验，靠的是优秀企业家的人格力量。这十年下来，中国产生了一大批有人格魅力的企业家，这是中国企业家群体成熟的表现，也是中国市场经济信用体系的脊梁。在这个基础上，企业家才能进行交易，成功了才会让历史肯定，失败了也会有东山再起的机会。

最后，这本书里还讲到了很多交易，而且特朗普特别讲了交易的乐趣。比如他用了一个技巧少付了 1 000 万美元，或者是别人都认为拿不到的东西，他却巧妙地拿到了等。书中描述的这些细节无不表现出特朗普在各种各样的商业竞争中拿捏分寸的技巧，他绝不做一些无谓的赌博式的交易。

我觉得我们研究这种商业竞技场上的技巧非常重要。国内企业家常常喜欢大而化之，不拿捏商业谈判的细节，只想通过某个领导干预一下，政府给个优惠，通过非交易手段去获取利益。未来的中国企业家应该在建立必要的商业规则的基础上，去熟悉和提高自己交易的技巧。我们要更多地培养自己交易的技巧，因为商人就是做交易的，在技巧上用精力，而不是拿这种精力去破坏规则，不厌其烦地练习找政府、找银行、找优惠的技巧。如果能这样，我觉得市场经济就成熟了，企业家也就成熟了。

特朗普的另一本书就叫作《交易的艺术》，专门讲成功的交易之道。有意思的是，特朗普称之为“交易的艺术”，而在我们这里应叫作“勾兑的艺术”，两者的区别十分重大。勾兑的艺术实际上就是在无规则的灰色地带对付人际关系，对付政府和银行，耍江湖手段的艺术。而交易是在公开化、商业规则、谈判（包括耐心、直觉）等因素的基础上做生意。如果说命令是计划经济的，勾兑就是准市场经济的，而交易才是真正市场经济的利器。中国企业家应学会如何从勾兑转向“交易的艺术”，学会公平地交换利益，减少非公平利益的攫取行为。

12 岁就出来摆地摊的美女老板

去年年底，一位大哥对我说，他的好朋友 L 女士投资做得不错，最近想上湖畔大学，希望我能帮忙推荐。有人对湖畔大学感兴趣是好事儿，我就向他要了 L 女士的简历，准备看过以后再考虑。

通常来说，被推荐到湖畔大学的学员都有非常漂亮的履历，比如常青藤名校毕业、曾就职于世界顶尖企业、参与过很牛的项目，或是取得过一些创新性成就等。而L女士的简历只有半页纸，上面记录了目前的投资情况，没有学历，也没有经历。

我打电话详细询问了湖畔大学招生处，了解到正是因为L女士的履历太平淡，没有任何过人之处，所以筛选简历时就忽略了她，自然最终也没有录取她。

年后，L女士联系到我，再次表达了想去湖畔的愿望。我答应找个时间和她见面，听听她的故事。两周前，她到了北京，因为时间关系，我们约了一起吃早饭。

那天早上的阳光非常好，我迟到了几分钟，看到她坐在一扇透亮的落地窗前等我。见面后我们寒暄了几句，她给我的第一感觉是慈祥和从容，总是带着淡淡的微笑，不像我们潜意识里界定的女强人形象。

我好奇地问她："你都做些什么投资？怎么做？跟其他投资人有什么不同吗？你投了哪些项目？有多少项目已经取得较好的估值？又退出了哪些项目？"

她没有回答，笑着对我说："冯董，你说的这些我都不懂。我是从爱出发，去帮助那些在创业过程中需要钱的人，如果这也能叫作投资。"

把钱给别人，然后得到回报，这当然也是一种投资，但是和一般意义的投资不太一样。于是我更进一步问她："你过去学的是什么专业？为什么会进入投资界呢？我记得你过去做的是实业，对吗？"

她说："我过去是做女鞋贸易的，但是我没上过学，只有小学三年级文化。”

我感觉到L女士的背后可能有些与其他投资者不同的故事，这让我非常感兴趣。在我的要求下，她缓缓地向我讲述了她的故事。

我的家乡在福建，过去乡下特别重男轻女，我有个哥哥，我一出生妈妈就非常嫌弃我，老想把我送出去。但是一连五次我都没能被成功送走，不是生病，就是对方家里遇到了其他的麻烦，又把我送回来了。这样一来，妈妈觉得我是扫把星，是不吉祥的象征，总是打我，哥哥也打我，那时我的身上几乎每天都有伤，非常痛苦。

在我12岁那年，母亲把我扔到了千里之外的武汉，让我跟着一个亲戚学做生意。我那时候年纪小，会做的事情不多，亲戚就给了我一些鞋，让我摆地摊。我只上了三年学，但是特别喜欢看书，希望能认识很多字，就一边摆地摊维生，一边跟别人学认字。

一晃十几年过去了，我的生意越来越好，赚了不少钱。我妈妈就命令我回家，把生意都给哥哥。她认为生意一定是男人做的，女孩子要嫁人，不能这么有钱。我没有抵抗，把所有的生意拱手给了哥哥，只带了一两万块钱回到老家。回家后，妈妈又开始天天嫌弃我，虽然我那时候年纪挺大了，她还是坚持把我送到了一个亲戚家。

到亲戚家后，我去一家女鞋工厂打工，老板是香港人，他觉得我非常能干，说要给我一些股份奖励。于是我努力工作，认真研究客户需求，按照客户的想法设计、生产、销售鞋子，业绩一路上涨。

销售额提上去了，老板却突然翻脸，他不承认我们之间有合伙关系，只给了我工资，就把我从工厂里赶了出来。因为困惑，我沉寂了一段时间，去各种各样的地方学习，不仅修习了佛法，到国外参加灵修课程，也到台湾去接受类似内观的学习。

在这个过程中，我突然醒悟过来，我要懂得感恩。我要感谢香港老板，是他让我知道我足以胜任女鞋产品的设计和管理工作；我要感谢我的妈妈，是她让我早早开始自立，因为她，我总会感恩生活，感恩别人对我的好；虽然我哥哥曾经打我，我也很感谢他，为了让他们看得起我，我才那么认真工作、努力做到最好。

回家之后，我开始创办自己的企业，做女鞋的加工和销售。虽然我没有上过正规的学，但是我一直没有停止写字、看书、四处访问学习。我的生意到目前为止一直还算顺利，也赚了一些钱。由于我赚到了钱，我也开始思考应该怎么帮助更多的人做他们喜欢的事情。

我家的经济状况不好，爸爸在外面打工，身体也不好。家里人找了个神婆来算命，居然算出我是个福星，我到哪里，哪里就会旺。妈妈听了神婆的话以后，居然跑到亲戚家把我要了回来，我就又回到了妈妈身边。

现在，我跟妈妈的关系非常好，哥哥生意有困难的时候，她总是打电话帮哥哥向我要钱，要多少我就给他多少，从来不算账。哥哥开始很诧异，为什么以前他总打我，我还要这么帮他；渐渐地，他被我感动了，现在跟我成了最好的朋友。虽然他的生意一直没有起色，只够糊口，但他仍然在武汉坚持着，做着原来我给他的生意。

我在做投资的时候，只问所有我要投资的人："你是不是真的爱这件事情？是不是真的为客户着想？是不是真的想帮助使用这项产品和技术的人？是不是真的希望自己的行为能改变些什么？"用一句话来概括：只要对项目抱有真爱，诚心诚意地去做这件事，那我就投资。

投资后，我不跟他们算细账，也没有所谓的对赌。而且我的投资非常简单，只投第一轮，如果第二轮有人加入，我就退出来。我不去想上市之类的复杂事情，因为我也不懂。这样不知不觉做了五六年，大部分项目我都退了，还都能赚到点钱。虽然不像人家那样赚几十倍、几百倍，赚个两三倍还是没问题的。

要说为什么我能赚到钱，我觉得是因为自己发自内心的感恩和爱。用爱跟人打交道，要求创业的人也有大爱，如果他们有大爱，就会好好做事，也不会欺骗我。当然他们做得好了，让我有机会退出，我也能赚一点钱。

有钱后，我帮着村子整治马路和河道，修修老房子，让村子增添了不少活力，老人们也都很开心。当他们遇到困难跟我要钱时，我也都给他们，我觉得自己花不了这么多钱，而且我非常感谢他们，小时候不管妈妈把我赶到哪，总有人收留我。

现在我有一个美满的家庭：一儿一女，先生是马来西亚人，每个月我都要去马来西亚看我的孩子，跟他们在一起很开心。但是每当孩子们提出来要去哪里游玩、要吃什么的时候，我都会对他们说："没有人必须要带你去玩，没有人必须给你买这些好吃的。妈妈愿意，是因为我对你们有爱。所以你们要知道，你们得到的东西都是源于别人对你们的爱。人家如果不给你们，你们也不能抱怨。"因此在跟其他人打交道，或是别人给予了他们一点点帮助时，他们总是会很认真地向别人致谢。

有时候我带他们出去玩，他们总是跑来跑去，吃饭时把饭菜弄得满桌都是，或者乱丢碗筷，我总是跟他们讲："一定要记住，你到任何一个地方，如果别人为你服务，你离开这个地方的时候，应该要让这个地方比你来之前更好，只有这样别人才会欢迎你下次再去。"所以现在我的小孩每到一个地方，都会自觉地把玩过的玩具收拾好，把垃圾收拾好，让环境甚至比原来更整洁。

我到任何地方，无论做什么的生意，都只有一个目的，就是让一切变得比原来更好。让这个地方比原来更好、让跟我打交道的人比原来更好、让环境比原来更好，我把这个目标当作我的工作。

L 女士讲到这里，停下来喝了口水，我又仔细地看她，她的脸上洋溢着满足的快乐，目光中充满了对爱的憧憬。我突然觉得这哪像一个生意人，这明明是一个布道者，她的身上完全闻不到铜臭味。

MBA 教材里有很多讲大道理的案例，拥有漂亮的学历和资历成为成功投资者的必要前提，而在 L 女士面前，这些都显得很多余。我认为，即使她不去湖畔也没关系，因为湖畔想要培养的就是她这样的人，从这个角度来说，她已经从湖畔毕业了。

和 L 女士告别以后，我一直被她的故事感动，于是决定写出来，传递给所有的创业者、投资人和企业家朋友们。

世界的赌场都是他的 ATM[①]

作为一个创业者，通常需要有好奇心、有愿景、有价值观、有专业知识、有很好的沟通能力……但是这样还不够，还要能永远笑对人生，在处理事情的过程中发现转机，找到下一条通往成功的道路。这些似乎都是“鸡汤”式的道理，但当我再一次见到 A 先生之后，我坚信鸡汤还是有营养的。

A 先生是我一个特别好的朋友，不久前在国外，我们约了见面聊聊天。我非常好奇地问他：“这五六年你一直都在国外，做什么？”我知道他之前是因为一个无法抗拒的原因，才不得不留在国外。这一留，就脱离了国内的各种浮华、各种饭局，也脱离了和我们其他人的联系。

发问之前，我预期他会跟我诉说在国外的生活如何艰苦。毕竟在外面漂着的这五六年里，他没办法做生意，也没办法干别的事，一个人孤苦无依，完全有理由叹气、抱怨、骂娘。然而出乎我意料的是，他并没有说什么，而是带我去了他的酒店套房，然后把我带到一个很

① 自动取款机。——编者注

大的柜子面前。他说："我每天都在'上班'，这就是我'上班'的成绩。"

我打开柜子，天呐，差点被眼前的景象晃晕过去：整个柜子里，全是码得整整齐齐的现金！"这么多银子！"我说，"你上班是去搬钱的吗？还是在做什么现金生意？"

他说："你再看看下面。"

我一看，还有好多各式各样的手表。于是我问："你这是在收集手表吗？"

他说："我一会再告诉你为什么。"

我说："你这个故事深了，我实在是想伸出大拇指夸你，可是我还不知道从哪儿夸起。"

他说："你再看这边。"

我看了看，那都是全世界各地的赌场的T恤、帽子和其他各种小用品，上面还印着各个赌场的名字。我突然一下子明白过来。

我说："哥儿们，这都是你在赌场玩的战利品？"

他说："靠谱。"

我说："你这么多年赢了多少钱？真能耍。"

"我慢慢告诉你吧。"他说。

A先生告诉我说："其实我每天生活得非常充实，也非常规律。每天下午，我会去一个赌场，静静地在那里玩三个小时，进出最多二三十万美元。我就这样日复一日、年复一年地玩。全世界有这么多赌场，我每个都会去，觉得自己已经把和赌场相关的游戏规则全部研究清楚了。哪天中国要开放赌场，你老兄买一个，我来给你经营，绝对牛。"

我说："我去拉斯维加斯也偶尔玩玩，听人说，可以以赌为乐，但不能靠赌为生，不能像办企业一样每天在赌场里待着，来创造你每天的利润。而且，如果每天待在赌场里都有钱赚，那谁还办企业呢？"

他说："确实没有人能在赌场里待成一个伟大的企业家，但如果你耐下心来研究一下，其实靠这个维持生活还是没有问题的，而且可以让你生活得很开心。你可以享受它的规则，也可以在这个过程中进行自我管理，其实是很有乐趣的。"

我说："这我真是有所不知了，今天开眼了。你慢慢说说，这是怎么回事。"

他说："其实也不复杂。你知道我刚出国的时候，也没想待这么久，所以也没带什么钱。我是个本分人，在海外又没有什么资产。在这种情况下，我好说歹说从朋友那儿借了 30 几万美元来生活。但是我也不知道这样的生活什么时候结束，未来每天还得花多少钱，所以必须要找到一个能维持生活所需的赚钱方式。

"于是我想到了赌场。我年轻的时候，对博弈、计算，说白了也就是打牌、赌博这些，真的是有爱好的。但是那会儿太忙，没时间坐下来认真琢磨这个事。这下子有时间了，我就想怎么可以在赌场赢钱，每天能够小有斩获、维持生活就行。而且我每天有大把的时间，可以待在这里慢慢研究。

"所以我就开始每天在那里玩，同时研究赌场规则。我特别谨慎，不敢玩命赌，因为这是吃饭钱。如果我押大了，冒了险，最后玩没了，那可就惨了。所以在资源有限、充满危机感的时候，我会做一些相对谨慎的决策。

“而且那时候没人管我，也没人找我，更没人催我，不像你们在赌场，一会电话响了，一会要去见人了，一会又准备开会了。我什么事都没有，我的心就特别静，全神贯注地看牌、计算、察言观色地看庄家，一天就琢磨这一点事。

“最后我发现，赌场的规则跟任何一家百货公司或者酒店的规则，都类似。也就是说，你给它带来越多的生意，它就会给你越多的奖励，也就是‘回佣’。发现这样的规则以后，我喜出望外，这意味着即使赌钱输了，也有可能赚钱。

“比如我一把押 20 万美元，自己输了 5 万美元，但是给赌场创造了营业额，这样进进出出，一天可能给它创造了 200 万美元的营业额，按照有的赌场给 2% 的回佣算，我就能拿到 4 万美元，也就是说我才输了 1 万美元。所以，只要每次输掉的钱少于回佣所得，我就是赚的。

“如果是一个新的赌场，为了招揽客人，回佣的比例会更高。而且，新赌场会照顾我们这些老客人，所以我就经常去新赌场。

“而且我跟别的赌客不一样。别的赌客是想在短时间内赢一把大的，而我的主要目的是为赌场创造营业额，通过拿回佣来平衡我每一局的输赢。”

我说：“还真有道理。结果怎么样呢？”

他说：“不瞒你说，现在玩 10 把，8 把我都能赢。每一局的小赢，加上回佣，我就是准赢的。所以，我现在就把这当成上班。我在一家东南亚新赌场开张的头一年，给它创造了差不多 1.4 亿当地货币的营业额，我就拿到了将近300万的回佣。我抽出来一部分压箱底，第二年可能拿100万再去玩，每一局玩得稍微比原来大一点。这五六年下来，全世界每个地方的赌场我都去，都这么玩。

“现在，每个地方新开赌场，要通过比赛来吆喝客人，我必被邀请，而且像种子选手一样免外围赛，直接参加决赛。有一次我因为没空，就没接受一家赌场的邀约，人家急了，非要派专机、给套房，再送几百万筹码，一定要让我去。除此以外，这些赌场都有酒店，全部都有套房、专车、专门的管家和助理照顾我。

“哥们儿，这回你明白了吧，放在柜子里的，就是我每天赢的钱。本来计账不需要现金，有筹码，但是我希望有现金的感觉，摸一摸、搬一搬、挪一挪、看一看，以此来提醒我在上班。如果你今天不来，我今天就要干活，下午就让人来帮我把这些钱换成筹码，玩完了再换成现金拿回来。

“这五六年，你哥我就是这么活过来的。活得怎么样？虽然寂寞，但是挺爽，我依然充满激情，觉得每一天都特有意义、特实在。而且我回来把现金往桌子上一码，看看是多了、少了，还是平了，就知道明天应该怎么努力。”

我问：“那表是怎么回事呢？跟赌场有关吗？”

他说：“我每次赢了高兴，但又没人奖励我，所以我就自己奖励我自己，买块表作纪念。所以时间长了，就攒了不少。”

我说：“那衣服呢？”

他说：“我去过的所有的赌场的衣服，在这儿都有。世界上的赌场大部分地方都是在热带，所以都是T恤、裤衩、短裤、帽子。有一次我问赌场，我说你们怎么只有衣服、没有内裤啊？那个经理笑了，说：先生，我们这些衣服是为了推广做广告，如果我们把 LOGO（标志）印到内裤上，只有你的女朋友能看到，这个广告效果太差了，我一想，还真是，所有人都在用心生活着，每件事背后，其实都有讲究和道理。”

后来，我又有机会见了几次 A 先生，就和他一起总结，为什么多数人在赌场上输钱，而 A 先生却能够稳赚不赔，甚至能靠这个养活自己五六年之久。我们发现了几条特别有趣的、在赌场上的规律：

第一，多数人去赌场，心里总还在想别的事情，注意力不集中。而 A 先生的心是静的，所以他能超级专注地去算这些牌，把握时机、察言观色，这是博弈成功最重要的一个保证。

第二，控制风险。因为在一开始，A 先生没有别的办法补充粮草，他必须保证自己在每一个牌局中都能活下去，所以他不会冒险。也就是说，他是在控制风险，做的是一种风险决策。但是更多的人是有后备粮草的，就算输了，也只是九牛一毛，因此，很有可能会选择一些风险比较大的决策，最后就可能连底裤都保不住。

第三，心性。A 先生进赌场的动机不是为了获取暴利，一开始是为了活下来，后来是为了打发时间，所以他的心性是正常、善良、和平的。在全世界的赌场当中，恐怕只有 A 先生是这个动机，而其他人都是以获取暴利为目的的，而且输了以后不服气，因此暴露人性中最原始的本能。

第四，他发现了一个风险对冲的模型。他会通过营业额的回佣来对冲每一个牌局输赢的风险。A 先生真是聪明，他是双线作战，在两条战线上获取利益。而很多进赌场的人并不知道这种机制，他们是一局定胜负，而且赌完就走了。

第五，如果当天有其他事要办，就不进赌场。A 先生偶尔也会失手，但他最后找到了失手的原因。他说："我琢磨了半天，回想了一下输的这几次，大半是因为当天你要过来。这么多年没人找我，我已经习惯了孤独，突然有一个人找我，这就像小孩子听说第二天早上有集体活动要去公园一样，兴奋得晚上睡不着觉。所以你一来找我，我就特兴奋，老觉得今天有事，时不时地就去看表，老想着一会儿你来了去哪儿吃饭、去干什么。这样一分神，我就容易输。所以，再有人找我的时候，我就给自己放一天假，不玩了。"

再后来我约 A 先生出来聊天的时候，他说他已经熟练到在赌场赢钱如探囊取物一般容易了，就像我们在 ATM 机取钱一样。

有一次在纽约，我说没带现金，他说："给我两个小时。"结果他就跑进边上的一个小赌场，回来之后"啪"丢给我一捆美元。我说："你不是也没带钱吗？"他说："我刚去取了点。"又有一次，他来接我的机，但是飞机晚点了两个多小时。我下了飞机之后对他说："哥们，不好意思，让你等这么久。"他说："没事，挺好，你给我两个小时时间在那边取点钱而已。"

不仅如此，A 先生对于赌场的研究已经延伸到赌场的服务体系了。后来我再去的时候，他问我："你住哪个酒店？有司机吗？"我说："有时候有，有时候没有。"他说："你下次来的时候提前告诉我。这个赌场提供的服务比我们公司的办公室公关、酒店的服务还好，因为这也是酒店的竞争力之一。他们给我配了一个助理，而且这个助理比我过去任何一个助理都专业。你下次来，我让我的赌场助理统统安排好。”后来我又去了几次，果然流程、态度、设施和服务体验都超好。

现在 A 先生已经开始正常地经营企业了。但是，他把公司的会议全部安排到赌场来开，让赌场的服务团队代替他的团队，来接待他所有的客人。

A 先生在他的人生困境中，非常仔细地研究了每一个生存机会。也许没人能想到，他向别人借了二三十万美元，居然能活这么长时间，而且活得很好，不仅成为博彩业最好的客户，还成了这些规则最资深的研究者，最后在海外收购了一个赌场，自己经营和管理，开始了他的新事业。

A 先生展现出的个人智慧和自我反省的精神，在我看来是非常好的企业家素质。企业家就应该这样：永远把丧事当喜事办，走背运的时候，能够坦然、积极地应对，用微笑迎击扑面而来的厄运；永远能够在生活的每一个场景中，找到发展自己事业的机会，用自信和智慧走出一片新的天地。

一个 23 岁的火箭公司创始人

NASA（美国国家航空航天局）之行后，我一直在想，中国是不是也能出现一个像埃隆 · 马斯克那样的民间创业者。这个勇敢者会献上所有的热情、创造性甚至是生命，代表人类向宇宙进发，将人类文明推得更远。

在我们国家的13.73亿人中，一定会有这样一个人，只是我不知道他在哪里。直到H君突然出现在我面前，信誓旦旦地告诉我，他就是我要找的那个人。

他说："我15岁时喜欢上了化学，大学毕业之前就曾发起爱好者团队制造火箭。2015年3月，我们用了几个月的时间就打造了射高68千米的探空火箭。

"近期，我们正在进行可重复发射技术的样机试验，我相信用不了多久，我们的团队就能让火箭稳稳地进行悬停飞行，而这个技术是可以移植到将来的商业运载火箭上的，像埃隆·马斯克的SpaceX一样，让火箭安全地回归地面。"

当他的话音落下，我再定睛看他，一时间没法把他的相貌跟他刚刚的言语对上。

H君长得非常稚气，身材瘦小，总让人觉得他还是一个刚刚进入社会的年轻人。但是如果你只听他说话，你会认为站在你对面的是一个成熟、自信的杰出创业者。

"我已经做"、"我想做"、"我还要做"、"我必须做"，他的言语中夹杂着自豪、兴奋，甚至是崇敬的感情。我被他的热情打动，决定跟他好好聊聊。

H君只有23岁，两年前的他还未大学毕业，就揣着手中2 000多元的积蓄，创办了国内首家从事航天核心技术研发及商业发射服务的民营公司。他希望在不久的将来，他能够自主发射火箭，同时为客户发射商用卫星。当然，是那种重量200公斤左右的小卫星。

我非常好奇地问H君："你为什么会想做这些事情？"

他回答说："挺进太空，是人类这个渺小的物种所做的最伟大的努力。"

他告诉我，他从小就痴迷化学，对化学的世界充满好奇心。十四五岁的时候，他开始玩火药，两度被火药炸伤。但是两次受伤都没有吓倒H君，因为在他心中，有两个原因可以让人无所畏惧。

第一是"无知者无畏"。因为不知道有什么隐患，所以不知道有多危险，当然也谈不上怕了。

第一次被火药炸伤时，他把一玻璃杯分量的火药放进铝罐，再往里放导火索，结果火药突然自燃，他的双手严重烫伤，直到现在还有明显的疤痕。

后来他花了几个月的时间分析了当时自燃的原因，并在此之后安全地进行了3年不同的试验。直到2009年大年三十晚上，他进行了一次炸药试验，意外又发生了，这次提前爆炸产生的碎石，穿透了他的左腿。

他拉起裤管让我看，伤疤分布在他的小腿两侧，果真是穿透了。在朋友的帮助下，他在医院处理好了伤口，才回家对妈妈撒谎说这是走路时被钢筋扎伤的。直到前年的一次活动中，他才告诉了母亲实情。

第二是"知者无畏"。当你知道它的原理，知道避免哪些因素就可以保证安全，就没有什么是可怕的。H君在经历了两次爆炸之后，准备带着无限的好奇精神和探索精神去搞清楚：为什么火药会自燃？为什么会提前爆炸？为什么是这样炸的而不是那样？

在上学期间，对化学的痴迷曾为H君引来了不少麻烦。高一刚入学时，H君在课堂上只看化学书，班主任生气地把他叫到教导室训斥，对他说："让你看个够，等你把所有高中化学书看完，我找化学老师来问你，答不对不许回去上课。"结果入学不足一周的H君用了不到3天的时间就把所有高中化学教材看完了，也给了化学老师一个满意的答案。

后来H君考上了华南理工的工商管理专业，大一就自学完了大学的所有化学课程，接着从研究化学转而开始学习火箭燃料、物理等所有跟火箭相关的知识。

大学毕业前，他在中科院国家空间科学中心实习时认识了一些专家，内心自主研发火箭的冲动越来越强烈，并在2013年年底选择了创业，拉上了一群志同道合的火箭专家和火箭爱好者，成立了现在的公司。

一个人敢于在21岁的时候做出这样的决定，不得不令人敬佩。但毕竟我是做生意的，难免会更重视一些有关商业的问题。

我问他："在中国乃至全球，商业卫星的发射市场到底有多大？"

他说："据SIA（美国卫星产业协会）统计，2014年全球商业卫星发射行业收入高达59亿美元，这对应了94次商业运载火箭发射，不包括军事发射行为。"

我问："这59亿美元主要来源于哪些客户呢？"

他说："有两大类。一类是一些提供公共服务的政府机构，它们需要观测地球上的土地、河流等自然资源。

"除此之外，也有如Skybox，OneWeb这样的商业卫星公司购买发射服务。这些新兴的民营卫星公司，通过组网的形式获取性价比更高的对地观测数据或天基通信通道，并将这些数据或通信服务出售给如谷歌、百度这些具有地图业务的公司甚至是个人来实现营收。”

我稍微明白了一些，接着又问他：“发射这些卫星的成本大概是多少呢？”

H君回答得非常清楚，这让我确信他是个优秀的企业家：“如果以卫星算，一公斤大概20万人民币。”也就是说，如果发射一个100公斤的卫星，需要2 000万人民币的发射费用。

我继续问：“火箭和卫星不是随便就能发射的，自主发射火箭需要得到政府的许可吗？你们会选择在哪里发射呢？”

他说：“发射火箭前需要通过一系列技术评审及空域协调，商业发射服务有相应的牌照，而卫星上天之前也需要向国际组织申请相应的通信频段。不过我们目前属于技术研发阶段，和一些国有研发机构也有合作，暂时没有申请。一些小型的发射试验，可以租用相关的试验靶场来进行。”

我又问：“你们的核心能力是什么？最终的商业模式是什么样的？”

他说：“我觉得火箭的核心有三大块：动力系统、控制系统和总体设计。发动机是火箭的基础，因此我们最早的切入点便是动力系统。

“只要融资上没有滞后，我相信再过3年左右的时间，我们就能够发射具有核心技术的小型商业运载火箭，而且通过核心技术的全生命周期控制来降低成本，发射小型卫星的成本会比国内的一些大企业低很多。”

我说：“你们研发的发动机，除了自主发射火箭和卫星以外，还有其他用处吗？”

他说：“目前，已有一些国有科研机构跟我们合作，并且在它们的方案上使用我们的发动机。”

他告诉了我他们今年的收入，还有接下来两年的发展计划，这家公司会在5年实现盈亏平衡。而在到达盈亏平衡点之后，自主研发带来的技术壁垒，也会保证这家公司未来更长时间的行业优势。

我问H君：“你能掌握埃隆·马斯克的火箭发射回收技术吗？”

他说：“我们正在研究，现在几乎每天都有飞行试验。我相信按照目前的试验频率，用不了多久，就能让火箭平稳地回到地面。”

他看我不信，就给我看了一段视频，视频上的火箭正系留在测试平台上，进行不同状态的悬停试验：“埃隆·马斯克刚开始也是从1米、3米、10米的试验开始的，如果能够成功，太空旅行就有了可实施性。”

我又问：“太空商业旅行，现在谁做得最好？”

他说：“在太空商用旅行上，英国维珍航空（Virgin Atlantic Airways）做得非常好，已经有几百个人向他们预订，很多名人、记者、明星都报了名。而且，虽然还没有一个人完成旅行，但是大家都付了全款，维珍目前已经收到了上亿美元的预付费用。”

我说：“你要是掌握这个技术，是不是也可以在中国做太空旅行呢？”

他说："完全有可能，这也是我们公司将来的一个发展方向。"

我说："你这么有信心，现在在中国有竞争对手吗？在国外呢？"

他说："在国内的民营企业中，我们是最早进入的。经过两年多的积淀，我们有自己的工厂和测试平台，有自己设计的火箭，并且用的是自己研制的发动机、贮箱、控制系统和算法。如果现在有人想跟我们做同样的事情，至少还要花两三年的时间才能实现。

"而且我们目前的目标是细分市场，所以跟国有机构不存在竞争关系。而在国外，类似的公司也有两三家，但大家的技术路径不同，虽然早期有竞争，但未来长期的发展也会形成差异。"

我总感觉没这么顺利，便问他："你现在还有什么困难吗？"

他说："我们面临的最大挑战就是缺少信任，我们需要让大家相信，我这个 23 岁的年轻人也能够带领这家公司成功。

"我希望你们能够到我们的发射现场，实地看看发射火箭的现况。因为在未来这 5 年，我们需要克服很多技术困难，也需要更多的人才、技术和融资，同时提升管理能力。

"如果连你们这些在中国颇具影响力的人物都不相信我们，我们的生存环境就会越来越狭窄。所以，请你们相信我们！"

其实听到这里，我已然被折服。我相信他，我真的相信！这个 23 岁的中国版埃隆 · 马斯克不是空有梦想的预言家，他是一个脚踏实地的企业家和创新者。

我把 H 君的故事讲出来，希望大家相信他，相信这家火箭发射公司一定会创造出属于中国人的奇迹。

他从 100 年前开始做公益

在辛亥革命之前，我们曾经历过一段特别开放的时期，先有洋务运动，后有戊戌变法。而在开放的风气之下，也出现了一些与现代“社会企业家”类似的企业家。

当时的民营企业分为两种：一种是官督商办的，老板都戴着“红帽子”，比如张之洞，他们代表政府创办的企业也允许民间参与合股；另一种纯民营企业是商人自办的，例如张謇的大生纱厂。

当时张謇做了两件非常具有现代意义的事情。

第一，他创办了中国第一家股份公司。这件事情很有意思，张謇是清末的最后一个状元，原本师从翁同龢。但是在新学和新潮的影响下，他认为民富才能国强，便放弃了学而优则仕的机会，回到老家南通开公司。

第二，张謇在经营企业的过程中做了巨大的贡献：他把公司的盈余以及个人的收入统统都捐出去做公益。

张謇概念里的公益跟今天的公益比较相像，当时他所做的公益大概有三件：

第一，修海滩，通过改造盐碱地来改变当地的地理生态环境，使一些废弃资源能够造福于所有人。

第二，办学校，他把自己的工资和奖金捐出来，又向公司的管理层和股东募捐，创办了南通师范。

第三，特别有意思，叫自治，也就是说，他要把南通变成一个现代化的城镇。他募集了很多资金用作推动城镇的公共建设，包括道路和剧场、博物馆等文化设施在内。

有一次他在北京操心改革的事，两个月以后回到南通，CEO 刘梦泽非常高兴地告诉他，他们刚刚在上海做了一单大生意，不但把存货都卖掉了，又从别的地方买了一些便宜的纱倒腾，一共赚了150万两银子。但是他倒腾的本钱挪用了公益资金，这笔资金是用于地方自治的募款。

刘梦泽认为："我是用了这笔钱，但是钱已经安全回本了，我也会给相应的利息，这事就算翻篇了。接下来我们应该商量怎么分赚到的钱，我准备先划出一部分钱当分红，另外一部分用来发奖金，再把其他钱全部投入大生纱厂的再建设当中。"

张謇听完后拍案而起，断然否定了他的建议，还批评了他，两个人都快翻脸了。

张謇说："这笔钱是大家募集去做地方自治的，如果我们用这笔钱生利，以后就没有人会相信我们，那么无论我们生意做得有多好，都注定是失败者。因此我们应该把这笔新赚的钱，全都放到公益资金里做自治建设。"

这下和张謇一起创业的合作伙伴们全都不干了，所有人在茶楼里集合，一边喝茶一边商议，最后决定晚上集体到张謇家去说服他。但是不管别人怎么说，张謇依旧坚持他的观点："公共的钱只能做公共的事，绝不能把它和私人的商业利益混在一起，只有取信于所有的捐款人，才能发展自治，大生纱厂才能够有前途。"

虽然大家都有些不高兴，但因为张謇是老大，就接受了他的这个观点，这笔 150 万两巨款被全部用作公益事业了。

我被张謇的故事感动，把他的故事介绍给了很多企业家。在我看来，100 多年前，我们的民营企业家能做出这种判断和决定，是非常了不起的。这种追求对于今天所有的企业家来说，仍然弥足珍贵。

我们期待越来越多的民营企业家开始参与公益事业，脱离传统道德层面的慈善，转而关注现代的公益理念及公共事务。

也许有时候，我们只有在前人的身上找到光辉，才能走向更远、更美丽的未来。

一亿人骂你，是怎样一种存在感

有人问我："你的墓志铭上会写什么？怎么看待自己？"我调侃道："资本家的工作岗位，无产阶级的社会理想，无产阶级的生活习气，士大夫的精神享受。"最后一条对应的是我的精神世界，我对生活要求不高，吃饭穿衣都比较随意，但是不能不读书。

但我从来不是文学青年，我读书是为了满足我的好奇心，无论是读历史，看小报，还是看内参，都给我提供了更多元的视角。尤其是学习哲学的经历，让我的思维方式变得有点与众不同。

我们一般人看一幅画，是看见、看清、看明白，但是哲学却要求你通过思维训练，能够看透、看穿、看破，甚至看到反面去，直到最后你能通过生看见死，通过死看见生，通过男看见女，通过老看见小。一般人看老就是老，但如果你能通过小看到老，反过来再说老，你感受到的境界一定不一样。在哲学上这叫“相反相成，对立统一”。

与文学的研究对象不同，哲学讲的是一般性、普遍性和规律性，所以我们会发现，哲学说的都是永远正确的“废话”，比如“时间是永恒的”，这不是人人都知道的道理吗？但如果你换一个说法，“你要好好活着，因为会死很久”，立刻会从另一个侧面再次验证了这样一句真理，非常有意思。

当下时常出现一个词——“纠结”，吃饭纠结，找什么工作纠结，谈恋爱纠结，买房子纠结……我们为什么纠结？因为当你面临很多个选择时，你的取和舍、你的是与非在打架，你无法平衡它们。人之所以纠结，就是因为有是非。

是非又是什么？比如同样是电影里袒胸露背的镜头，在美国可能叫“是”（艺术），在国内广电总局看来，可能是“非”（三俗，脖子以下要剪掉）。对全球70亿人口来说，你能数得清有多少种是与非吗？全球有那么多语言，那么多文化和宗教，包括审美都没有统一的标准。

把时间拉长了看，很多的历史故事，昨是今非，今是昨非。比如张学良与赵四小姐的故事，开始一两年是作风问题，叫“非”，叫“搅和”，但坚持了30年，是爱情。

还有很多的是非是因为我们要扮演某个特定的角色，比如你说我是个好人，那么我就得按好人的套路演，但突然有人说我是坏人，我就开始纠结，我到底要怎么演，人就活在是非中了。

再比如，你老吹捧我，说我伟大、深刻、有思想等。如果我把你的吹捧当真了，我对你的态度也会不由自主地开始变化，开始显摆，就让你不舒服，我也越来越孤立，最后反而走到伟大、深刻、有思想的对立面去了；但如果没有这样的所谓“伟大”“深刻”的角色设定，你说什么我就那么一听，自然就不看是非，也不纠结了。

内心虚无了，看世界才是实的。有一次我跟一位企业家朋友聊天，谈到一个话题：如何面对别人对你的指责？相信这种话题很多朋友之间可以吐槽一晚上。

尤其是公众企业和公众人物，往往会受到更多社会大众以及媒体的道德审判，有些指责可能是真实的，有些是歪曲事实的。面对不实的评价和指责，你要怎样回应？

在网络舆论环境中，人人都有发泄的出口，如果他骂你是混蛋，你往心里去了，你就会一直纠结于此，“我到底要不要争辩？”甚至彻夜难眠。

但是，如果反过来想，反正骂我混蛋我也不会真的变成混蛋，事实不会因为你骂我而改变。你的是非和我的是非不一样，你骂我我也是一百斤肉，不骂我也是一百斤肉，骂就骂吧，该吃吃，该睡睡，第二天接着做自己认为正确的事情。

再换个角度，如果有一亿人骂你，说明你的价值、影响力，你的能量已经能影响一亿人了，比如马云、乔布斯，他们的任何一个决策都牵动着上亿人的心。从某种程度看，被争议的人反而是个重要人物。这么一开解，事情就过去了。

四大皆空

内心虚无了，看世界才是实的

说到这，还有一个网络热词不得不提——“存在感”。在这个个性张扬的年代，大家都在刷存在感。生活中经常看到一些人，做事情偶有所得，他的存在让你感到有压力。

以前我曾在不同场合多次分享过李嘉诚先生发名片的故事，他的存在感却让人感觉到舒服，而感觉不到任何不快乐和压力，这恰好是从小我到无我的境界。

一个真正成功的企业家，只有舍弃小我，寻找大我，在时间和空间的坐标里去定位自己，着眼未来，他的成功才有更大的意义和价值。

22 年前打败小李子的那个“奸商”

这两天，“专业陪跑 22 年，终于抱得金人归”的老梗终于被终结了，各路段子手也铆足了劲地来祝贺小李子 。22 年前，小李子以一本《不一样的天空》跨入这个陪跑大坑，那么在那关键的一年，到底谁是小李子“冲奥”路上的绊脚石呢？

这块石头可大了，当年，有一本电影独得奥斯卡 7 项大奖：最佳影片、最佳导演、最佳剪辑、最佳音乐、最佳编剧、最佳摄影、最佳艺术指导、道具布景。它就是《辛德勒的名单》。

前一段时间，我到欧洲出差，去了波兰。由于《辛德勒的名单》

这本电影广为流传，所以我一直有一个想法：如果要去波兰，一定要去看一下辛德勒的工厂。在参观工厂的过程中，我了解到许多关于辛德勒的故事。

辛德勒是一个德国人，小时候成绩不好，还曾经因为考试作弊被学校开除。后来他跟父亲学着做生意，也不是很成功，结果年轻的时候就参加了纳粹，为德国的情报机构工作，在捷克和波兰都做过间谍。

德国占领波兰、进驻克拉科夫之后，辛德勒掠夺了当地的一个搪瓷厂，请了一个犹太人会计来帮他算账，逼迫犹太人出钱投资，同时又招了很多犹太工人来生产脸盆、饭盒之类的东西。

我以前在搪瓷厂“锻炼”过一段时间，所以我对这个工作的流程非常熟悉。搪瓷厂的生产环境很嘈杂，气温非常高。而这些犹太工人相当于是辛德勒的奴隶，每天超负荷地工作，又没有多少工钱，这就大大降低了生产成本。然后，辛德勒又把这些东西卖给战时的德军，趁机赚了很多钱。

辛德勒最大的才能，其实是“搞定人”。他通过行贿，搞定了党卫军、纳粹，以及当地一些有势力的人，把各方面都打点得非常好，所以当时这个工厂办得顺风顺水。

就在这个时候，德军采取了一个非常措施：把克拉科夫的犹太人关进隔离区。克拉科夫当时有6.5万名犹太人，几乎95%都被关了进去。德军不仅掠夺他们的财物，还对他们进行了屠杀，最后还把他们的圆形墓碑作为隔离区的墙，以此来羞辱他们。

这个隔离区离辛德勒的工厂只有几百米，所以辛德勒慢慢发现，犹太人不仅在隔离区中被滥杀，还有一批一批的犹太人被拉到奥斯维辛集中营去。

在奥斯维辛集中营里，德军持续四年使用工业化方法来屠杀犹太人，这种方法不仅高效，而且残酷得令人发指——拿走犹太人的金牙、鞋子，把他们的头发剪下来，运回德国织成麻布，作为民生产品售卖，最后还要把他们的骨灰做成化肥。这种屠杀的方式，把人当成一种原料。

这种残暴的行为，使辛德勒的人性突然复苏了，他对犹太人产生了巨大的同情心，于是他做了一个决定：保护他能保护的犹太人，特别是在他工厂里面的犹太人。

正像电影中所真实表现的那样，这个过程非常惊心动魄。比如，已经有一批工厂内的犹太人被拉到集中营了，辛德勒不顾一切地跑过去，总算用大量的钱财搞定了集中营的头脑和党卫军。如果再晚一步，这些人就要被送到毒气室了。

虽然辛德勒保全了他工厂大部分的犹太人，但是他想保护更多的犹太人。由于他的工厂比较小，只能容纳几百人，于是他向德军要求："我的工厂要扩大生产，不仅要为德军生产搪瓷，还要生产枪械、炮弹、子弹。所以我要申请一个特殊政策，德军可以把我的工厂当作一个集中营的分营，把犹太人关在里面从事生产，不让他们出去；但是任何人都不能进来，包括党卫军。"

但辛德勒并没有生产枪械的经验，所以他在审批通过后，做了一个假工厂，自己花钱去外面买来枪械充数。就这样，他把工厂变成了一个保护犹太人的特殊场所。

1945 年苏军进攻波兰，打败了纳粹。这一天，辛德勒对工人说，从明天开始，你们就可以出去找你们的亲人了，但因为我是纳粹，是战犯，而且我还做了很多在战争期间违法的事情，所以我必须离开。

在场所有的犹太人都非常感动，其中一些人就把自己的金牙熔成一枚戒指送给辛德勒，并用希伯来文在上面刻了一句话：救一个人，就是救世界（The one who saves one life saves the world entire）。

战争结束以后，这些犹太人专门写了一封签名信，来证明辛德勒在战争期间对他们的保护，而且保护的不仅是他们的生命，还有他们的尊严。这封信使辛德勒免于刑罚。

以色列的犹太人还命名辛德勒为“义人”，这在以色列是一种至高无上的荣誉。而且还有很多人在战后跟他定期保持联系。辛德勒去世以后就埋在以色列，这些犹太人的后人每年都会去他的墓前纪念他。

这是电影中呈现给我们的辛德勒。但实际上，他是一个什么样的人呢？其实按我们现在的价值观来说，他是个“烂人”。

在拯救犹太人之前，他的私生活就很乱，把办公室的秘书都办了，还把老婆赶走，对自己的孩子也从来不负责；工作上，拿钱搞定人，靠投机倒把赚钱。战后，他又故态复萌，胡吃乱嫖，把生意也搞砸了，穷困潦倒，有时候还要靠他救过的犹太人来接济他，最后就这样完结了他的一生。

辛德勒在死以前，把他这一生的档案放在一个小皮箱里。后来这个皮箱被人发现，他的故事被写成小说，斯皮尔伯格就是根据这本小说拍了《辛德勒的名单》。

辛德勒的工厂现在变成了一个纪念馆，是克拉科夫一个重要的历史遗存。我在那个纪念馆里待了一天，反复地想一件事情：一个人，他道德败坏，不择手段地敛财，参加了纳粹，也没少干坏事，怎么就突然人性觉醒，愿意散尽自己全部的财产来保护这些犹太人的生命？是什么促使了他的转变呢？

我认为，正因为他是一个“坏人”，所以才会产生这种转变，而且能想得出这种办法来解决问题；如果他一直是个标准的纳粹，照顾家庭，对孩子负责，对自己要求严格，百分之百地信仰纳粹的主张和宣传，他就不会有这样的转变。

后来我又想到，自己也碰到过这样的事情。

我下海做生意的时候，有段时间很落魄，连一张回北京的火车票都买不起，于是我去向一个机关里的干部借钱。一直以来这个干部为人都很好，但他不愿意借给我，因为他认为我是坏人。

正在这个时候，另外一个人来找我。因为我之前还在单位负责的时候，查过这个人，所以我认为这个人是坏人，一直不太愿意理他。那时因为实在落魄得没有办法，所以这时候我就顺便提了一下说：“你能不能借给我点钱。”

结果这个人说，你明天来拿吧。第二天下午，他借给我 300 块钱，我想写个借条，他说：“不用写。”我说：“还是写个吧。”他说：“那行，以后我没饭吃找你。”

后来我一直都在想，为什么这个大家公认的“坏人”不仅没有歧视我，而且还能帮助我，而那些所谓的标准好人，却会在关键的时刻袖手旁观甚至加害于我？

其实，做一个普通人就好，不受特定意识形态的奴役，有自己独立的判断，还有一些小缺点，但这些缺点并不会妨碍他成为一个在特定环境下令人尊敬的人。

辛德勒给我们的启发，值得我们长久回味，而第二次世界大战期间的犹太人历史，更是一个值得让人类不断去反思的历史。

你觉得辛德勒算不算是一个“奸商”？

“奸”是个道德概念。如果他没有违法，就不能叫坏人，只能说他是聪明而能干的人；如果他违法了，把别人的东西装自己口袋里了，那这也不是“奸”，这是错，是罪。

当然，在中国，一般都认为种瓜得瓜、种豆得豆的人是很实诚的人，而能够靠做生意把一块钱变十块钱的人，是狡猾的、不劳而获的人。

所以我认为，传统文化和价值观对现代的市场运营，多少是有些抵触的。如果我们能从法律的角度客观地来看，只要合法合规，那么这个人越会算账、越能赚钱，甚至能把一块钱变一百块钱，那我们可以调侃他“奸”，但更多的应该是尊重他作为一个企业家的能力。

这样的人，能够创造财富，能够打开技术市场，能够创造新的商业模式、带来新的进步。像苹果、腾讯、阿里这些企业，都是超级能算账的，但同时也是超级成功的。

我那杀了干爹的干爹

十多年前，下午两点多，我在旧金山的一个公寓里倒时差，正辗转反侧难以入眠的时候，突然接到从北京打来的一个电话。接起来我就觉得电话那头非常压抑，一个沉痛的声音对我说："你干爹走了。"我当时脑子里一片空白，整个下午都在默默垂泪，更加难以安眠。

这之后，我满脑子都是干爹的样子。干爹去世的时候年近 80，我记得他原来的身体非常棒，是一个高大而健硕的老人家，但自从他带着我见了他的一个兄弟之后，身体就日渐萎顿下来。

有一天，干爹照例给我打电话，他操着一口河南话说："儿啊，来家。"他通常都是这样，说完了就放下电话，也不管我会怎么反应。后来我才知道，这是他在部队当首长下命令下习惯了，从来不需要你反应，只需要你执行。

于是我着急忙慌地就赶到了老爷子那儿，一进门就看到他坐在沙发上发呆。

"老爷子，什么事？"

"台湾来人了。"

"台湾来人怎么了？"

"是我兄弟来了。"

"兄弟来了不是很好吗？"

"可是我把他爹杀了。"

我当时也觉得很离奇，"这是怎么回事？"于是干爹告诉我，这个兄弟是他干爹的儿子。

我干爹小的时候家境非常好，是河南鲁山大户人家，有田千倾，有深宅大院的瓦房。他读的是武汉大学历史系，1937 年就毕业了。他在学校里的时候，还闹了“学潮”，被国民政府叫去训话，据他讲，还让他们吃了一顿，最后把他们打发走了。

干爹毕业以后回到原籍，正赶上抗日战争。这时候他有三个选择：第一，家里给钱，出洋留学；第二，跟共产党去外地打游击；第三，拉杆子建立武工队，就地抗日。最难的是第三种选择，他却胆气冲天，选了第三种。

之后，他跟着抗日的烽火辗转在敌后战争好多年，然后又参加了共产党的正规部队。到了将近 1948 年的时候，他已经是一个野战部队的团政委了。率领部队打回老家的时候，又正好赶上老家县城的城墙上架起机枪、插着旗帜。原来他的干爹是守城的主官，而他和他干爹的孩子，也就是他现在的兄弟，是从小一起玩到大的，所以他就非常纠结。

但是他站在革命立场上，充满了积极向上的正义感，于是他给干爹修书一封，写道：“限三日内开城投降，否则城破之日，休怪儿不忠不孝。”他干爹接了这封信，拍案大怒，破口大骂，命令手下在城门口挂出通缉和告示，居然还在告示上数落他从小以来所谓的劣迹。我干爹还给我念了一段，说他干爹在告示上写道：“……少小顽劣，不喜读书……云云。”意思就是说他从小就是个坏孩子。

结果共产党势如破竹，打下了这座城池。在公审大会上，他居然把他干爹枪毙了，当时他获得了一种革命的成功感和正义被伸张的荣耀感。后来，他干爹的子孙、亲属作鸟兽散，有的被斗争，有的流落他乡，他的这个兄弟就去了台湾。

两岸阻隔，几十年未通音信，彼此早就断了那份念想，也忘了这样一段被时间淹没的悲情。这两天台湾开放，老兵回家，于是他的这个兄弟回到了大陆，辗转通过很多人联系到他，说一定要见到他，而且非见不可。

这个时候，我的老干爹内心就纠结起来。

我相信他百感交集。而且在那时候，他又不知道这个兄弟从台湾那边过来见他究竟是为了什么。他最担心的就是那个兄弟当面指责他，破口大骂，甚至奚落他，我干爹最害怕那个兄弟会说："你杀了我爹，有什么好处？"

这样的质问和奚落，会使他一生的尊严完全扫地。他大概是受不了这样一种可能的场景，所以才纠结。

干爹陆陆续续地给我讲了上面这些来龙去脉。我看他那样，就跟他说："那去看看呐？"他说："我要去，你也要去。"他让我一定也要去。我说："好啊。"

于是过了几天，我陪着干爹到了北京大兴一个居民区小院的一栋民宅里，大概是一楼的一个两室一厅的房子，在里面看见了他的那个兄弟。

我看老干爹进去以后，坐也不是、站也不是，说也不是、不说也不是，握手不是、不握手也不是，哭不是、笑也不是，总之极其难受、极其尴尬的样子。倒还是他这个兄弟说："哥，过去的事都过去了，我这次来主要是看看你身体好不好。我们都老了，剩下的时间不多了，说说以后吧，不管以前了。"

这时候，干爹才平复下来，开始说了说他这几十年在大陆的事；他兄弟又说说自己去台湾以后的生活，家里人、子女都在做什么。唠了一会儿的家常，然后就告辞出来了。

在路上，干爹一直不说话，我以为他真的身体不舒服，可怎么问他都不应声，只是在叹息。从大兴回中央党校院里的路上，大概有一个半小时，他一直处在这样的心境中。他忘记了自己有前列腺的毛病，没有及时上厕所，就这么憋了一路，回到颐和园这边的家里以后，没过多久就因为前列腺的毛病住进了医院。

后来，他的身体越来越不好，而且症状很奇怪，身上的皮肤居然大片大片地往下脱。我去医院看他，他提着尿袋，指着这一床的皮屑对我说："这就是我的现在，我肯定不行了。"

再后来，我就开始做生意了。有时候我会自己去看他，也安排了人去照顾他的起居和饮食，同时听从长辈们的建议，偷偷地去给他准备了一套中式的寿衣，想着万一干爹不行了，我要亲自给他穿上这最后一身衣裳。

我就这样悄悄地替他安顿着。没想在我刚到美国的这个时候，干爹就去了。于是我陷入了一种极度悲伤的情绪当中。

当年牛闪闪的干爹

干爹是一个超牛的人，牛在他传奇的折腾工夫上。他本来是武汉大学历史系的本科生，大户人家出身，最后却变成了一个有文化的土匪，一个文明的痞子，当然，同时也是一个坚强的战士、聪明的勇者。

他跟我说他有一次去了阜阳。我问他："去那儿干什么？"他说：

"我去那儿转转。"我说:"哪儿不能转,跑那地方转?"后来才知道,他曾经在那一带做过地委书记。

那是在抗战结束之后国共两党内战的时候,那时的共产党非常牛,就派他一个人去阜阳地区做书记,身边连一个秘书都没有,更别说通信员和司机了。到阜阳以后,由当地的地下党来接应,然后把当地的书记介绍给他。书记领着他站到一个山坡上,拿手比画了一大圈说,这儿这儿这儿,这些都是你的地盘。

干爹一看,心想:"好家伙,这么大一块地盘,就我一个人来管,你说走就走了,这可不行。我要怎么折腾?"于是他说:"先不着急,你帮我办件事,然后你再该干吗干吗去。"那个老书记说:"好啊,你有什么事?"他说:"你把这个地方跟咱们关系最铁的共产党介绍给我,把他叫来。另外,你再告诉我这个地方最坏的那个人是谁,家在哪儿,然后你就可以走了。"这个老书记说:"这很容易。"过了不久,老书记就把最铁的那个地下共产党叫来了。干爹就问他,这个地方势力最大的坏人是谁,家在哪儿。问清楚之后,干爹说:"好,你带两个人,晚上跟我去。"

于是,到了后半夜,干爹带着两个人摸黑敲开了这个坏人的家门,闯进院子,直接拿枪一直把那个坏人顶到后屋。他们全家人都吓呆了,干爹说:"都不许动,动我就打死他!"他们家里的所有人都慌作一团,跪地求饶说:"大爷,到底有什么事?你说呀,什么事都好办,千万千万不能走火!"

干爹说:"没事,你们都去厨房,我要在这儿跟老爷子喝酒。"大家更是摸不着头脑,但又不敢不去,于是所有的女眷就开始点火蒸肉、煮米。这个时候，干爹就坐到炕桌上，拿枪对着那个坏人，一边喝酒，一边盯着他，一边说话。直到把这个坏人差不多灌醉，他自己也有点扛不住了，就转身躺倒在门口，一手持枪对准炕上的坏人，一脚顶住门缝。这样一旦有人进来，门就会顶到他的脚，他就会醒，醒了他抬枪就打；如果听到床上有动静，他也开枪就打。

就这样折腾了两三天，终于这坏人全家都扛不住了，都再次求饶说："大爷，您到底有什么事啊，您都吃喝三天了，啥事也不说。"这个时候干爹才说："我要借你们这地方使使，在这儿开会。"最后，干爹让那个地下党把所有的共产党和这个地方的干部和骨干都叫来，不但在这个坏人家办公、开会，还有吃有喝。

干爹后来告诉我说，干革命就是这样，得找个有吃有喝的地方，不能跑到没人的地方去。他说："我从来都是在大户家革命，因为我们家是大户，我知道哪儿藏着东西。"

于是，在这个坏人那儿，干爹得到了最安全的保护。因为这个地方所有的坏人都消息相通，这个坏人担心自己已经养了这个共产党三天，让他们在自己家里开会，还供着他们吃喝，这时候如果真有其他坏人来了，那这关系是跳进黄河也洗不清了。所以，这个坏人只好"包庇"干爹，让这些共产党人在他们家工作。最终，干爹建立起了这个地区的地委组织，管理好了这个区域，后来又把这个区域从国民党手里拿回到共产党手里。这是一个非常有趣的传奇。

每当我想起干爹这样一个20多岁的有文化的土匪干出这种事情，就发自内心地觉得干爹真牛。在干爹的革命经历当中，杀他干爹是最大的一个亮点，但他还杀过很多人。他告诉我，战争就是把人类的野蛮调动起来，使野蛮变成一种光荣。这个时候，你就为你所有的行为找到了合理的理由，于是你就会更勇敢。

干爹还跟我说过他其他两次杀人的事。

一次是“还乡团”回来，血亲复仇。

还有一次，干爹说他抓了一些俘虏，行军路上，这些俘虏走在队伍后面，拖慢了整个队伍的速度。干爹就问：“为什么走得这么慢？”手下人就告诉他，因为后边有俘虏。他就下了个命令说，放了。当时没有手机，也不可以用广播、无线电，于是这个命令就一层一层往后传，“放了”，“放了”，“放了”。中间有一个人恐怕是和谁有深仇大恨，就说“杀了”，再往后传就都是“杀了”，“杀了”。最后到了宿营地，他问起这事：“放了吗？”后边的人说：“你不是说杀了吗？统统都杀了。”他一想，最后也就淡然一笑，只能算了，因为当时正处在革命的一个特殊时期。

他告诉我他杀人的故事，其实是在告诉我，革命、战争意味着什么。

到了晚年的时候，干爹又时常陷入一种发呆的状态，会经常地表现出若有所思的样子，有时候会偶尔跟我唠叨两句。他还经常会在看电视时忽然想起别的事。有一天，电视里正在播放一个盛大的阅兵活动，其中有一个非常神气的指挥，不断地敬礼、喊口号。干爹突然就说，“咿，这货。”“这货”是河南话。我问：“这人您认识？”他说：“我认识，哎呀，这就几块料。”然后他又跟我讲了一段这个指挥官的故事。

荒唐言和辛酸泪

按今天的话说，干爹是一个很酷、很有个性，甚至很任性的一个人。

第一次见到干爹，那个时候我还在中央党校，正在食堂里吃饭。这时一个剃着光头、抽着雪茄、穿着黑得发亮的皮夹克、还戴着墨镜的老头走了进来。我一看，他这个样子在这个地方显得特别突兀，特别不搭调，完全就像电影里的坏人。没想到这个人居然径直走到我跟前，拍了一下我的脑袋，说了一句话："嗯，是你。"我当时就想："这什么情况？"后来边上的同学告诉我："这是马老师，他一直在问我们这儿最年轻的学生是谁。"原来我是中央党校历史上最年轻的学生，那个时候22岁。

后来再见到干爹的时候，他在我一个同学的宿舍里，居然光着身子，就只穿个裤衩，还把腿架在桌子上，抽着烟和别人聊天。我刚推门进去的时候，一下就被吓着了。我想，一个高级干部、一个老师怎么能这样呢？这不是坏人吗？我在年轻的时候，"好人"和"坏人"在我心里完全是脸谱化的。可是没想到他居然叫我："小家伙，过来。"我也不敢不过去，过去之后我就站在那儿不知所措。他又说："坐坐坐。"然后就跟我胡侃起来，我才觉得这个人真的很有意思。后来就这样，他直接把我收作了干儿子。

干爹就是这样非常痛快和任性。有一天我看到一张他评职称的表，当时就愣了，他是怎么填这张表的呢？比如"职称"这一栏，当时是要他评教授的，结果他说随便，就在表上填了个"随便"；外语水平如何，他填了个"一窍不通"；写过什么文章，他写了两个字，“烧了”。我说：“你这么填不是胡扯嘛，怎么给人捣乱呢？”他说：“我就是捣乱。”他就是爱捣乱，好家伙，很牛。当时所有人都认为能成为教授是一件很重要的事，但他就是不在乎这个事，他不要。

又有一次，中央党校来了一个领导，说要跟干爹谈一谈、聊一聊。因为干爹说话在民间比较有影响力，而且他有几个干儿子，有掏下水道的、司机以及像我这样的学生，都是些奇奇怪怪的人。领导就说：“老马呀，我刚来，有些事情希望得到支持。”没想到干爹瞪着眼睛说：“我支持？不可能，我就是给你捣乱的。”最后弄得这个领导不知道应该怎么接话。

关于干爹的任性，还有一件事给我留下很深刻的印象。有一天，他打电话过来说：“儿呀，鬼子女婿来家了。”干爹的女儿嫁到日本，然后带着日本的这个女婿回来了。我就赶过去吃饭，一进门，看到他这个日本女婿不停地鞠躬。结果老爷子过来挥了挥手说：“起来起来，收起你那一套。”他这个女婿就满脸惶惑，不知所云，但仍然在脸上挤出一堆笑来。干爹就面无表情地带着我就进了餐厅。这个画面，一直在我脑子里停留着，当时觉得干爹的气派太牛了。

干爹还给我讲了很多有趣的故事，包括他在读大学的时候，怎么跟同学偷别人的鞋子，各种好玩的事情。我才知道，原来干爹从小就是这样一个任性、落拓不羁的人。

当我做生意的时候，偶尔回去看干爹，问他：“您觉得我现在做得怎么样？”干爹就经常调侃我说：“你在外面折腾得狠咧，高山上倒马桶，臭名远扬。”这句话说完，他又像是自言自语，又像是在提醒我、教训我，说：“第一个站起来的猴子，已经被咬死了。”

从猿到人的进化中，第一个站起来的猴子，一定会被其他不想站起来或没能站起来的猴子咬死。所以干爹这个话是在提醒我，“你要出头，就要小心。”

干爹去世之后我从美国赶回北京，在飞回来的路上，想了一篇非常特别的、自己写的悼词，想要倾诉对干爹思念的情感和悲痛的心情。结果到家之后，家里人告诉我，这件事情已经被老干部局接管了。

然后我又把原来准备好的中式寿衣拿出来，准备给他穿上。结果当我从医院太平间把干爹推出来的时候，立即傻眼了。原来有人已经给他穿上了四个兜的标准中山装，而且不让我再给他换衣服。我只好把准备好的寿衣放在他身边。最后，干爹穿着规规矩矩的毛式中山装，走完了他的最后一程。

前几天家人告诉我，“干爹 20 年的墓地快到期了，怎么办？是要再续 20 年，还是你有什么其他的安排？”我想起他被安葬在那样密密麻麻的一个公墓里，每一年都想去，但每一年都因为很难找这个地方而放弃了。这次突然有个机会，于是我决定在郊区建一个宽敞的房子，把干爹生前的房子复原，在他的院子里立一块碑，把他的骨灰安放在那里。

而我会在边上另外盖一个房子，这样我能跟过去一样，每天不时地去干爹那里坐坐，仿佛和他对话，跟他永远在一起。我就想这样永远、永远地陪着我干爹，我那个杀了他干爹的干爹。

民间金融之“无间道”

日前，我看到一则消息：在过去几年里，仍有超过80%的信贷资源是分配给国有企业的，民营企业的资金一直都非常短缺。

其实，“融资难”这件事情，中小型民营企业已经嚷嚷20年了。这不能不说是经济转型和发展中的一大遗憾，也是金融改革面临的一个两难困境（见图5-1）。

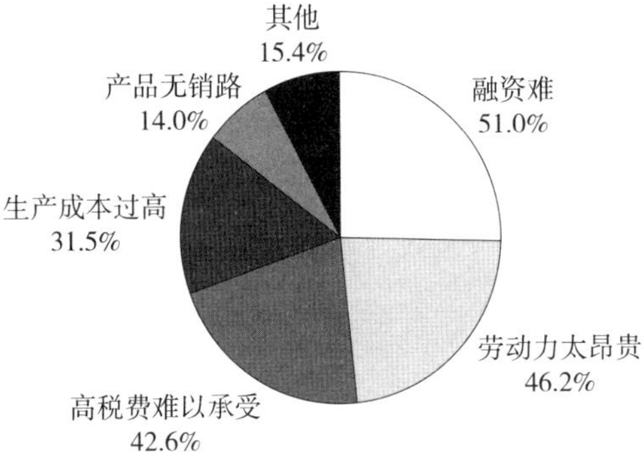

图5-1 2011年网上调查，超半数的企业家认为中小企业的最大困难是融资难

这则消息，让我想起20多年前，一个民间老板在解决资金问题时，发生的“无间道”的故事。

那时候，D老板的事业刚刚起步，他有很大的抱负，有很多超乎常人想象的计划，但就是没有钱。

那个时候所谓的“没有钱”，在今天看来其实也就是几百万、几千万而已，但是这笔钱，国有银行是不可能贷给他的。因为他的企业身份本来就有些含糊，是挂靠在别的公司下面、不伦不类的一个企业，而不是像现在这种注册的纯粹的民营企业。

当然，他也没办法得到政府的支持和投资。更悲哀的是，他也没有机会得到周围民营企业、私人老板的投资，因为这些老板自己口袋里也蹦不出俩子儿来。那时候哪像今天，有排行榜上的各种富豪，轻轻一抬手，就可以投一个 VC（风险投资）或者 PE 给你。

于是，这个老板每天都捧着个大茶缸，在办公室里不停地打转，琢磨怎么融资。突然有一天，他眼睛一亮，发现“信用社”是一个融资的好地方。

我很不解地问他：“信用社是干什么的？”

他说：“信用社就是私人银行。”

我说：“私人也可以办银行吗？”

他说：“信用社可以民间办，我要去办一个。”

我其实也不懂，将信将疑地看着 D 老板开始布局，到处找人打听哪里能办信用社。

我记得那是一个深秋的早上，下着微雨。那天 D 老板的秘书说，有三个人来求见。这三个人被安排在 D 老板那个并不宽大的会客室里，坐在很简陋的沙发上。

其中一个身材有点胖，操着一口东北话；一个很瘦，操着四川话；还有一个身材中等、长相斯文的人，戴着眼镜，操的是海南普通话。这三个人都向 D 老板讲述了他们办信用社的信心、资源和条件。听完他们的话，D 老板说：“好，给你们每人 10 万，一人给我办一个信用社。”

后来，这三个人在公司住了一段时间。我知道D老板给他们几个都布置了“功课”，让他们做一些前期准备。

在这段时间里，胖的人一直和公司员工喝酒吹牛，有时候还会突然消失两天——这是东北人典型的交往方式。另一个瘦的人，每天自己一个人琢磨、研究着什么，也不和别人交流。

只有那个看上去很斯文的人，我们暂且叫他Y先生，他会不时地向女秘书打探：“老板今天有什么交代？有没有空让我请教几个问题？”一副谦谦君子、虚心好学的样子。当他在等老板的时候，还会不时地和女秘书沟通；有时候老板半天都不在，他就会坐在女秘书那儿和她一直聊天。那个女秘书住得离公司挺远，每天上班都显得很疲倦。Y先生就会照顾她，甚至帮她买早餐。

这三个人在北京培训了两个月以后，D老板听说海南的信用社已经有了一定的规模，于是就派他们去海南办信用社，以解决资金燃眉之急。

结果，半年过去了，这三个人一个都没回来。D老板不但没有得到融资，还倒贴了30万。他非常恼火。但因为那时候没有手机，要找人非常不容易。他只能调动公司各种人员，一定要找到那三个人。就算信用社办不成，也一定要把那30万找回来，那时候的30万可是个大数目。

最先被找到的是那个胖胖的东北先生。D老板派去的人在一个小旅馆里按住了他，把他弄回北京以后，调查他到底干了什么事情。最后发现，他所说的自己结交了海南的这个人、那个人，纯粹都是瞎话，什么事都没弄成，但是钱早糟蹋完了。

D 老板大怒，准备把他投入大牢。这个人只好求饶，说自己可以通过“租赁公司”的办法，在边境运输燃油，倒腾车皮也能赚钱。实际上就是“假租赁，真融资”。

D 老板将信将疑，放了他一马，让他去做，结果还真做成了。但是做着做着，这人又不见了。D 老板更是怒上加怒，又派人四处去找他，这哥们儿又第二次被抓了回来。这一次，D 老板说非把他“送进去”不可，结果这哥们儿干了一件应该是他这一生中最引以为豪的事——金蝉脱壳，逃跑了。他从此消失在江湖，无影无踪。

D 老板气得每次说起这人都恨得牙痒痒，自己一世英明，却被这家伙骗了两回。

另外一个瘦瘦的重庆先生也被挖了出来。这哥们儿依然像之前在公司培训的时候一样，待在一个不显眼的地方，每天勤勤恳恳地找人、求人。他掏出几张纸，说这是自己发起的几个协议，按了手印，但还没有人民银行的批复。筹备的结果就是这些，但 10 万块钱已经花完了。

D 老板气不打一处来，说他是笨蛋。但最后也无可奈何，不了了之。世界上的事就是这样，碰上一个坏蛋，你可以抓他；但碰上一个笨蛋，你只能怪自己命苦。

这个笨蛋没有牢狱之灾，也没有跑路，只是平平淡淡地又消失在人海中。他最大的错误，就是在 D 老板跟前拍了一个和自己能力不相符的胸脯，仅此而已。

最蹊跷的是那个斯文的 Y 先生。老板终于挖地三尺把他挖出来以后，大吃一惊——Y 先生已经变成了比 D 老板还牛的地头鹰。

为什么呢？原来他曾经在银行学校读过一段时间的书，认识一些人民银行的人，积累了一些人脉，所以把事情搞清楚之后，还真把信用社办起来了。

但是唯一和D老板预期相反的是，这个信用社不姓D，而姓Y。

Y先生受了D老板的启发，拿着D老板的钱作为启动资金，办了一个自己的信用社。而且这个信用社居然在他手里办得风生水起，有几千万的规模；他手下的人马刀枪也不少，呼来唤去的看上去也很厉害；更让D老板火大的是，这个信用社的老板娘居然是当年自己最中意的女秘书！

原来，Y先生在北京期间，已经把D老板的女秘书轻松拿下。通过这个女秘书，他探得了许多D老板的底细，包括他的人脉，他要办信用社的目的、方法，以及他准备用什么机构发起、准备盖什么章。

Y先生把这些事研究透了，到海南把信用社办起来以后，把自己的老婆挪到一边，又把女秘书"虏"了过去，并在海南置办了一处房产。这女秘书也为情所动，抛下了孩子和丈夫，一个人奔到海南，跟Y先生一起走上了金融创业之路。

D老板知道之后，派了很多人过去搅和，一定要把Y先生打垮；缠斗了一段时间，D先生自己又碰到了其他问题，不得不先把Y先生放到一边。而另一方面，因为信用社来钱太容易，Y先生在海南炒房炒地的大潮中急于扩张，最后也消失在泡沫中了。

这个故事，十足地道出了民营企业为资金所困的苦楚。在得不到国家银行正常业务支持的时候，"办信用社"是他们绞尽脑汁所能想出的办法。

无独有偶，在早期的民营金融实验中，做得最大、最成功的，是中关村信用社。当时，中关村信用社支持并且成就了不少早期创业的人。但遗憾的是，这个信用社的创办人，最后在金融整顿和一些涉及其他是非的案件中犯了法，被枪毙了。给我们留下的，只有对早期民间金融创业的叹息。

我知道，20 多年以前的这些老民营企业，多多少少都碰到过这样的故事。

而如今，在信贷资源的配置上，民营企业所占的份额仍然不到 20%，这不得不说是经济改革以来，特别是金融改革以来，一个特别悲惨的现状。

这 30 年来，资本市场的确已经有了很大的进步，民间投资也成长到足以支持很多民间创业者。设想，如果没有充分竞争、公平的资本市场，也没有各种 VC 和 PE 来择优投资创业者，那我们的民营经济远不可能发展到今天这种蔚为大观的局面，更不可能出现像 BAT 这样的互联网巨头和这么多“互联网 +”。

但是另一方面，传统银行的信贷资源分配仍然过分偏向国有企业。这种情况，一方面导致国有企业的效率更加低下，另一方面，也导致一些民营企业，特别是传统的民营企业制造业，发展得越来越滞后，始终无法走出困境。

市场要充分竞争，就需要各种市场要素的公平流动，其中就包括金融资源的充分竞争和有效配置。这些金融资产的配置标准不应该是企业身份，而应该是市场效率和风险控制。

改革是一个长期的过程，特别是金融体系、商业银行的改革，还有很多路要走。希望在今天的传统民营企业中，不会再出现一个“2016 版 D 老板”的“无间道”故事。

北大眼镜屠夫

终于见到了传说中的 L 君，一个戴着眼镜、看似木讷的屠夫。

L 君被人知道，不是因为他脸上的眼镜，而是因为他手上的刀。他每天在档口拿着刀，稳准狠地、不差分毫地砍出顾客想要的那块猪肉，并且每天大概会砍 12 头，一时间成了在档口卖猪肉这个行当里的冠军、王牌中的王牌。

他这么一个斯文、木讷的眼镜男究竟是怎么和一个手起刀落、威武凶狠又刀法精准的屠夫形象联系在一起的呢？这其实都是拜命运和岁月的力量所赐。

L 君是北大毕业的，也正是因为“北大”和“屠夫”这两个词的结合才成就了新闻的爆点。他从内陆的农村通过寒窗苦读才考上北京大学，进入中文系，学的是一个能让人产生很多浪漫遐想的专业——中国文学。从这样一个学校和专业毕业的人，本来应该去当一个作家、编剧、记者、评论家或者公务员，他却拿着砍刀跑到档口卖起了猪肉，这真是风马牛不相及的事情。

生活就是这样的现实和残酷，同时又让人忍俊不禁。

我好奇地问 L 君："你怎么就拿起了卖猪肉的砍刀，而放弃了描绘风花雪月的笔杆子呢？"

他略带羞涩地浅浅一笑，说："我这个人，命不太好，总在不断地挣扎，却又不得不被命运挟持着往前走。我以前也折腾过许多事，但总是越做越小，越做越惆怅。最开始是养骆驼，失败后就开始养牛，后来又变成了养羊，养羊不成功又开始养鸡，之前做的就是这些事。最后都没有成功，又被丈母娘逼得没办法，只好提着砍刀、拜个师父学剁肉去了。"

我："你这个丈母娘到底有多大本事，竟然能把北大的才子逼去卖猪肉？"

L 君："哎，我这也是之前折腾的时候离了婚，后来才又找的媳妇儿。这第二个丈母娘一直跟我叨叨，说人要折腾。我都这样了还要折腾，那就只有跟着师父去剁肉这一条路了。"

我："你这是被丈母娘逼出来的英雄啊。"

L 君："我算是个在猪堆里爬的英雄吧。"

L 君的这个回答很有北大的味道，不愧是"猪堆里爬出来的眼镜屠夫"。

猪肉和我们汉民族的关系一直很密切，全球每年要消费 14 亿头猪，中国人就活生生吃掉 7 亿头，占全世界猪肉消费总量的一半。而猪从尸体变成肉块，全靠屠夫一刀一刀地砍，然后再由主妇们带回家斩成块儿、切成丝儿、剁成馅儿，最后进入我们的肠胃。

在 15 年前，猪的市场比房地产的市场还大，是每年 2 万亿的大盘子呢。再看今天中国的电影业，有这么多明星，这么多八卦和绯闻，闹来闹去，也就600亿的市场。由此可见，我们和猪的关系比和明星的关系密切多了，却常常错怪和轻慢了猪，一直也没有多看它们几眼。

现在，猪肉的品牌已经成为市场竞争的核心要素，我们能叫得出名字的品牌就有300多个，而且这些品牌的1/3是在中国，可见我们是一个“猪肉大国”。因此，把猪养好，把肉砍好，也是关乎我们整个民族的大事，关乎我们人民身体素质的大事。

L君一说起猪的事情就头头是道，变成了忧国忧民的北大人，只是在他这里的“忧国忧民”是先从“忧猪”开始的。把卖猪肉这件事与国家和民族的未来联系起来，这成了他最终的价值观和追求，也造就了他在档口销售冠军的地位。

这个故事被L君的一个北大同学C先生知道了，他们两个人在相识十年之后终于走到一起，共同打造一个“壹号土猪”的品牌，把多年来卖猪和剁肉的方法总结成系统的知识，然后在C君的企业里进行培训，学员则是来自全国上千个档口的刀斧手。这真可谓是“忧猪忧民，从壹号土猪开始”。

我很好奇，问：“这剁猪肉有什么需要培训的？当年你的师父教给了你什么？今天你又给大家教些什么呢？”

L君：“我今天要给大家教的恰恰不是师父当年教给我的。师父教我的都是让别人心里头别扭的事，就是所谓的小伎俩，比如客人买肉的时候说要一斤，我们一般都会给他直接砍一斤半，大多数客人也就认了。这种小伎俩可以增加很多销量，每天那么多人来买肉，我们的营业额能因此提高差不多50%。

这就是师父当时教给我的，但我觉得这样弄不对，如果人家要两斤肉，我们给人家直接砍三斤，那个年代大家又都没有冰箱，吃不完的肉，留着会坏掉，硬吃下去又会太撑，这样客人心里就会很别扭。所以我也就没学这一招，客人要多少我就砍多少。”

刚开始的时候刀法也没那么准，砍一斤可能会多一两，但客人基本上都很满意。但师父说我是个瓜怂，是笨蛋。笨蛋就笨蛋吧，我做人不能不诚实，更不会欺骗客户。现在我教给学员的就是大家要诚信，要为客人着想。我们既然有这么精准的刀法，就绝不能把一斤砍成一斤半，最多也就是砍成一斤一两，客人回去把肉上的边边角角处理一下之后正好满足他的需求。”

我：“你的这个价值观是很好的，那你现在的刀法有多好呢？”

L君：“你要一斤的话，我现在砍下去最多差个一钱或两钱。”

我：“你这刀法真是牛。现在是不是随便找一头猪，你就能看出来它能出几斤肉、能卖多少钱呢？”

L君：“这个不开玩笑，还真是有点小功夫。有一次参加活动，一个教练员和我聊天，我就告诉他，我用手压一下他的背就能知道他的体重。他开始还不信，最后我报出来的数和他的体重一模一样。为什么要先压背呢？因为所有砍猪肉的人都会先用手压一压猪的背，判断一下肥肉和瘦肉的比例，肥肉称起来比较轻，瘦肉比较重，压完背就可以估摸出一个总重。”

我：“你这算是绝活，不仅是‘食不厌精，脍不厌细’，而且你还做到了‘刀不厌精’，不愧是北大中文系毕业的‘眼镜屠夫’。”

L君：“现在我们这个学校从猪的育种、饲养、屠宰，到进入市场，每个环节都仔细研究，最终保证猪的健康和猪肉的无公害。比如，猪也会像人一样感冒和生病，有些人会选择给猪喂药，这样虽然猪的病好了，但实际上却把因为吃药而产生的病变留在了体内。如果不经过仔细检查和处理就拉到屠宰场，在屁股上盖个戳，直接宰了拿出来卖，这样的猪肉对人体健康的危害就会很大。我们学校就是要研究和避免这些问题，让大家吃到放心的猪肉。”

我：“你和你的老板C先生都是北大毕业的，北大的符号为你们卖猪肉的事业带来了什么竞争力了吗？”

这时，旁边的C先生就乐了，然后我们又聊了很多关于猪肉和诚信之类的话题。

其实，全国各地的屠户有很多，但大都像L君的师父一样，属于“刀下无情”，总想贪别人一些小便宜，久而久之，客人也就远离你了。L君属于“刀下有情”的，他讲诚信，为客人着想，所以现在他和C先生的“壹号土猪”在全国已经有1 000多个门店，每个门店都有两三个掌刀的师父，这样就保证了他们“讲诚信，为客人着想”的价值理念能够成为一个体系，并不断得到推广。

还有一点就是保持好奇心，这也是北大人的一个特点。在商业上能够保持好奇心，这样就能很快找到彼此的差异性，进而形成自己的竞争优势。比如L君虽然只是卖猪肉，但相比于其他拿刀砍了一辈子肉的屠夫，他会找很多书籍资料去学习，研究砍肉的刀法，打探古往今来关于屠夫的故事，思考如何更好地服务自己的客人，进而慢慢地塑造了个人的竞争力和品牌。

另外就是要相信和尊重科学。这两个北大的屠夫，无论是砍猪肉，还是办学校教别人砍猪肉，或者是管理企业，他们都有一个与传统屠夫不一样的地方，就是尊重科学。科学知识可以帮助他们甄别和剔除因为吃药而在体内产生病变的猪，从而保证猪肉的品质，形成自己的又一个竞争优势。

L 君还给我讲了一个很有意思的故事。他有一次出差，专门通过校友会约到了“范跑跑”，就是当年因为汶川地震而一“跑”成名的那个老师。“范跑跑”是北大历史系的毕业生，这次又驱车跑了 200 多公里，就是为了过来和自己的校友聊聊天儿。L 君告诉我，“范跑跑”之前是在那个学校教中文的，但是他有很多奇怪的想法，也一直在写一些历史故事。这就是北大人共有的一个特点，思维比较独特和新颖。

这就是北大的符号与那种深入人心的精神，给北大人带来的文化沉淀、宏观视野和忧“猪”忧民的情怀，它们最终都转变成了 L 君的个人竞争力，也阴差阳错地成就了一位“眼镜屠夫”。

在傍晚的夕阳下，我看着 L 君背手离去的身影，像是一位英雄，给人一种壮志冲云天的感觉，忽然想起了几句歌词：

望苍天

四方云动

剑在手

问天下谁是英雄

……

下篇

未来的新风景

第五章　当你的力量，还撑不起你的梦想

爹不牛的时候，我们怎么办

人这一生当中有几个特别重要的环节，每个环节都会有分岔，而这些分岔就决定了不同的人生。企业发展同样面临这些事情。

第一件事是出生。你落在哪儿，是兵荒马乱，还是太平盛世？这就已经决定了你后来的很多故事。

我们选择做一个什么企业、一开始在哪儿做，有非常多的偶然性。我做房地产，注定了不可能再去做互联网。这就相当于一开始就注定了生在什么样的家庭，决定了未来的人生。

当没办法选择出生的时候，你的基因中有很多因素就决定了你成功与否。比如，家境特别好的人，反而成功概率很低，就算成功了，这种成功也很大程度上来源于别人的帮助，所以多数是不感

人的。而现在中国几百个能数得上号的企业家，多数是家境中等偏下的。

在海南的时候，我们经常说："别人牛是因为爹牛，我们牛是因为自己牛。"对我们来说，"爹不牛"是一个前提，这是我们的起点，但我们可以选择自己的未来。

第二件事是学习。你是在宗教学校上学呢，还是在一个部队学校上学？是在中国社会上学，还是在洋人世界上学？这件事会大概确定你的价值观。

在这个时候，有时候我们会迷茫。有一件很奇怪的事情，做房地产，一开始永远面临这样的选择：你是靠二大爷拿地呢，还是靠举手拍卖拿地？后来证明，现在活下来的，靠的都不是二大爷，都是好人。

这个好人是个什么概念呢？非常简单：第一，得尊敬人；第二，做事不能欺诈。

在小公司，人容易学坏。因为困难太多，每一个困难可能都是学坏的理由，每一次增长都可能有一个堕落的机会。就看你能不能挺得住。做房地产有一个特别有趣的说法：钱从哪里来，就还到哪里去。凡是灰色交易的，拿到一块地赚了钱，可能后来土地出事了，这钱又还回去了。

在这个快速成长的阶段，会遇到很多诱惑，要突破很多瓶颈，该坚持什么价值观呢？简单来说就是学好。

拿我们自己公司来说，我们就是选择做比较笨的人。因为聪明的人竞争太多，而笨的人吭哧吭哧很慢地做一件事，竞争者很少。聪明的人都是不断移动的，只有笨的人才在一个点上不动，换种说法，就是执着。

在这个阶段，执着地用正确的价值观去做事，就很容易活过来。

第三件事就是上班、结婚。上班有同事，恋爱有对象，结婚有丈母娘，这一堆复杂的事，决定了你的人生将怎么展开、社会关系有多复杂。

企业在这个阶段是选择上市，还是不上市，这会出现很多问题。特别是如果选择了上市，将面临商业模式的选择、最终如何持续成长的选择。我发现，在这里有几个制约企业快速成长的因素。

第一，风险偏好。在房地产行业当中，增长快的多数属于风险偏好较大的企业，也就是负债率比较高、比较激进的企业。

1993~1995 年，我们发展得非常快，像在青春期一样，谁都不服，什么都敢干。到了 1996 年以后，出现了很多几乎是崩溃性的问题，于是就变卖资产、还债，再收拾收拾，让它慢慢活过来。

这之后，所有的股东，包括我，都已经苦不堪言，不再愿意冒这么大的风险，所以整个公司的风险偏好就比较低，就做一些服务性、低负债的业务。给人的感觉是成长速度很慢，但其实在某些领域很领先。

第二，股权集中度。很多公司在上市前，负债率是 300%~700%，老板很独断，敢于赌博，赌赢了，今天就成为非常耀眼的明星；而管理结构比较分散的公司，不容易集中起来做高风险的业务，增长就比较慢。

第三，等到中年以后，可能你才发现原来很多事没想明白，想做一次调整，这叫转型。于是又开始了后边的事情。当然，最后还有进八宝山的故事，也就是整个人生的最后一件事——怎么样处理死亡。

对企业来说，首先就是创新的压力。

我们要研究的是，怎么提高租金回报。最后我们发现：站着挣钱不如坐着挣钱，坐着挣钱不如躺着挣钱。站着最不挣钱，百货公司里的人都拎个包站着，都不买。但坐着，比如吃饭、开会，都可以挣钱。什么是躺着挣钱呢？比如纤体、美容、SPA（水疗），还有八宝山告别厅。

在房地产领域，这些观察看似不敏感，但这些积累的、微小的创新活动，都跟公司的生命力有很大的关系。

除此之外，也有很多大的、与互联网有关的战略创新。后来我们做了决定，其中最重要的是，为了消灭传统的房地产商业模式，做了立体城市。

其实企业无所谓大小，只在好坏。我们一直强调一句话：结构关乎生死，规模只关乎体面与否。

一家公司的结构决定你是生是死，大小只是个面子问题。走到外面，后面跟 100 个小弟看上去很牛，但实际上你的负担也很重，贷款当大哥没什么意义。我们更重视财务结构、业务结构、人员结构，后面跟 3 个小弟就够了，不在乎阶段性的短期规模。

这是一个小企业的成长史，我们有很多选择的岔路口，但一定要在关键的时候做一个慎重的判断。这个判断的根据，我的感觉就是跟着大道理走。坚持这么做，你就会有未来。

死缠烂打，人生不留遗憾

人不可能变成神，但是要努力成为神隔壁的人。如果你想干点有出息的事，就得多跟伟大的人在一起，在伟大者的熏陶之下，你会受益良多。

当天时、地利、人和，三者齐备，才能成就伟大，天时和地利可遇而不可求，但是你可以努力和伟大的人在一起，接受他们的熏陶。

当你不名一文的时候，跟大人物直接沟通的机会很少，你要创造机会，把握机会，死死地缠着他们。我从小就努力向伟大的人靠近，在小学、中学、大学时，我给很多当时很牛的人写信。

有一回，我写了一篇关于国际关系的论文寄给一个北大教授，他回了我一封信，信不长，只有一页，却给了我很大的鼓励。这封信我一直珍藏着，甚至在念研究生期间也不时拿出来翻看。不过除了这些为数不多的回复之外，大部分牛人都没有理我。

和伟大的人物近距离接触的机会非常渺茫，可是即便如此，年轻人还是要争取，死缠烂打，一次不行再来一次，相信你的执着是能够打动他们的。

我认识一个年轻人，他在创业的道路上想多听听成功者的经验，特地从外地赶到北京，去拜访一些中国知名企业的企业家。但可能是他没有说清楚，或者人家时间也很紧张，他要见的人都不理他，他甚至拦了一些老总的车，都没能见上他们一眼。

这个年轻人当时堵在我公司门口，坚持一定要见我，我想他这么大老远跑来也不容易，而且又那么诚恳，就见见吧。因为对这类人来

努力成为神隔壁的人

说，有时候可能两三分钟、两三句话的鼓励，就能彻底地改变他们的未来。见面之后，我发现他还不错，有想法、有韧性。临走时我告诉他，你要是再想见什么人的时候被拒绝，如果我认识，就帮你介绍一下。

后来他去见俞敏洪，人家不让他进。他就站在俞敏洪公司门口向我求救，问能不能说是我介绍他来的，我就跟老俞打了声招呼，说这人是我朋友，要是在公司就见他一下。他成功地见到了老俞，后来还见了好多人，这些人虽然都和他聊得不多，却给了他极大的信心，到现在，他还坚持在创业的道路上。

“听君一席话，胜读十年书”，和伟大的人直接沟通很重要，但也有点不现实，伟大的人都很忙，要见的人又多，有时候你就算死缠烂打也不管用，太猛烈了还会把这些大人物吓到，人家以为你是极端分子，就更不敢见你了。

其实，你也不用非要去见这些大人物，这里还有另一种能直接跟他们交流的方式——读书，我相信人人都可以做到。

中国古有三不朽“立德、立功、立言”。伟大人物“立言”的方式之一就是出书，几千年前的伟人言论之所以能够流传下来，就是因为有书这个玩意儿。像《道德经》《哈姆雷特》之类历经了时间考验的古今中外经典就不用说了，里面全寄托着伟大灵魂，读这类书，能够学习到伟大人物的思想。另外，像侦探小说、科幻小说之类能活跃大脑、拓展思维的书也可以多看看。

我不主张创业者看太多管理类的书籍，这些书的存在就是悖论，满街都是管理人才，到处都是破产企业，就像到处都在卖爱情教程，可你平日里听到的却都是些不幸的婚姻。当创业遇到困境的时候，这些书是帮不了你的。

创业者适合看那些能够展现人性背后东西的故事，这类书可以帮助他们了解更多的现实。创业者主要在和人打交道，读懂人性，了解人心，这对创业道路中处理问题会有很多帮助。将世上所有的丑恶和美好尽收眼底，就知道这世界大概是什么样了，遇到挫折、麻烦的时候，可以触类旁通、举一反三，知道为什么会这样和该怎么做。

古时说“读万卷书，行万里路”，诸葛亮不出门，天下大局却尽掌握在他的手中，这都是书的作用。所以，当我们不能和伟大的人近距离接触时，不妨读读伟大的书，效果也是一样的。

过去人类的交往模式是地缘、单位缘和亲缘，现在的主要模式是族群，即利益群体，还有同学缘，受教育的共同性很多时候决定了人际交往的共性，因此读书也能够拓展你的人脉。

对于一个企业领导者来说，不断地读书、学习是非常有必要的，除了提高自身价值外，通过大量地汲取知识，还能使你包括前瞻力、决策力和沟通能力在内的领导力所有进步，有益于巩固你在群体中的领导地位。

年轻时受苦是福气

年轻的时候受苦是福气，老的时候受苦是悲剧。

年轻人身体好，不怎么生病，也不怕累，恢复又快，感冒发烧没钱治，扛一下就过去了。如果等到60岁了，还没个吃饭睡觉的地方，贫病交加，那才是真痛苦。年轻时看病排队，这算什么苦啊？一边排队一边观察社会，没准儿还能写个小说；等到70岁了，站那排队拿药，哆哆嗦嗦地被人吆喝来吆喝去，心里就会觉得特别凄惨。

拿挣钱来说，不要看到社会上通过非正常手段牟利快，就跟着改变。选择不合理的捷径，还是选择踏踏实实地做，这两种人生轨迹的区别，差别很大。

不少人羡慕明星，觉得明星过得很光彩，其实明星可能不如普通人过得好。

如果一个明星10多岁出道，20多岁开始火，能火十几年就不错了。这十几年，假定他能挣几千万，他还要生活40年，换作一般人还可能匀着花，但明星的生活习惯不一样，要他们一下子放弃名牌包包、豪车华服，去过普通人粗茶淡饭的日子，那多半是不可能的。

很多过气的香港明星甚至要沦落到讨饭、靠朋友接济的地步。他们早就把年轻时赚的钱挥霍光了，又不能接受现实，像普通人一样去工作、生活。有些人不甘如此，就又复出，大部分是没办法再火起来的，就又从娱乐圈消失了。

实际上，很多明星是先极乐、后极苦，这是最难受的。而我们老百姓，一点一点熬，先受点苦，再慢慢享受，过得平淡点儿也没什么不好。

所以，人在年轻的时候还是应该主动去奋斗，适当地受点折磨，经历的痛苦越多，就会变得越成熟。有的人无罪被抓坐牢，知道了什么是是非；有的人离异无子女，知道了什么是爱恨；有的人被癌症误诊，明白了生死的含义；有的人被疑似 SARS(非典)，知道什么是人心不古、世态炎凉。

年轻人 20 岁觉得困惑、30 岁有点小迷茫都可以理解，人必须要有特别的经历才能明白道理，再碰到大喜大悲的事情时，才不紧张，才可以从容淡定地化解它。现实生活中经历再多的挫折也不要放弃，要把困难当营养。

君子立恒志，小人恒立志

伟大的人一生选择一次，平凡的人每天都在选择。H 先生是我生命中最好的朋友之一，他这个人可以用三个字来概括："厚""诚""专"。

第一个字是"厚"——厚道、厚实、厚积。H 先生有很好的教育背景和工作经历，为人敦厚，办事沉稳且持久。他的公司举办 10 周年庆典时，邀请了许多朋友来参加，而且很出乎意料，我们这些朋友被安排在了第一排的位置。

按以往大多数公司的庆典惯例，企业会邀请一些大领导，主持人介绍到场嘉宾时，一般是谁官大先介绍谁，最后介绍朋友，而且有时还会省略最后一个步骤。

H 先生和一般人不同，他首先将他过去的领导——一位退休多年的处长请上台，感谢他鼓励自己下海经商，没有他的支持，就没有这家公司；其次，H先生又介绍了好几位已经退休的领导，感谢他们见证并帮助公司成长；让人惊讶的是，接下来H先生竟然把自己的母亲请上了台，感激她对自己的养育之恩，能够在这个场合记得老太太的，也只有他了；然后他就开始介绍我们这些朋友，毫不含糊；最后一步才是介绍现任领导。

这个细节让我特别感动，H先生的心里是有一杆秤的，轻重分明，还非常有个性。他看重给予他鼓励的“引路人”，看重养育自己的母亲，还看重荣辱与共的朋友，至于现在的领导，尊重但不谄媚。

很多人都把婚礼、节庆当作笼络关系的机会，但H先生特立独行，永远把友情和亲情放在第一位。他女儿结婚的时候我也在场，到场的基本全是朋友，没有一个现职领导干部。而且只要是他认可的人，不论对他有没有用，在对方遇到了困难，甚至是走背运时，H先生都从不改变对他的态度，一如既往地与他往来并给予帮助。正是因为H先生的这种性格和人生态度，大家都对他十分信赖。

概括H先生的第二个字是“诚”。H先生在地产界是大哥级别的，跟朋友之间的往来非常诚实，答应的事情也都能兑现。比如中城联盟刚刚发起时，大家共同投资某个项目，请H先生做基金的董事长，约定在一个时间节点之前给大家回报。因为某些原因，这个项目没能如期完成约定的进度，但是到了约好的时间，H先生一一支付了之前承诺给投资者的回报。他对投资者的实诚是他的公司能够顺利在香港上市的一个很重要的原因。

H先生跟朋友之间的交往推心置腹，而且很直率，有什么都是当面讲，不会在背后议论，因此他的朋友遍布天下，不仅仅局限在生意场上。

第三个形容H先生的字是“专”，他一直强调坚持专业性和持久性，要纵深发展。

在过去几年地产市场非常顺利的时候，很多人都在嚷着跨地区扩张，动不动就要做成全国性公司，但H先生的思路跟别人完全不一样，他坚持只做全省性公司。很多公司都致力于多元化，比如商住两用之类，H先生却只做住宅，在全国也是独树一帜。还有的公司上市拿了钱又去投矿，甚至投其他产业，恨不得什么都做，H先生还是只做房地产。

只做地产、只在河南做地产、一辈子只在河南做地产。十多年来，H先生的公司一直在推行着这样的“省域大发展”战略。尽管有无数人质疑，但他铁了心地坚持自己的做法，使得公司这几年成绩斐然。

他的公司在河南有几十个项目，一年有将近100亿的销售和200万平方米的交付使用面积，在中国也是一个奇观。就是因为这个“专”，他的企业越来越精细化，服务越来越体贴，客户越来越多，信誉越来越好。

另外，H先生发起的足球俱乐部也体现了他专一的风格。企业做足球俱乐部的人不在少数，但H先生发起的足球俱乐部是今天唯一一个没有换过老板的民营足球俱乐部，就连名字都没改过。

古人说：“君子立恒志，小人恒立志。”恒立志是机会导向，今天干这个，明天干那个，一天到晚瞎忙活，而立恒志是战略导向。H先生的公司始终坚持战略导向，按照一定的趋势去发展自己的业务，稳扎实打。在这样的条件下，就没有H先生做不好的事情。

人无废人，器无废器

人无废人，器无废器。如果你让一个手无缚鸡之力的人拿着刀坐在门口看门，贼一来他就跑了。可你不能说他不是人才，没准儿让他去写文章，就能成个作家。把合适的人放在合适的位置，人人都是人才。

把握人性需要特殊的时间和特殊的地点，尽管现在“人力资源”已经上升到了理论的高度，但是由于实践出真知，大部分理论都是通过实践而得的。

用人先要学会品人，品人无非是从对钱、对色的态度来品。我特别喜欢看报、读历史，因为了解历史有助于我们开阔视野，也有助于我们观察、了解人的每一个细节和心情。在看一个人时，“我看”“你看”和“他看”所看到的都不一样，描绘出来的也都不一样，有的人能画皮，但不能画骨，能画骨却不能画魂。你要把人品完，从骨到魂都能说清楚，才能基本看清这个人。

我们一直看重素质，但不到关键的时候很难看出一个人究竟有没有素质。比如我们突然需要接待一个外国人，一般人会认为只有英文好的人才可以跟外国人沟通，但是有的人虽然英文不好，却也能使外国友人感到宾至如归，其中的差距就体现在素质上。

而一个人会不会贪污，愿不愿意跟别人做黑箱交易，可以从小事品出来。比如让你去买东西，扔给你一沓钱，你以为我没数过，其实我对金额非常清楚，就想看你回来怎么报账。

我见过各种各样的报账方法，大体可以归结为三种：第一种人会大咧咧地把发票一堆，说明此人比较鲁莽、比较糙，他一定不贪污，但会把事搞乱；第二种人会把票贴得很整齐，事无巨细地向你报告一切，把事情说得严丝合缝，后来我发现凡是这么认真解释的人都有作假之嫌；第三种人把发票贴得马马虎虎，只大概地解释一下，可能有点误差，但这种人反而是最正常的。

如果我们真要看清身边的每一个人，找到他们各自适合的地方，需要消耗太多精力。一个管理者的精力有限，能直接管理一二十个就很了不起了，绝大部分员工需要用制度管。

靠制度来管理都是“他律”，而有理想、有精神约束的人都是“自律”的。老子讲，最高明的是神来管，其次是君主管，最差是暴君管，成本是依次递增的。因为一个教徒就算没有指令也会严格要求自己，无须考核的束缚，在哪儿都一样。

一家公司也要建立自己的价值追求，这种价值追求会使员工时时刻刻保持自律，把“自律”放在“他律”的前面。

如果制度不起作用就要用文化管，但不同的文化也会产生冲突。比如我遇到一个生人，我是佛教徒，他也是佛教徒，两人的行为立即就协调了，成本也就降低了；但如果我碰到的是异教徒，两种文化价值观的冲突导致行为方式都随之变化，管理的成本又立即上升了。

每个“豪华男”都是从“经济适用男”开始的

我们刚开始创业的时候，总是会羡慕有的公司能找到一些了不起的人才，我把这些人才叫作“豪华男”。很多人会问，为什么这些“豪华男”不到我的公司来？怎样才能把他们吸引过来呢？

我的观点是，每个“豪华男”都是从“经济适用男”开始的。所以在此之前，我们首先要学会发现自己的价值，让自己公司的制度、价值观、业务流程越来越健康。这样，这些“豪华男”就会加入你的团队。

“豪华男”进来以后，首先你要将他们培养成“经济适用男”。按照阿里巴巴的文化来说，就是要让他们把职业经理人的毛病改掉，变成“阿里人”，再从“阿里人”变成“经济适用男”。马云说，他们那儿的所有人都是“经济适用男”和“经济适用女”。

这让我想起当年创办万通的情形。那时候我们六个人都是二十五六岁的年纪，最大的是我，32岁，最小的只有23岁。我们什么都没有，两手空空地开始做，每天彻夜不眠地谈理想，不断地用理想激励自己，尽全力做好每一件事。

不管是李嘉诚也好，戴尔也好，所有伟大的人在创业初期都是没钱的。李嘉诚刚创业时，比他富有的人多的是。但是20年以后，为什么李嘉诚成为首屈一指的大富豪，而那些比他有钱的人却销声匿迹了？因为成功靠的不是钱，而是钱以外的东西。

有首歌的歌词是“没有人能随随便便成功”，一个人没有理想，不可能成功，而一家公司更是如此。Y公司现在做得非常好，我曾看过他们公司10周年庆典的一个片子。年轻员工们为了庆祝10周年，把厂区分成四五个功能区，有人去喝酒，有人去看摇滚，也有人看正经的庆典演出，大家都玩得非常尽兴。

但是庆典之后的第二天，在朝霞出来之前，这些员工们就全部穿上Y公司的制服，面向东方而立，高声唱他们的企业歌曲——《XX理想之歌》。除此之外，他们每次活动的第一件事也是唱这首歌。正是因为胸怀理想，Y公司才能取得成功。

目前，Y公司是世界非电空调领域的佼佼者，我在全球各地都见到过他们的产品。有意思的是，Y公司的老板Z先生现在开始像发疯一样地做环保和节能。他是中国最早买飞机的那批人之一，但是私人飞机每开一次会增加很多碳排放，为了信守投身环保的承诺，他决定不开自己的飞机了。

有几次开会，他迟到都是因为民航的班机延误造成的。他的这种信念让我非常感动，一家好公司正是靠理想和信念支撑的，而不是财务指标。

有句话讲得特别好，叫作人生有梦，筑梦踏实。脚踏实地，才能筑梦，所有的小企业，只要踏踏实实地去做，最终都能变成大企业。

所以，我们当年在吸收地产联盟的成员时，不以企业的大小为标准，而是优先吸收好企业。

当年广西、云南的房地产公司规模都很小，但是我们发现它们拥有很多和成功创业公司一样的价值观，就决定让它们加入地产联盟，用我们的基金帮助它们。今天，这些公司都已经成为颇有影响力的大企业。

回头看你会发现，世界上的大多数人都是平凡的，是“经济适用男”，不过支撑着这个社会的也正是他们。在“经济适用男”的行列中，只有少数人有成为成功人士的基因。尽管他们还在普通人群中默默生存着，但是总有一天，他们会长大、会成功。十几年前的马云也是“经济适用男”，正是他伟大的基因，让阿里巴巴取得了今天的成就。

大学究竟给了我们什么

有段时间，我一直在回忆、琢磨一些事情。因为就在这之前，我突然接到了同学梁兴的电话，得知今年是我们毕业 30 周年，班委会要求大家都要写点东西，把同学之间的记忆再集中一下。同学连翔也发来短信，支持这个想法。

总之大家都特别高兴。但是，我在高兴之余，一直在想一个问题：大学究竟给了我什么？

首先，我觉得最重要的是，大学给了我老师。每一堂课，老师们都站在那里，把我们从未知带到已知，然后再对已知的东西进行分析、提升。

我对于老师的记忆，至今都特别具体。

比如教经济的何老师，他在我脑海里是一个和蔼、慈善、睿智的长者形象。我记得他给我上的第一课，是通过斧头和羊的故事来讲商品，这在当时引起了我对经济学极大的兴趣。

再比如，教经济史的王老师，他总是穿得整整齐齐，人很精神，底气也特别足。还有我们的班主任小何老师。他当时还非常年轻，经常跟我们一起锻炼。对我们而言，他既是老师，也是兄长和朋友。

后来，我自己也在中央党校做老师，虽然时间很短，却更深刻地体会到了做老师的不易。作为老师，不光要传授知识，更要帮助学生们塑造他们一生所需要的谦逊和豁达，给予他们做人的力量和自信。

所以，老师是学校给予我最大的一个恩惠和最宝贵的一笔资产。

当然，大学还给了我知识。

我大学读的是经济学专业。四年里，我从一个无知少年，到对商品有一个最初的概念，再到后来能钻研《资本论》，对西方经济学略有所知，具备了基本的经济学素养，并建立起了一个分析问题的框架。而这样的素养和框架会随着时间的推移，丰富我的语言。

除了一般做生意时用的江湖语言和官场语言外，我还拥有了经济学方面的语言能力。这使我在跟经济学者、财经从业人员交流时，能听懂他们讲什么，也能用他们的语言跟他们聊天。

另外，学校还有很多其他的专业，让我能学习到经济学以外的知识。四年里，我知道了星星画派，知道了西单民主墙，知道了思想解放，还知道了原来社会上有这么多人是用别的方式思考的。

其实，知识对人来说就像氧气和水，是一刻也不能离开的东西。而在学校的这段时间，正好是氧气特别富有、水分特别充沛的时期，让我可以扎扎实实、心无旁骛地认真学习。而我由此也真切感觉到当年“文革”结束之后的思想解放和思想自由，给年轻人带来的那种欣喜和兴奋。

今天，即便我们仍可以坐下来读经济学，考硕士、博士，却已经无法体会到那样的东西了。所以，对我来说，那四年是我人生中用知识浇灌心灵的最好时期，让我特别难忘。

同时，我也从学校里认知了同学。

我记得当时，我们宿舍一共 8 个人，年纪最大的快 40 岁了，最小的 16 岁。在当时物质匮乏的情况下，我们 8 个人每天相处在一起，彼此之间都在互相学习。他们教一教我数学知识，我跟他们聊一聊经济学。

当时的同学中有从乡下来的，有从工厂来的，有从军队来的，有家庭困难的，也有家庭状况非常好的。我们每天晚上都聊天，天南海北地聊，彼此无话不说。

后来大家都毕业了。而在毕业后的几十年里，我得到的来自同学们的帮助实在是太多太多了。

有人说，即便是亲兄弟，有时说话还会因为地位不同而有所顾忌。但我们这些同学之间没有那样的芥蒂，大家彼此都是真实的。不管他现在是高官还是大学者，只要你找他，讲话就不需要绕弯弯。

比如，前一段时间，我有一个小事情弄不明白，就打电话给一同学。这个同学现在是某省的高官。他在接到我电话的时候，非常欣喜，非常亲切，就和当年在学校里一样。

同学就是这样，每当我感到迷惑、无助时，他们就成了我生命中一个最重要的支持。一些不能向父母开口的事，却能从同学那里得到最大的温暖和力量。

记得在1989年之后第一个春节，我在维迎家，和他的家人一起过年。那时是我最困难的时候，穷到连一张火车票都买不起，又没有地方过年。后来，要出国的维迎还把他的房子给我用，也没有收我房租，连电饭煲也给了我。

应该说，万通其实就是在他的家里创办的。我有时候跟他开玩笑说，其实你才是我们公司真正的创办人，你是用资产来参与创办的。很遗憾，他并没有变成我们的股东。如果当初我们对《物权法》像今天这么清楚，没准儿万通的历史要改写。

还记得我第一次到北京的那天，是毕昆来接我的，那时天都还没亮。而我在北京的第一顿饭也是在毕昆家吃的，是他母亲亲手做的。再后来，连强在我最困难的时候加入了公司，像大哥一样毫无保留地支持我。当然还有笑地，也是在我最困难的时候，在广西给了我很大的支持。

应该说，从大学报到第一天开始，我的生命中就多了几十位像这样的同学。年轻的时候，我们是一起奔跑的运动员；中年的时候，我们是相互扶持的拐杖；老了以后，我们是坐在太阳下，散步在林荫道上，在回忆中最亲密的心灵伙伴。

这么多年过去了，虽然我走过的路越来越多，见过的人越来越多，经历的人生变故越来越多，但当安静下来，特别是见到老同学的时候，会忽然发现学校还给了我一样东西，叫回忆。

有了回忆，就有了亲切，有了心底的感情涌动，有了一种欲望。你会想和同学再聊聊天，再聚一下。每一次的回忆都将带来下一次的聚会，每一次的聚会又都将带来更多的回忆，而变得更多的回忆又让同学之间走得更近。就这样，在回忆和聚会中，我们的人生变得非常完美，非常愉快，非常有活力。

现在想起来，学校给了我老师，给了我知识，给了我同学，给了我回忆，而这一切最终都给了我一个身份——西北大学经济系 77 级学生。这将是伴随我终生的一个身份。当我在扮演其他角色的时候，出场的第一个身份就是它。这个身份证明是我至今仍引以为傲的。

是的，我以学校为骄傲，以老师为骄傲，以同学为骄傲，以回忆为骄傲，也以西北大学 77 级经济系学生身份为骄傲。同时，我感谢学校，感谢老师，感谢回忆，感谢过往所有帮助过我的同学和朋友。未来，我们还有更美好的时光，感谢所有的生命，感谢这一切。

学历只是敲门砖

曾有人给我出了一道填空题：

____ 是铜牌，____ 是银牌，____ 是金牌，____ 是王牌。

我的答案是：

学历是铜牌，能力是银牌，性格是金牌，理想是王牌。

因为学历是看得见的证书，而能力比学历重要；性格是金牌，一个人的性格往往能决定成就；而比起人脉，理想才是王牌，因为引领我们前进方向的绝对不是关系；王牌一定是价值观和理想。

学历只是敲门砖。毕业时如果想进好的企业，一张名牌大学的毕业证书比较管用。但工作了两年之后，能力才是更加重要的，领导和同事们不会记得你是哪个大学毕业的，他们只看得到你做出的成绩。你要是再把"我是 XX 大学毕业的"挂在嘴上，就会讨人嫌了。马云是杭州师院的，比尔·盖茨大学肄业，还有一些创业者甚至连中学都没读完。所以学历当然只能算铜牌。

学历其实和女性的美貌有相同的作用，一开始很容易获得大家的接纳，但越往后，和其他人遇到的问题也没什么不同。当漂亮女人合理运用外表时，美丽是软实力，如果用得不对，会适得其反。漂亮女人也得靠能力去证明自己，只有漂亮的脸蛋是不行的。

性格是金牌，它非常重要。有些人的性格会妨碍他成功。20 世纪的中国科技大学成立了少年班，就是所谓的神童班，而从少年班出来的“高智商少年”最后大有成就的却并不多，这很大程度上是由他们的个性造成的。因为在生活中，沟通能力和表达能力非常重要，如果你老是弄出些让别人反感的事，几乎没有可能成功，读书再好也不行。

性格既然这么重要，可以培养吗？原则上说，三岁以前的性格一般都是遗传的，而且小时候的家庭环境基本上就把一个人的性格塑造得差不多了。在这之后，只有大喜或是大悲才会让一个人的性格发生巨大改变。“大喜”就是比如一个人突然有钱了，性格可能会开始改变。现在这种事挺多的，有些人家里拿了巨额拆迁款，就不想再辛苦求学、就业，过苦日子了。“大悲”就是比如犯了法，被抓去坐牢，出来后性格就变了。

大悲可以击垮人，也可以使一部分人奋发崛起。面对大喜，能淡然处之的人就很难得了，当前最有说服力就是与彩票中奖相关的事情，好多家庭一门心思地想中彩票，最后玩物丧志、家破人亡，这在网上、报纸上都可以找到例证。

理想是王牌，代表着一个人的价值观。没有理想的人容易犯南辕北辙的错误，我们出发前首先要确定方向是否正确。方向的正确能让我们更接近目标，至于走到哪儿，跟体力有关，跟路况有关，跟遇到的人有关，都是偶然的。

年轻人首先还是要有一个正确的价值观，用志向作引导，这样在碰到大喜大悲的时候，才能以最佳的精神状态来面对。

别人吃过的苦，没法给你借鉴

理想是件大事。在人生的每一个阶段，都有人会跟我们讲这个词。我们从进幼儿园那天开始，就频繁碰上这两个字。长大之后，有一些成功人士和贴了很多道德标签的人也爱讲理想。所以理想这件事，在我们生活中似乎像空气一样，哪儿都有。

理想是对美好未来的描述。我们用最朴素的表达方式来描述它，就是“以后要干什么”。

我在读商学院的时候，老师总让我们把愿景、规划和理想分清楚。老师说，“愿景”是没有时间概念的，也没有具体的行动目标和计划，就是一个梦，很虚；“理想”可以稍微画出一张蓝图；“计划”则可以有更具体的路线图。所以做学术的人喜欢用“愿景”这个词。

但在我看来，这其实是分不清楚的。几十年的生活经历让我深刻体会到，“理想”实际上就是未来某一件很具体的事情，用来每天激励自己，让自己有干劲。

我记得法国有一位哲学家，夏尔•傅立叶，他的理想是要创造一个未来新社会。他怕自己睡懒觉，就让仆人每天在他该起床的时候说：“该起床了，伟大的理想正在召唤你！”于是他每天起来都特兴奋。这个故事给我的印象太深了，所以我每天一睁眼也老想这句话。

心中有理想，还需要一个促使你开始行动的契机。

2011 年 5 月，我中学时的班主任苏老师去世了，我给她写了副挽联：上联是“一日可为师，况曾苦雨凄风下，孤灯残喘，诉说兴亡，托孤大义，七尺男儿要报国”，下联是“三生难唤回，只求劫波渡尽时，拾家重聚，教鞭再握，含饴弄孙，六旬慈颜又重生”。

她是在我十几岁形成理想的关键期带我的老师，对我影响很大。当时我说要“改造中国”，实际上就跟这位老师有关。挽联中说“苦雨凄风下”，是在一个雨天昏黄的灯光下，苏老师因为心脏问题，躺在床上，气息微弱地给我讲家国，讲她的家族历史。这对我触动很大，从那以后，我决定要折腾。

我的理想，就是要“创造有价值的空间”。我每天多工作一点，就能让我们的写字楼做得更好一点，收益更高一点，我做的事情就有价值。

后来决定做“立体城市”，是因为我觉得如果能在地球上建立这样的城市，让住在里面的人更方便、更环保、更幸福，我的生命就很有意义。虽然“立体城市”还不能马上矗立在我眼前，可它老在前面吸引我，于是我就特有干劲。偶尔回头看，发现自己已经在寻梦的路上走出了相当远的距离。

这个实现理想的过程通常比较苦，很多人问过我该怎么办，对此我有两个看法。

第一，我不太把压力和辛苦当回事。每个世界冠军都说自己训练很辛苦，但这其实本来就是该做的事情，老跟别人说苦有什么用，哪个人不苦？另外，“苦”这事没法借鉴，就算知道别人是怎么苦过来的，当自己遇到同样的事情，还得再苦一遍。

第二，理想在还没有实现之前，离现实总是有距离的，所以这会推动你学习。有理想的人，学习能力特别强，而且不会拒绝任何新东西。这样一看，理想这件事也很实用。

我在十几岁时，曾有过很多奇怪的想法，比如想成为一个思想家，于是我就天天看书、琢磨。家长不让通宵达旦地看书，我就在台灯上罩张报纸，偷偷地看。有一次困得睡着了，报纸差点被点着。而且十三四岁那会儿，我还不懂文言文，就逼着自己硬着头皮往下啃。

我把“立体城市”当成理想后，发现自己什么都不懂，就买了一堆书回来看，又不断召集团队开会研究；觉得这样还不够，还到国外去考察。

要是没理想，我哪来那么大干劲呢？心里头那盏灯一旦点亮，剩下的事我们自然就都会做了。

爱死人，恨活人

别人说你不好，你会睡不着觉。但是当你逐渐建立足以说服自己的是非标准时，就会不再那么脆弱，也能开始好好管理自己的情绪。

培养你的人不是你的导师，而是你的对手。爱你的人不教你生存之道，恨你的人反而会让你长很多本事。

有个说法叫作“爱死人，恨活人”：爱你的人融化你，一爱就会要死要活，不是对方跳井了，就是把你给累死了；恨你的人让你坚强，如果有人恨你，你会躲着他，天天研究怎么对付他，在这个“求活”的过程中你就长了本事。

如果只有少数人骂你，其实很可怜，这说明你没有价值。虽然全世界范围内骂布什的人不在少数，但是以我们为例，只有在他伤害到我们的权益时才会骂他，他的影响力还是不可撼动的。

比如我现在就还不行，说我好话的人和坏话的人数量都不够多。如果哪天中国有一亿人骂我，那我的影响力就算足够大了，这说明我的每个决定都将影响到一亿人。打个比方，如果拉登没死，哪天他说讨厌你，那你肯定是个有足够影响力的、伟大的人。

不过，当全世界没有一个人支持你的时候，你也会完蛋，所以你要保持一个适度的压力，并不断去积累自己的压力和承受力。

人的一生不在于消灭困难、消灭敌人，而在于选择困难、改变对手。

当你是一粒种子，浮土就能盖住你；当你是一株幼芽，碎石子就能压住你；当你是一棵树苗，石块可以挡住你；当你成了一棵树，大树又会盖住你；而当你长成了最大的树，风必摧折你。

你会发现对手一直在改变，而且越来越厉害。大风吹来时你可能不得不随风而倒，但只要把底下的根扎实，你就死不了！

没有困难是不可能的，你能做的只有改变困难的类型。如果你要面对的总是“一失恋就上吊”的困难，基本上就是个废人无疑，你得弄点伟大的困难玩玩。首先，“心理上的不畏惧”是面对困难的最佳选择。

小时候，我在山洞里读经典

我经常碰到一些人，他们岁数不大，但给人感觉很老旧，因为他们讲出来的词汇，大都是 20 年前的。一个人讲话的时候所使用的词汇，反映了他的思想。不经常读书的人，他的词汇会枯竭，思想会停滞。经常读书，而且读紧跟时代的书的人，你跟他聊天，会觉得他很年轻。

我小时候读书，没有特别亮的灯光，也没有其他干扰因素，就只有放在手头的书。这样的环境对我读书很有帮助，相当于在山洞里读经典，多安静！

《诸葛亮集》《三国志》对我影响很大。记得我当时看《三国志》特别感动，眼泪都流下来了。我很好奇，诸葛亮怎么 54 岁就死了？当然，现在想想，那个年代活 54 岁算是挺大岁数了。

此外，诸葛亮的故事有几点让我感触特别深：一是看到他说“鞠躬尽瘁，死而后已”，我记住了一件事：做事得鞠躬尽瘁。二是他认为娶媳妇是娶德，美丑不重要。他的媳妇是黄石公的闺女，虽然很丑，但德行特别好，不像现在青春期的年轻人，一睁眼全是什么“波涛汹涌”的事。三是诸葛亮死后家里没什么财产。他官至丞相，好歹也是部级干部，可家里竟然没有积蓄。所以我现在一直说人要追求理想，顺便赚钱。

那时候，有的年轻人经常往山洞里跑，在那里彻夜读书。可是现在读书，跟以前很不一样，就像是在夜总会里读经典，一会儿上啤酒，一会儿音乐响起来了，很多因素会干扰你，怎么能看得进去呢？

也有一些人确实在读书，但是看的书很功利，比如《如何嫁一个千万富翁》《如何成为百万富翁》这类。我觉得看这种书没有任何益处，因为人一旦追求功利，就会变得很焦虑，更没法静下心来读书了。

老有年轻人问我，应该读什么样的书。我认为有三种可以读。

第一种是古今中外的经典，像老子的《道德经》等。凡是能流传下来的，都是历经了时间考验的好书，都是作者伟大灵魂的寄托。读这类书，就是直接跟伟大人物面对面地交流。

第二种是对你现在最有用的书。在“最有用”这方面，我的理解可能跟大家不太一样。

比如，对于创业者来说，我不主张他们看太多关于管理的书。书里说的管理理论跟现实中的情况完全是相悖的，结果满街都是管理人才，却到处都有破产企业。就像到处都在卖婚恋教程，我们听到的却都是不幸的婚姻。所以我个人认为，这类书解决不了问题。

举个例子，你的老板是你的哥们，他做事的时候拿回扣，你怎么把握？你的合作伙伴的亲戚干了坏事，你的合作伙伴来求你，你怎么处理？如果你专门看那些教授写的管理教程，等面临这种困境的时候，肯定一筹莫展，因为里面根本找不到答案。

我倒觉得，创业者最好看那种特别惨烈、对人性有挑战的故事，因为这些故事能够展现人心背后的东西。比如《教父》《古惑仔》，还有上海滩二三十年代的小说，甚至民国丑闻，还有谍战题材等。创业主要就是与人性打交道，所以读懂人性，了解人心，对创业者帮助很大，能在遇到挫折、困难的时候给自己力量。

王石讲过一个故事。他的发小犯罪跑了出来，找他要钱。这个时候给还是不给？给吧，违法；不给吧，情理上说过不去。最后王石怎么处理的呢？他给了发小一些钱，但是告诉他，这是自首路上用的。

后来，这个人被抓住了，警察问他身上的钱从哪来的，他说："钱是大哥叫我自首路上用的。"王石这么处理，既顾及了法律，又坚持了原则，合法而且合理。

第三种是可以活跃大脑、拓展思维空间的书。就我个人来说，我好奇心重，越看不懂什么事就越找这方面的书看。

这类可以是科幻书，也可以是小报或者杂志上非常规的信息，甚至是娱乐八卦。我有一个特别的习惯，看报纸是从八卦看起，然后看社会新闻，再看财经、房地产，最后看时政。这样看报纸，那些非正规渠道的信息会刺激你思考，让你的思维空间特别开阔，还能扩展知识面。

比如，社会新闻中关于案件的讲述，会涉及很多刑侦知识，在跟人打官司的时候，你就能马上知道如何取证。

此外，像马桶的历史、门的历史、吃醋的历史等这些书，是有实际用处的好书，我都觉得很有意思。比如吃醋的历史，反映了人的社会心理变迁，这对把握办公室恋情有帮助，可以起到触类旁通、举一反三的作用。

人的一辈子，从自然年龄上来说都是有限的，那么如何延长自己的精神年龄呢？我觉得，就是读书。你把书当成营养，当成空气，然后去读书，书里的东西会逐步被你吸收，融入你的血液中，无形中延长了你的生命。所以，爱读书的人才永远不会老。

好哥们儿不能装

社会心理学家曾经做过一项研究，一个人在一生中，同时交往的朋友数量极限，大概是 10 个、30 个和 60 个。

所谓“10 个”，就是当你陷入困境、急需用钱的时候，把父母、兄弟姐妹、亲戚朋友都算上，愿意借钱的不会超过 10 个人。这些人是你真正的朋友，是你的安全底线。“30 个”，就是时不时会联系的朋友。比如你大学毕业以后，还有事没事打个电话问候一下的同学。“60 个”，就是关系最淡的朋友。比如你因为某件事认识了某个人，你们互相换了名片，聊过两次，后来偶尔打电话来还有印象，但没什么事就不再联系了。

也就是说，“朋友”这个概念再宽泛，能同时交往的也不会超过 100 个。其中，前 10 个人是最稳定的，后 60 个人是流动的。

那么，你应该怎样维护和这 100 多个朋友的关系呢?

有句话叫作“人走茶凉”。我觉得对那 60 个人来说，人走茶凉是对的。人走了茶还不凉，那这桌子上的茶就太多了，你也招呼不过来。而且为了不让茶凉，双方都挺刻意，你很累，他也很累。

但是，对待最亲密的 10 个人，即便没茶，你也要热；剩下的 30

个人，没必要每天都热着，最好是人走了，就把他的茶收起来，时不时地热一下。

这100多个朋友，会分成很多类型，比如指路型、默契型、倾听型、互助型等。重点选择交往什么类型的朋友，和一个人的年龄阶段有关。

如果是个初出茅庐、没有什么社会阅历的年轻人，指路型的朋友适合他；如果是想合伙做一番事业的，默契型的朋友肯定是首选；如果表达欲望很强烈，或者希望找人分担自己的痛苦，那么就需要倾听型的朋友；如果是价值观成熟、事业稳定的人，则会选择互助型的朋友。

我在工作与生活中，与不同年龄层次的人交往都很多，但互助型朋友更多些，我们会一起做事，一块讨论，共同寻找解决问题的方式。

想交到对自己有帮助的朋友，就要主动寻找，不能等着人家送上门来。我现在的很多朋友都是当时自己找来的，比如王石和柳传志。

我和王石是十多年的朋友了，关系非常好。当时万通刚创办起来，我们听说深圳有一家公司，也是一群读书人搞起来的，而且做得很规范，已经上市了，于是我们就到深圳去找王石。见到王石以后，他和我们聊了整整一下午，和我们讲“理想主义的企业为什么坚持不下去”、“要经受利益的挑战”等。

后来，我在纽约做中国中心。王石一开始不太理解我为什么一定要做这件事，但当我遇到困难的时候，他又说：“你必须做，而且一定要做成。”这时候，他就成了我的精神支柱。

还有柳传志。

有些人或许是成功了，但他不够尊重人，不够坦诚，不够谦虚，如果他用这种态度对待朋友、合作伙伴甚至是政府，用这种态度去处理大事，那就很可能会成为他未来失败的原因。所以有句话是“谦逊就是遗训”。而一个人是不是真诚、谦虚，其实在第一次见面的时候就能看出来。

我十几岁的时候就有个“病根”：好学先进，喜欢到处给成功的人写信。刚刚开始在海南折腾的时候，我就到北京四处向当时比较成功的人“取经”。有的人虽然同意见面，但是安排在一个大办公室里聊天，我们两个人的沙发隔着 20 多米，而且他一上来就教育我，我觉得很不被尊重。另外还有一个人，把我们搁在小房间里，让我们等了 40 多分钟，最后说了几句话就把我们打发走了。这些人都没法成为朋友。

我第一次认识柳总的时候，中关村已经很火了，联想、四通都已经是大企业了。本来是我和潘石屹代表 6 个人请教柳总，结果变成柳总发问：“为什么你们这几个年轻人到海南跑一趟，就把房地产折腾起来了？”他非常认真地跟我们探讨，后来干脆说：“你们别来了，我带团队上你们那儿去。”这让我们很感动。有个词叫“虚怀若谷”，我觉得自己从柳总身上领会到了它的真义。

后来我经常向柳总请教、学习，慢慢地，我们就变成了朋友。在做人做事的细节上，柳总也会很认真地给我提供帮助。我写完《野蛮生长》之后，拿给柳总看。他看完后，专门给我打电话，告诉我哪些话千万别写进去，哪些话最好改一下。因为我有一些比喻会招人不舒服，“低俗”是其中一个原因，关键是这些“低俗”的比喻后面还藏着针，会扎到别人。

坦诚、守规矩、尊重别人、谦虚是很多成功人的共同特点。我们这个圈子的规则，首先就是“不能装”。如果你觉得在人多的场合，不“装”一下会影响别人的情绪，这还情有可原，但如果就三五个人的时候，你还“装”，那纯粹是在侮辱别人的智商。

“不装”就是我最欣赏和钦佩马云这个朋友的地方。

人一“装”，成本就会很高，只有表达的形式和内容都恰到好处，给大家的感觉才是真实自然的。可能马云讲过的很多道理，其他人也都讲过，但同样的话被马云讲出来，你会觉得他是发自内心的表达，真没“装”，说是这么回事就是这么回事。

比如，在路演的时候，有些人不够坦率，会暗暗想：“反正现在是路演，先把这个投资人打点好了再说。”所以他们会对投资人说“股东第一”。但马云觉得“客户第一，员工第二，股东第三”，就算当着投资人的面，他也是这样说。

马云非常坦诚，非常直率，非常“不装”，对朋友也是一样，如果他认为你有什么问题，就会直接说出来，毫不留情地扒掉你的上衣，就给你留个底裤。他不会拣对方爱听的讲，而是拣他自己认为正确的，甚至可能是你不喜欢听但他觉得对你有帮助的讲。按照古代的说法，这叫“诤友”。我觉得这是一个挺“哥们儿”的状态。王石、柳传志也都有这个特点。

有人说我说话也“不装”，但是我的人生经验，导致我在有些事情上照顾得太周全。说得好一点叫“世故”，说得不好听一点，就是

“原则性不是特别强”。和马云比起来，还是会显得更圆润一点。这就是差距。

实际上，除了他们三个人以外，我觉得整个中国的优秀企业家，特别是现在年轻的、层出不穷的新创业者，都是我未来学习的榜样，我会有很多需要向他们讨教的地方，而且这些“需要”会越来越多。只要我还在做事情，那就应该“三人行，必有我师”。

活着都难，但不一定苦

在一个重大的社会事件发生之后，是大事件、历史这些外部因素在塑造个人，而个人要适应这些变化，做出改变。

我 1989 年开始从商，就是受到这样的大事件影响。那年中国社会发生了一些特别的变化，有相当多的人离开体制，没了饭碗，要养活自己，先是给别人打工，后来成立自己的公司，给自己打工。

创办公司的时候，最难的是谁都不拿你当回事，你什么也办不成。1991 年，我们都很年轻，6 个创始人的平均年龄才 25.7 岁，我 32 岁，年轻的才二十三四岁。就算是在今天，一个 20 多岁的人去求一个科长出来见个面，人家肯定不理你。

当时虽然难，但是我并不觉得苦，难和苦是两回事。你做了别人都不做的事，能不难吗？

活着都难。人家混日子，你也混日子，那倒不难了，但结果就是到今天你还在混。难是所有年轻人、创业者、刚入社会的人共同面对的问题，不难的话，倒说明社会有点不对。你停留在难上，它就永远是难事，所以光说难没有意义，有意义的是你怎么突破。

我们当时注册公司就很难，因为要 1 000 万的注册资金。不像现在，1 块钱能注册，那时候要验资。所以我们借了 1 000 万，求人半天，拿了进账单，去会计师事务所做了一个验资报告，然后交给工商局，一天办完了，第二天马上就把钱还了。

那时候每件事都很难，但是大家有一个共同的价值观，一起去做，其实很开心。那时候大家每天想睡哪儿就睡哪儿，因为没房子，找一个朋友就上他家睡，人家睡床上，我们睡地上、沙发上，20 多岁的年纪，哪儿都能睡。

几个年轻人，每个人都只有一点点力量，但合起来就大了。举个例子，我们当时注册公司的时候要到北京盖一个章，北京不给盖，然后我们其中一个年龄最小的伙伴，才 23 岁，刚上班，背着我们把他朋友的录像机拿去当，当了 2 000 块钱，他就想去把事给办成。

我记得当时的机票是 800 块，还得通过关系买。结果他第一次买的机票被人给骗了，所以他走不了，回来的时候哭了，说大家都把希望寄托在他身上，他觉得辜负了大家。等到他终于去成了，走的时候说："如果这事没办好，我就不回来了。"

那个时候就是这样一种精神，能力虽然不大，但是劲头足。所以创业初期虽然难，但我们能冲破瓶颈期，赚到第一笔钱。

冲破瓶颈期之后进入了高速成长期。组织、人员、观念、业务都开始膨胀，这个时期也很危险。之后会遇到一个门槛，进入一个调整期，调整好了就进入稳定健康发展期。这个过程大概持续 7 ~ 10 年，经历过这以后，公司一般死不了。

刚突破瓶颈的时候，觉得自己牛，什么都敢干，我们那个时候也是。6 个人，每个人都有自己的主意，而且都能配合得比较好，多牛。

不过后来也开始产生分歧，观念上、细节上都有差距，然后我们又分散在不同的地区，有的在深圳，有的在海南，有的在北京，有的在上海，有的在长春。那时候也没有微信，就只能拿着个大哥大打电话，每天都打，也不知道彼此都在干什么。

最后我们决定分家，我们没按村里的办法，而是听了周其仁教授的建议，按商人的方法有序分配，借鉴理性市场化的方法，请律师进行资产分割。那是 1995 年，律师都是头一次为中国民营企业办这种事。这是我们当时做的唯一还挺聪明的选择，所以我们分家没伤和气。

以前不用法制解决矛盾，进了城，还用村里的规则，就很失败。村里的规则就一个：打土豪，分田地。跟当初的李自成一样。

李自成一开始是个驿卒，也就是邮差，相当于今天的快递小哥。他欠了某个财主的钱不还，财主就告了官，官府于是把李自成抓起来打。李自成一气之下撺掇一帮街上的无业游民和驿卒，把财主抓起来，吊起来从城墙上摔下去，摔死了。犯了这么大的事之后，他宣布起义了。

所以李自成起义是："开了城门迎闯王，闯王来了不纳粮"，因为是“打土豪，分田地”。

当时还有一个企业分家的方法，就是我们说的“江湖方法”：追杀。半黑半白，把你跟我都卷进去，以把对方整死为事业。这就失去了经商本来的目的，经商不是为了寻死路，而是为了找活路。

前两天我去陕西，见到一个煤老板，他那边现在就出现了问题。他要进行资产重组，但是他身边的人一个都没出过县城，大家都只知道村里的方法。但是他一年挣十几亿，最多的时候几十亿，这么复杂的、涉及上百亿的资产重组，村里的规则是解决不了的，得用城里的规则，用投行那一套。

所以，我们常说要与时俱进。在村里用村里的政策，这叫“接地气”；出了村，就得用村外的政策；出了国用国外的。我们不像美国，200 余年来规则变化都不大。软件程序是固定的，我们的程序是经常升级，后来有了 VC、PE、IPO（首次公开募股），规则跟村里大不同了。

规则不停地变，企业家也要不停地变，去适应新规则，用新人、新规则解决面对的问题。

第六章　软实力，硬道理

泼妇原理

日前，和一群朋友吃饭，说起一个冲突。一个衣冠楚楚的经理人站在那，愤懑地讲她的道理的时候，我突然冒了一句，我说："姐们儿，您这不行，您得把这身旗袍脱了，再把鞋脱了，穿个大裤衩子，拎着上衣，抖着奶出去，大声吆喝，一定就把对方给干倒了。"大家都乐了，说："你这太有画面感了，这什么招啊？"我停顿一下，告诉他们："这叫'泼妇原理'。"

这话还要从野蛮生长时代的路数说起。我们在做生意时，总是会遇到一些冲突；社会上的人和人之间也经常会有些冲突。于是，我就时常观察，什么样的人在这种冲突、特别是在人和人之间的冲突中，会从心理上、手段上、方法上、气势上最终取得实际的好处，而且还能够泰然自若地收获这些好处。

我发现，有一种人特别有意思，这种人就是泼妇。泼妇和贵妇吵架，不用猜，泼妇一定赢。为什么呢？百度有云，“所谓泼妇者，就是高声叫骂的，不按章法出牌的，以道德底线以下的中年妇人为主”。这句话活生生地说出了“泼妇原理”最重要的几个要素。

第一，就是高声，而且胡搅蛮缠，大声叫骂，不怕围观的人多，甚至有意召唤来更多的人，因为她不怕丢脸，甚至没脸可丢，脸早就掉在地上了。也就是说，世俗的道德、习俗、风俗对她已经没有约束力，所以她不怕人多，而且越多人围观，她越来劲。

当人多也不能让她得逞的时候，还有第二条——撒泼。最典型的做法就是一屁股坐在地上，把衣服扯烂，露出肥厚的腰，再抓起一把泥土抹在脸上，一把鼻涕一把泪，哭天抢地，做出一副被侮辱、被蹂躏、被欺负的样子。

这个时候，贵妇往往是什么反应呢？首先，看见人多，贵妇首先就已经架不住了。因为她觉得自己有脸面，要讲道理，要按照规范去做一件事情。见到这架势，围了这么多人，而且贩夫走卒之类的什么人都有，大家都七嘴八舌地说，她一下子脸就先挂不住了，觉得自己一定不能有违道德底线和对方一般见识。贵妇在心理上先就怯了，于是很快放弃了自己的道理和原则，丢下几个钱（利益），打发了泼妇，马上转身离开。先赔偿，这是贵妇最常见的反应。

如果脾气稍微犟一点的贵妇，可能就会申辩，说两句自以为有才识、有道德、有情怀的话，并试图讲出点道理来指责这个泼妇。在这种情况下，泼妇的反应就是从地上跳起来，扑上去连抓带扯。这时，贵妇往往不堪羞辱，转身落荒而逃了。她可能一边跑，一边嘴里还碎碎念：“不跟你这种人一般见识，太没有道德了、太野蛮了。”

但这个时候，泼妇不但收获了众人赞赏的眼光甚至是掌声，而且会捡起地上贵妇留下的一篮鸡蛋、一张信用卡、一沓钱，拿到了一切好处。她志得意满地站起来，拍拍屁股上的土就走了，又去享受她那市井但快乐的生活。

这样的一个过程，我看得多了，这种民间所谓的“一哭、二闹、三上吊”，我就把它叫作“泼妇原理”。

我时常会想，这个贵妇既然已经很文明、很有道德了，为什么她不能最终取胜呢？她手里难道没有法律的武器吗？她难道真不占理吗？她难道姿色不如人吗？她难道学识、修养不如人吗？她为什么会败下来呢？

半年前，我去了波兰的克拉科夫，去看了等二次世界大战期间德国人屠杀犹太人的集中营奥斯维辛。我在那里发现一个特别令人震惊的现象。

犹太人一火车一火车地被拉到集中营，德国人其实很少，看守这些集中营的德军并不多，大概也就犹太人数量的 1%。但是这 1% 的人命令所有这些衣着光鲜的、受过教育的、信教的、文明的犹太人，拿着自己的东西从火车站上下来。德国人先是命令他们男女分开，再命令他们老幼分开，再命令他们病弱的和强壮的分开，然后让这几批人在指定的位置站好。在这个过程中，大家并无任何反抗。

然后，德国人会先让那些老弱病幼的人去毒气室。这些人就按照要求一步一步地走去毒气室，取下耳环、眼镜、金牙、手表等值钱的东西。最令人惊异的是，直到最后一刻，走到毒气室门口，他们还是会按照德国人的命令，把外衣也脱掉，只留一个裤衩，然后排着队走进毒气室。

第二批进去的人，甚至要先把第一批死了的人焚化掉，把骨灰弄干净。等他们进入毒气室之后，又进去第三批。这样有秩序地、一批一批地，自己按照德军的命令走进毒气室，绝少有人反抗。

我一直在想，数量在德军10倍以上的犹太人，其中不乏精壮的男人，为什么就这样几百万地被屠杀了，而且没有反抗。如果说这群人是几百万头牛、几百万头猪、几百万头驴，估计德国人都不能这么容易就把他们焚化了。可能几百万头驴会把德军全都踢死，即使德军有机关枪也无济于事。

那么文明和野蛮在一起的时候，为什么文明反倒容易被野蛮奴役呢？我就去看这后边的解释，终于有一条解释让我信服了。有一本书上的解释说，文明是一个驯化的过程，是让人脱离野蛮进入秩序、进入道德、进入法律、进入一个规则当中，人一旦被驯化变成了文明人以后，他就会按照这种习惯、道德、法律、规则去行事，认为这样的一种行为是理所当然的，是必须的，是可以被坦然接受的。

所以，越是被训练得好、越是受教育水平高的人，相对来说，他的底线也就越高。他的行事规则就被确定了，自己在心里已经把预设的程序确定下来，于是就只能按照被教化之后的这个方式，去应对外部的挑衅，从而丧失了本能。这时，一旦有野蛮人过来，命令他们把衣服脱下来、把耳环取下来、把眼镜摘下来，他们也没有任何反抗意识，认为就应该是这样的。接近毒气室的时候，他们已经绝望了，在这种情况下，他们仍然排着队进入毒气室。

这是一种悲哀，甚至可以说是文明被野蛮奴役的悲哀。越是文明程度高，也越容易被野蛮奴役。所以，野蛮在文明面前，往往还表现出一种原始的冲动和暴力的强大，以及不按游戏规则来玩的优势。这就是文明和野蛮在相处过程中的一种潜规则，或者说是一个显而易见的结果。

其实越是没有被教化的人，本能越强大。也就是说，越接近于野蛮，就越容易变成野蛮的胜利者。

话说回来，我们看到的泼妇和贵妇的关系中，贵妇就是被教化的文明人，但最后却沦落成冲突关系中的弱者、失败者和被奴役者。当贵妇遇上泼妇，当文明遇上了野蛮，野蛮就是这样取胜的。历史给了我们一个特别有意思的警示：不要沉迷于我们的文明进步当中，我们其实是经常被野蛮征服的；而当野蛮征服文明的时候，我们常常会像贵妇一样落荒而逃。

人有三张脸

“雷某之死”引起了公众的高度关注。警方把雷某说成是一个嫖娼者。雷某的家人、律师，甚至公众，却都认为他不是这样的人，至少在那天肯定没有嫖娼，因为他没有那个时间。在现实生活中，他是一个再正常不过的年轻人，一个丈夫和父亲，刚刚有了孩子，会把自己握着孩子小手的照片当作朋友圈的封面，会去机场接亲戚。看到网上披露出来的雷某写的文章，我们也能感受到他是一个性情中人，似乎想成为一个文艺青年。

从“雷某事件”中，我们可以看到，他有“三张脸”：第一张脸是媒体或某些人认定的；第二张脸是他对自己的切实认识；第三张脸是他理想中想要成为的样子。

实际上，这种现象在我们现实生活中比比皆是，我们经常会围绕这三张脸来评论、分析和讨论，但很难确切知道事情的真相是什么，很难凭此认清一个人，特别是公众人物，包括政治人物、商业人物、明星人物、新闻事件中的人物。这就是现实生活的困境，特别复杂和矛盾。

因为人的这种多面性，容易让别人对之产生误判，甚至有时候连自己都会误判自己。

比如明星，媒体可能报道了他的一大堆绯闻，说他出轨，半夜和某人牵手回到某公寓，在车库被人偷拍，在机场又拍到亲密照等。但他可能会说：“我不是这样的，其实我很重感情，我想成为一个好丈夫（或者贤妻良母）！”

生活就是这样。如果公众和媒体只认定了你多面性当中的某一面，就断定你是什么样的人，那也不能怪媒体瞎了眼。因为媒体往往是根据当下普遍的价值观和社会心理去揣度故事、解读人物、描绘这张脸的。我们发现，媒体会按照这样的逻辑，给某类人贴上某个标签，取一个公众认为“确实如此”的外号，比如“国际章”。

同时，媒体也会被背后的一些人利用，失去它的公正性。比如有些人要故意抹黑某个对象，就会通过媒体把这张脸放大；如果是在竞选过程中把对手描绘成一个不堪的样子，就会令这个对手被迫用这张脸面对这种突发事件和矛盾，面对整个社会。

比如台湾某先生参加竞选的时候，突然有人说他私吞工作经费。所有人（当然包括爆料的人）都希望他最后是一个小人、贪污者的形象，所以他最终竞选失败了。

当面对公众的时候，这张脸上不仅有大众道德标准和审美情趣的标签，还有一些对手强制贴上去的标签，所以这张脸最容易让人看到并接纳，但又会因为很多复杂因素引发公众质疑。

一个人的自我认识，有时候往往连自己都不清楚。多数人并不能认定自己是一个什么样的人，只能在某个事件引发关注时才开口争辩并为自己澄清，至于他到底是一个什么样的人，实际上是由他周围的亲人、亲密的朋友来认定的。特别是当这个人去世以后，家人写的追念文章往往最能回答他“我到底是一个什么样的人”这个问题。

只有极少数的人非常清醒，会像孔子说的那样“吾日三省吾身”，不断对自己进行审视，拿外部的镜子来照自己的内心，同时检讨自己每天的行为，自己做事，自己知道。

只有这样，他才会强大到知道自己是什么，也会努力地通过媒体、公众活动来展示自己的性格、观念，甚至是生存方式，主动地把自己真实的脸放在公众面前，让大家看到的始终都是一张真实的脸，而且这张真实的脸和他认知中的自己是一致的。

只有当外部对自己的认知和自己对自己的认知大体吻合的时候，一个人的内心才不会有矛盾，而会充满满足感、喜悦感和成就感。一旦两者出现冲突，内心就会失落、怨恨、后悔，甚至崩溃。

很多精神病患者，其实就是因为这两者的认知完全不同，而产生了心理上无法承受的压力，最终导致内心扭曲。我记得在“文革”的时候，有很多神经病在街上演讲，滔滔不绝地说“我是 ×××”，想要证明他是他认为的他，他的这张脸才是真的，而其他人都是神经病，整个社会都是疯子。

当然，因为不可能所有人都是公众人物，所以我们有时候要把这个范围缩小，让周围朋友对自己的认知和自己对自己的认知统一起来。如果反差很大，比如你认为自己是很善良的，而周围的人认为你很险恶，觉得你是“心机婊”“绿茶婊”，就会在背后议论你，甚至谩骂你。当你听到这些议论以后，就会感觉被侮辱了，你们之间就会发生争论。你甚至会恨不得冲上去抓住对方的头发，把那人的头摁在地上狠踹两脚。

人的第三张脸，是自己内心描绘的理想状态的自己。这张脸是怎么产生的呢？

第一种情况是从小在内心种下的一颗种子，比如立志要当宇航员、当警察、当科学家，这是始终对自己有一种期待、一种追求和定位。

第二种情况是当第一张脸和第二张脸产生巨大冲突的时候，你的内心非常痛苦，想要矫正，这时候就会产生一个愿望，想按照公众、媒体对你的看法来改变自己。但改变的结果既不是现在这个样子，也不是大家认为的那个样子，而是另外一个样子。

第三种情况是当你要抵抗别人认知和自我认知的巨大冲突时，你会想要通过顽强的抵抗来否定别人，更加坚持自己认为的“真我”，把这想象中极致的“真我”发挥出来，于是就生成了自己的第三张脸。

在社会生活的场景当中，每个人其实都有这三张脸。概括来说，就是别人认为的我——“他我”；我认为的我——“自我”；自己心中“理想的我”。这三张脸每天都在打架，吻合的时间很短暂。一旦吻合，人的幸福感、快乐感都会达到最高点。

认识“他我”“自我”和“理想的我”之间的差别、联系和规律，对于我们改善自己的生活状态有很大的好处。我们能由此懂得应该如何对待各种谣言，如何识别各种可能的真相，如何创造一个理想的人生。

从另一方面来说，当我们每天看媒体的报道时，其实更应该分别通过这三张脸去审视这些新闻事件和新闻人物。这样，我们既能够发现自己想要看到的秘密、真相、规律，也能让自己对事物有一个更广阔、更持续的理解，提升自己的智慧，成为一个自觉进取、也非常愉悦的人。

致命诱惑

有人曾问我：在追求理想的过程中，你教我们要守住底线做好人，但是做好人也是要付出代价的，很多人就是因为死守底线，最后失败了，把理想追丢了，这种事情怎么处理？

在我看来，随着时间的推移、环境的变化，理想不但不会被现实改变，反而会变得越来越坚定。有宗教信仰的信徒就是这样，他把所有的苦难都当成是实现信仰的必经阶段和考验，所以他会以乐观的心态去面对时间和痛苦。

只要你还有一口气活着，就不能说现实妨碍了你实现理想。除了死亡，在追求理想的道路上没有第二个障碍。当然，你还会碰到很多诱惑。比如物质条件太好，比如有个很牛的爹，这些都是诱惑人们迷失理想的外因。而关于“诱惑”这一点，我深有体会。

我过去在单位工作时，机关分房的事曾几度令我困惑。那个时候想分到房，首先要熬资历，要处理复杂的关系。但上面领导有好几级，相当于几元联立的方程组，这些领导就相当于方程组里的X和Y，是变量。谁都可以左右你，你必须见人说人话，见鬼说鬼话。可能这个方程式平了，那个方程式又不平了。在单位里你要么横到底，要么蔫到头。

但后来仔细想了想，我心里有别的理想，“分房”不应该是我的烦恼，所以我选择了离开。第二个单位说干满一年就可以有房，但那份工作离我的理想有点远，于是我又决定离开。第三个单位是国家体改委，承诺一年内就可以分到房，但我仍然觉得这是对我理想的干扰，所以最后我跑到海南去了，彻底放弃了房子的诱惑。为了能实现我的理想，我宁愿选择在地上打地铺。

我以自己的理想为参照物，扔掉了很多诱惑，最后无意中变成了做房子的人，在选择住房的自由度上，反倒比我在先前那几个单位更大。

要达到目标很难，你得放弃很多东西才能继续往前走。面对这些复杂的选项，我们有一个非常简单的应对方法：价值观。要坚守什么、放弃什么，这涉及价值判断。首先是是非的判断，其次是道德的裁量。

我们每天会碰到很多事，你得剪裁，确定好和不好、要还是不要。比如很多人说民营企业行贿，我觉得这样虽然可以解决当下的问题，但更可能在半道上把我整死，反而会妨碍我实现理想，所以这是坏事。就像踢球一样，裁判罚一张红牌，我就出局了，那我前面20年可就白辛苦了！所以，不利于理想实现的事我不做。这样一剪裁，人生简单了，人也轻松了。

在对待很多事情上，我们一定要脑子清醒。人生最怕的就是满脑子糨糊、是非观念太乱。今日之我和昨日之我打架，明日之我又挑战今日之我；白天的我和晚上的我打架，晚上的我一醒来又后悔。这么多闹心的事纠结在一起，这种人生便是最不快乐的人生。

我爱讲王石的故事，他创业以来一直把理想放在前面，钱放在第二位。这几十年来，他算账的方法都非常简单，把有利于公司发展的事、有利于股东的事、有利于自己成长的事放在第一位。因为理想，所以简单；因为简单，所以成功；因为成功，所以永远。

已经实现了理想的人来谈理想，就给人一种站着说话不腰疼的感觉，但能一直站着不腰疼，说明腰是真强。对于理想，很多人将信将疑是正常的，因为大部分人现在还在爬山的起点上。如果坚持走到半山以上，实现或者即将实现自己的理想，那时候你再回头来看，会比我现在告诉你的体会更深刻，更有力量。

人为什么不按自己懂得的道理做事

我经常在想一个特别有意思的小问题，人为什么总是不按道理做事。不仅是国与国之间，整个世界都存在这样的问题。

实际上，每个人在做事情的时候，都已经把自己内化的道理变成判断所有事情的标准。人类总是在按照自己的逻辑，做出对自己最有利的选择。我们从生活中就能看到很多相关案例。

着眼经济领域，当你在长江商学院上课时，会听到很多不同的商业道理，这时候我们当然会选择那些对自己有利的信息。所谓有利，就是你自认为能达到利益最大化，不管别人是否也这么想。

当我们进入政治领域时，情况更是如此。不同政党在政权组成上有各自不同的道理，但是到底哪个道理好，哪个不好，人类在几百上千年来仍然达不成共识。有人是在西方体制下长大的，到了东方还是完全按照固有逻辑做事，这并不是因为他不懂道理，而是他在权衡之下认为这么做是最有利的。

在自然科学领域，比如因为“多高的水温会烫伤皮肤”跟我们有直接利益关系，大家为了不让自己受到伤害，都会在潜意识里设定水温警戒线。

而在对待宗教问题时，如果我把宗教信仰变成日常的生活方式，完全内化在我的血液和生命中，做起事来会很容易。但是如果我是教授，则会用自己的理解告诉别人他应该做些什么，这样更加便利一些。

还有在很多诸如社会伦理问题、犯罪问题和妇女问题上，每个人都对这些问题持有不同的标准。

那么在互联网越来越发达的今天，是解决问题更容易，还是制造矛盾更容易？究竟是达成的共识更多，还是制造的分歧更多？

我发现互联网时代有两个特点。

第一，我们形成看法的速度变得越来越快。本来一个人对这件事并没有任何看法，但是在网上查看了一些资料之后，就会立刻产生一些小意见；第二，互联网能够迅速使人归堆。每天社会上都会出现很多公众事件，这些事件一出来，大家都会开始讨论，先按照一般的原理形成共识，由此加快解决问题的速度。

比如雷某事件，如果这个事件发生在互联网时代以前，人们基本上找不到证据，也不会有那么大的舆论压力，更没法找到真相。我相信互联网在解决问题上要比制造矛盾更快、更有力。正因为这样，互联网在全球格局下对人类文明的贡献、推动仍然要大于它所带来的分歧、冲突和制造出来的心理恐慌。

在互联网时代，在人类文明更广阔的视野下，我们的交流也更加频繁。互联网促使我们消除歧见和冲突，按照大家共同认可的道理去做事。

总的来说，今天我们在局部地区做抉择时，由于受牵制于周边力量，常常不得不遵从他人。而我们之所以往往不按照自己懂得的道理做事，是因为我们需要在经济利益、政治利益、社会利益，以及现实生活中的生存困境之间做利益权衡，找到对自己最有利的选项。

今天，地球上有70多亿人，我相信总有一天，每个人都会按照已知的道理做事，达成共识，这个时候也就进入地球文明和人类文明的最高境界。

按共同的道理认识这个世界，按认识的道理去做正确的事情。如果我们能做到这一点，将会减少未来冲突、取得一定的文明进步，使快乐变成我们的生活常态。我非常期待这一天的到来。

老男人要玩，小男人要思考

老男人要玩，小男人要多思考！因为老男人如果还看《三国演义》《水浒传》，人们会觉得他们老谋深算，不敢接近他们。而如果小男人整天只知道玩，老了将会一事无成。

天下男人分四类。

第一类，“外面软里面也软”的男人，就是我们俗话说的老好人，到哪儿都老实巴交、安分守己，脾气也不发一个。

第二类，“外面硬里面也硬”的男人，在外打架斗殴，回家还打老婆、孩子，是硬汉派。

第三类，“外面软里面硬”的男人，在外面唯唯诺诺，一副受气的样子，回家在家里人面前当大爷，这种男人最不受女人待见。

第四类，“外面硬里面软”的男人，在外面呼风唤雨，特牛，回家又对老婆、孩子百依百顺，这种男人是最好的。

男人是雄性动物，这一点毋庸置疑，自然界的雄性动物必须经过竞争，才有生存和繁衍后代的机会。男人也必须跟男人竞争，才能娶上老婆，合法地过夫妻生活。

从社会性的一面来看，男人又必须是负责任的雄性动物，虽然现在一直提倡男女平等，男人和女人都在社会上打拼，但大部分时候还是得由男人承担起更多的责任。

男人的一生要承担很多责任，对朋友的责任、对家庭的负责和对下一代的责任。他们承受了非常大的压力，特别是在中国，养家糊口的任务一般都交给男人，男人必须要有“苦了我一个，幸福全家人”的气魄才行。

现代社会的社会分工和性别特征，使得男人始终处于社会生活的核心，拥有更多的体力、资源、自由，背负着更多的期待和压力。男人在事业方面的成功率比女人高，而且男人天生就有征服世界的欲望，征服世界意味着成功的快感与刺激，这种快感不分年龄，不分职业。

不过，除了事业上的坚守与执着这个共同点以外，老男人和小男人面临着不同的人生困境。比如老男人经过几十年的摸爬滚打，大多数都变得有钱有地位，却没时间去玩乐；小男人拥有最多的就是时间，却没钱没事业。

老男人有钱没闲，小男人有闲没钱，怎么办？最好的解决办法是：老男人要多玩，小男人要多思考。

第一，老男人得玩。老男人都折腾了大半辈子，牺牲了精力和自由去换事业。现在老了，事业有了，应该犒劳下自己，多出去走动走动，干点工作以外的事。这是正常需要。

第二，老男人前半生为了事业，必然会冷落了爹娘、老婆、孩子，他们必须要拿出点时间来和家人联络感情。成功并不是只表现在事业上，身体健康、家庭和睦也是成功的标志。

第三，老男人因为进入社会久了，阅历丰富，人生角色也非常多，与人交往会有防卫机制。若要去玩，就得脱去角色的外衣，暂时撤掉防卫机制。有时候，只有在玩的过程中，人们才会表现出真性情。越玩越有助于促进人与人之间的了解，建立更好的人际关系，对事业也有所帮助。

第四，对于成功的老男人来说，公司发展成熟了，内部制度完善了，这时候可以放手让年轻人干。作为领导只需要把把关、掌握大方向就可以，不需要事事都亲力亲为，弄得跟苦行僧一样。

我在拉斯维加斯认识了一个老大哥，很晚了他还一直在赌场玩牌。我就说："你怎么不困啊？你老婆怎么不从房间出来叫你？"他说："我媳妇唯一的优点就是放任我玩，我每次玩到很晚的时候，她只会过来问我吃不吃东西，或者给我送点钱就走了，从来不打断我愿意玩的事。"这是件幸福的事。

小男人呢？之前基本上已经天天在玩了，上网、泡吧、踢球、谈恋爱等，出于为将来考虑，现在需要拿出一些时间思考。人生的前半段还有很多美好的可能性，不能把大把时间都浪费在玩乐上，“莫等闲，白了少年头，空悲切”，这句话小男人必须得明白。

总结一下就是：老男人应该多走动，多跨界，在玩中思考，在玩中交友，打磨心性，品味人生；小男人呢，就必须去思考，去迷茫，去想出路，傻愣愣不思考出路的小男人一定没什么前途。

选择房子还是爱情，远比诗与远方现实得多

66 年前的今天，新中国诞生了第一部《婚姻法》。适龄青年们刚逃离封建婚姻制度，却又落入买房怪圈——买不起房等于结不了婚。一些女孩子表示，比起男人，房子更能带给她们安全感。

有人说生活不只眼前的苟且，但房价水涨船高，不知道又有多少爱情在物质前低头，让人哪里来得及思考诗和远方。而在今天又一次的房价暴涨之下，年轻人又会做出什么选择？

经常听到有人抱怨房价高，谈到房价的时候，过去有些人会提到一个问题：“在中国，是不是丈母娘把房价抬高了？”

确实，当一对情侣进入谈婚论嫁的阶段，会遇到是选择房子还是选择爱情的问题。丈母娘为了保证女儿的未来生活条件，在房子方面提出许多要求，给男方施以极大的压力。

在中国，为了结婚而置业的人数占买房总数的比例非常大。情

侣们在买房问题上暴露的问题越来越多，不只是买不买房，连在房产证上写谁的名字都出现很多纠纷，写女方的名字，男方出的钱多，不干，“我出的钱多，为什么写她的名字？”从另一方面说，这些事情也是考量人性和情感真实与否的尺度。

现在的小伙子确实非常不容易，他们面对激烈的竞争、高昂的房价，加上女朋友及其家人逼得太紧，除非有顽强拼搏的精神，否则很容易心力交瘁。

而当遇到房子跟爱情冲突的问题，恐怕得做一个非常决然的选择，否则越犹豫越痛苦。这可能已经不仅仅是钱的问题了，而是双方对于婚姻在价值观上的迥异。这场婚姻，恐怕要坐下来再好好商量商量了。

房子问题的热门，当然不只是因为爱情、结婚或者丈母娘。现在的房子不只是一个居住场所，更是一件抢手的商品。在国家大环境和传统思想的推动之下，年轻人恰逢其时，成了其中最受煎熬的人。除了丈母娘，他们还面对着成为房奴的压力。

我们曾做过一个统计，发现 35 岁以下买房的人大概占到现在第一次置业人群的 40% 以上，这是最大的人群。一个大学生从大学毕业到 30 岁甚至 35 岁，无论在哪个国家，发达国家也好，发展中国家也好，只要是市场经济国家，如果不是创业成功，也不是富二代，而是全部靠自己积累的工资，一般都买不起一套 100 平方米左右的房。

全世界市场经济国家中，普遍都是这种情况。因此，面临买房问题的不仅是中国的年轻人，还有美国、英国等其他国家的年轻人。但是，新问题马上出现了，同样的问题，在纽约、洛杉矶，乃至整个美国都不是问题，为什么在中国却变成了一个问题呢？

有两个因素：第一，社会的竞争压力大，加上年轻人多在大城市漂泊，外部世界的不确定性给了他们压力，因此希望在居住上有实实在在的物质的稳定感。有的女孩子说房子比男人靠谱，就是因为房子能让她产生安全感。第二，中国的传统思想。在国外，租和买没有区别；在中国，租没有安全感，没有家的感觉，这是年轻人在环境压力跟传统思想作用下产生的心理。从家长的角度看，美国的父母与孩子之间算得很清楚，孩子长大成人了，自己的事自己解决。而在中国传统家庭观念里，父母跟孩子之间是笔糊涂账，家长掏钱给孩子买车、买房，恨不得把孩子的下半辈子都给张罗出来。

再加上现在的年轻人大多是独生子女，如果家里有 10 个、8 个孩子，我相信家长多半管不过来。年轻人结婚，双方 4 位老人，因为都特别爱惜自己的孩子，特别是女孩子，所以都会倾所有之力来帮助孩子安家。有了家长的支持做后盾，造成我们的买房年龄提前。

买房子这个问题，涉及好几个人二三十年的生活质量，当不当房奴并不是件小事。选择买房或是不买房，我认为不是简单地选择价格，而是选择人生。

你要是选择了买房，基本上就得稳定下来了，一方面你要供房贷，另一方面要养家里的老人和孩子，不能随便冒风险跳槽；你暂时不买房，选择创业，心累、身累还有风险，但一旦成功收获也很丰厚。

我的一位朋友 B 先生，他拿了结婚时要买房的钱，背着老婆在外面折腾着创业。他老婆知道后非但没埋怨他，反而予以支持，现在他在北京经营着一家颇有名气的连锁营销公司。这个人成功了，这是一种人生。当然也有许多人没有成功，创业失败后只能重新回到原点。

因此，我觉得买房不存在应该不应该：如果你喜欢稳定的生活，就买一套；如果你不急于这么稳定，先租房住也未尝不可。

在又一次房价暴涨的今天，90后一代新社会人做出了不同的选择。他们结婚是因为想结，买房是因为想买，裸婚层出不穷，房地产商也不停推出LOFT等小户型房子以满足单身青年的需求，房子和婚姻是分开的不同的事情。

当然，从另外一个方面来看，虽然年轻人在结婚的时候可能会遇到买不起房的问题，但从长远来说，你这一生不会缺房子。

首先，你们上面几代人都有房子，等到他们离世，那个时候房价说不定反而降了。这是金融公司首席分析师的观点，他按人口的发展模式分析，因为中国是倒金字塔，再过10年、20年，老人谢世得多了，剩下的房产会都落到底下少数人身上。当然，这只是一个可能性，还要等多久，我们都不知道。

其次，政府这么爱大家，不断地推动保障房的增加，你们未来一定能够有房子住，但是否买得起，得看你们努力不努力，如果不努力，房价就算降到4 000元每平方米也跟你们没有关系。

至于结婚这事，今天中国还有很多娶不上媳妇儿的人。我们不可能保证每一个娶上媳妇儿的人都幸福，也不能保证每个幸福的人都不遇到灾祸，不能保证每一对幸福的人一定生出孩子，更不能保证他们的孩子能考上北大、清华等名校。

政府不应该按照这个逻辑无限度地承担这个责任，如果愿意把你们这些权利交给政府，生命的智慧和独立就都死亡了。

从全世界历史来看，一些国家，就是政府管到你私人空间的每一个角落。他们的生活有那么幸福吗？他们有这么自由的言论空间吗？有这么自主的创业环境吗？

虽然现在买房对于年轻人来说很难，但既然要独立就要承受压力。如果你用了父母的钱或是其他人的钱买房子，虽然能够改善自己的生活条件，却会失去自由，束缚在父母的荫蔽之中。你要自由还是要舒适的生活，这是一个选择题，许多年轻人都正面临这道题。

如果换成我，我什么都不选择，就选择折腾。

以前我住在筒子楼里面，一个香港人就嘲笑我："你怎么这么可怜？在楼道里用煤油炉子做饭。"我说："这一切跟我的能力没有关系，你别唠叨。在这样的制度下，我的能力没有办法跟别人有差别，个人能干不能干都这样。"

1989 年，我离开机关的时候没有房子，但是我选择了愿意做的事情。后来我经常想，因为离开，我无意中变成盖房子的了，房子反而多出来了。如果当时我因为熬房子，在机关里一熬房子、二熬级别，我也会成为一个房奴，而因为房子又变成了单位的奴隶，双重奴隶。

人类只有在失去空气的时候，才会知道空气的宝贵。像《唐山大地震》里的一句话：没了才知道什么叫没了。不要认为自由都是理所当然的，自由言论和自由创业一旦丧失了，我们中国也会失去发展的地位，个人的自由和发展更无法保障。

被放大的欲望，被忽略的能力

在现实生活中，关于幸福和不幸福要从两个方面看，即我们的欲望与满足欲望的能力之间是不是能够平衡。

如果有了一个欲望，然后通过自己的能力或者外部提供的条件满足这个欲望，你会有一种幸福感。当这个平衡被打破时，你会感觉到痛苦。欲望本身在那里，我们改变不了，但我们可以想办法提高自己的能力，去奋斗，获得更大的财富、能力甚至权力。

欲望表现为一种奋斗，表现为一种资源获取，表现为对外部环境的博弈。这样就出现了很多故事，多数人想通过奋斗使自己达到一种幸福状态，结果却往往并不幸福。小到我们做生意，大到追求国家民族的复兴，膨胀的欲望往往导致很多悲剧。

从做生意来看，比如有一个叫张海的人突然收购了健力宝。他从河南的一个小城市来，拜过“师父”修行传道，后来又做过一些小生意，怎么突然会有 3 个亿收购健力宝？他的解释是自己炒股赚的钱。

接着，我们就看到健力宝开始不断出镜，一会儿健力宝足球队员跟人打架，一会儿又出了新饮料叫“第五季”。但可悲的是，两年以后，张海被曝光说其实没钱，收购健力宝的钱都是一个叫祝维沙的人给的，而这个人是张海在早年传道的时候认识的。

收购健力宝就是张海的欲望，但是他的欲望和能力发生了非常大的冲突。张海凭着一张巧嘴满足了他最开始的欲望，但他毕竟没有财务能力，收购后又不懂管理，结果大量产品卖不掉，所有的研发、市场行为都变成对现有资源的损耗，引发了更多的矛盾。最后他又想把健力宝转手卖掉脱身，却落了个打官司、被抓起来的下场。

当能力和欲望差距太大的时候，即使再有雄心，也很快会让你为这个欲望付出不容忽视的成本。

政治家也往往会犯这样的错误，比如伊拉克的萨达姆。萨达姆是中东的强人，当时他要称霸中东，他的军事力量已经上升为世界第七位。

但是他的欲望使他和周边的关系产生了冲突，而他又没有能力缓解这些冲突。他侵占科威特，被美国人和联军彻底击毁，两伊战争打了 10 年，把整个国家的人均 GDP 从 7 000 美元打到了 1 500 美元。最后，他坚持跟美国正面冲突，在伊拉克本土开战。美国人用 40 天摧毁了他的政权，俘虏了他。两年之后，萨达姆被绞死。

英雄往往会夸大自己的能力，会把自己的目标、欲望道德化、意识形态化和神圣化，但这不能表明或换来能力瞬间的提高。所以，当能力和欲望之间产生冲突时，面临的挑战、困难和压力仍然是不可解决的。

很多人都在极力追求满足欲望的手段，以为这样就会更幸福，其实反倒放大了自己的欲望。现实世界往往强调如何管理满足欲望的手段、条件和外部环境，但有趣的是宗教，它只教人管理自己内心的欲望。

首先，看你的欲望从哪里产生，这是因果。不去管果，想办法把因做好，这是管理欲望产生的根源，让你减少最初的原欲。之后，你就可以管理自己欲望的数量、方向和长短。

如果退一步，欲望没有管好，它会让你自我反省，把这个原因归咎于自己对欲望的管理还不够好，还要继续管，而不是说欲望错了。再复杂的宗教都是围绕克制、管理、调整、协调你的欲望展开的，认为欲望是一切后世痛苦的源泉。如果欲望管理好了，一切幸福就在眼前。

你的欲望是满汉全席，但眼前只有半碗粥

生活中我们总会碰到这样一些情形：当你约人见面的时候，他会说最近这段时间行程特别紧，能不能往后安排；当你准备在假期旅行的时候，会有人突然说工作很忙要加班，这次可能去不了了；参加同学聚会的时候，好多人不来，他们会解释说自己正在干一件了不起的事，很忙。

我们那么忙，是为了什么？很多人说是为了赚钱，或者是为了处理完事情后，有时间去度假，和家人、朋友在一起。于是，“忙”成了我们更加忙碌的理由。

非常有趣的是，当你对生活不满的时候，才会开始忙碌，一旦你满足于当下，你就不忙了。

管好自己的欲望是非常重要的，我们经常在没有答案的地方忙活，永远管不好自己的欲望。

生命中有三件事是根本算不准的：第一件事是算不准能挣多少钱，即使你年轻的时候赚了很多钱，但也有可能中年破产，或者晚年再次成功；第二件事是算不准有多少痛苦和幸福，虽然人们每天都在追求快乐、躲避痛苦，却难以预料祸福；第三件事是算不准生命会在什么时间、什么地点结束。

多少、苦乐、生死，人的一生就这六个字，这也构成我们生活中所有忙的理由。为了追求更多的金钱、快乐，为了追求健康、长寿，我们每天都要算计这些算不清的东西，虽然出发点是好的，但是由于根本就算不清楚，结果总是适得其反。

我们在追求快乐的路上遇到了无数的痛苦，在追求金钱的路上总是欠着债，在希望延长自己生命的时候，可能在半道上就结束了自己的生命。如果我的欲望是喝碗粥，很容易能得到满足；但是如果我要的是满汉全席，面前只放了半碗粥，就会开始痛苦。生活中所有的痛苦，都源于欲望和满足欲望条件之间的距离，

很多有宗教信仰的人似乎都不太忙，对他们来说，多就是少，少又等于多，苦即是乐，乐又等于苦。即使不能划上绝对等号，哪怕是约等于，也代表着他们把对这三件事的追求都克制在了一个相对范围内。这时候，其他时间就变得宽裕了。

苦和乐都被“约等于”了，那也就不用去追求凡人所向往的那些苦乐。既然无畏生死，生命自然也变得从容，你也将会有时间去品味自己生命真正的意义。

作为一个商人，会因为无数的理由而忙碌，但是国内外有一些很好的公司，它们的老板是不忙的。一个创业者、一个成熟的企业家、

一个公司的领导，他要想不忙，至少是因为能够处理好三件关键的事情。

第一件事是“正常关系”。如果法制环境越来越好，企业和政府的关系简单明了，所有事情都可以依法依规自然办理，我们就能减少很多顾虑，不用忙着应酬。如果政府管理部门的个别制度化建设不完善，总是需要博弈，企业家也会因此变得非常忙碌，身心疲惫。

第二件事是“少借钱”。无论是用股票的方式、债券的方式，还是基金的方式，你越要用别人的钱，是非和花费的时间就越多，路演、处理债务、跟人算账，甚至还会有官司。总之，借钱就是令人忙碌的一大原因。

第三件事是“公司内部规范的制定”。如果能够有清晰的价值观，按道理走，用简单有效的规范制度来管理公司，无论董事长还是CEO，都会相对轻松一些。如果没有，你的公司会像江湖或者家族一样，毫无次序，朝令夕改，规则不清楚，员工的预期也不清楚。在一个不清楚的规则下进行博弈，会有扯不完的皮。

显然，社会在进步，制度越来越完善，我们对未来预期越清楚，就越容易把控自己的行为。时间变得充裕，生命就变得更加从容，而这个时候我们才能真正享受到自己创造的物质和精神财富。

到那时候，宽裕出来的时间是奢侈品，我们可以消费时间，享受时间的缓慢流逝，可以坐在阳光下看匆匆行人，云卷云舒，听风沐雨，品茶喝酒。

社会进步的尺度，实际上是要看我们有多少闲暇时间，以及闲暇时都做些什么。如果大家的假期越来越多，而且在假期当中，不光获得物质享受，还能得到精神愉悦，这才是理想的社会和生活境界。

总之，无论是企业家、创业者还是普通人，如果你想要拥有有质量的生活，一个重要的前提就是消灭是非，使自己归于良好的生存制度和心理空间之中。当然，这同时也标志着一家公司的治理水平与人类文明的进步程度。

每一个在街上匆匆行走的人，在办公室里不停通宵开会的人，或者是在官司中不断纠缠、因为忙而不快乐的人，此刻也许都应该静下来想一想：如何才能让自己获得大量的时间，去学习，去享受生活，去旅行，去充实自己。

那一场青春的邂逅

80 年代是一个摇滚的年代，随着崔健的暴吼“一无所有”，“新长征路上的摇滚”开始了。接着出现了大量人们已经记不清名字的摇滚乐队，同时北京也开始有很多摇滚乐演唱会。

那时候，每一个乐队的名字都很奇葩，也很有个性，比如有“苍蝇”，有“恶心”，有“病蛹”，还有“黑豹”等。那时候的人也都处于一种很亢奋的状态，甚至是女歌手卫华，那种亢奋、激昂的声音和状态，完全不亚于崔健。

一个时代总有属于一个时代的基因，一个时代也总有属于这个时代的人物，而这些人物最终会成为这个时代的符号。崔健，注定会变成那个时代的中国红，一个中国的符号。

之所以叫中国“红”，是因为他当时唱的一首歌叫《一块红布》，表达的就是一种迷茫。正像他自己唱的“我要从南走到北，我还要从白走到黑，我要人们都看到我，但不知我是谁……”之所以要走遍东西南北，就是想看看自己究竟能去哪儿。这就是“新长征路上的摇滚”，它反映的正是在改革开放之后，一代人在目标和方向还不太明确的时期里的那些迷茫、选择和奋斗。

第一次听说崔健，是在一个朋友的家里，当时我们一群年轻人在喝酒聊天，突然有人问：“你们听过崔健的歌吗？”我说：“不知道，还没听过。”

于是就有人拿着当时的卡带开始放崔健的歌，听得我们所有人都兴奋了起来，亢奋地跟着音乐一起唱、一起吼。

后来就开始听到关于崔健的身世、性格、音乐和各种八卦与传说，慢慢地就觉得他是一个神话般的人物、一个青年领袖、一个音乐家、一个哲学家等，所有这些桂冠都被我们毫不吝啬地加到了他头上。

但是，这一场青春的邂逅，和我们的青春期一样，很快就过去了。

当我们落定下来，走过 90 年代和千禧之年，再到 21 世纪的今天，我觉得自己心里面的“崔健”仍然还在，只是现实中看到的崔健已和我一样，由于时间和现实等各种原因，进入到一种精神和肉体、样貌和灵魂分离的状态。

那是在参加完某次活动的时候，我第一次见到崔健。大家在一个露天餐馆的门口喝酒聊天，那时的他已经是一个中年人，与我年轻时候心里那个偶像的模样相去已远，但这丝毫不影响我们在聊天的时候碰撞出有意思的火花。

崔健并不是一个在聊天中快言快语的人，正是这种稍显迟缓和滞后的问答，反而让人感觉到他是一个内心有很多想法的人。

再次遇到崔健，是在“艺文中国”的颁奖会上，主办方为他颁了一个“中国创造”的奖，对他在中国思想的解放、启蒙、改革过程中所产生的巨大影响力和做出的巨大贡献表示肯定。再之后，崔健又拍了电影，电影里表现的却是更多的无力和软弱，大家都会感觉到彼此心里好像都有一股劲儿被憋住，一直也没有使出来。

今天，我做生意将近 30 年了，早期“野蛮生长”的时候在各地到处跑，每次喝大酒的时候，我一定要吼一声“一无所有”，把内心埋藏已久的愤懑、压抑、痛苦和激情都宣泄出来，似乎只有这样才能感觉到自己真正活过一场。如果平时朋友和同事聚会要去唱歌，我也一定会唱《一无所有》，而且一定是在快喝大的时候开始唱，唱完了再继续喝，直到喝断片了才罢。

我心里一直有一个我们 20 多岁时候的崔健，也一直有一个属于我们内心的摇滚，这个摇滚和 80 年代的记忆紧密相连。最近，朋友告诉我说崔健又要开演唱会了，“滚动三十”，会再次吼起他《新长征路上的摇滚》，吼起《一无所有》，这让我很感动，也很兴奋。我一定要去看这个演唱会，而且还要跟他一起吼，去吼我们自己的《一无所有》，去寻找我们自己新长征路上的方向。

其实我知道，自己心里那个 80 年代的崔健会一直存在着，也会一直存在于当下中国每一个创业者的心里，存在于这个时代中勇敢、倔强、不停奔跑的年轻人的血脉里。

我离死亡最近的一次

死亡是人生的朋友，也是人生的导师，因为站在终点回望通向终点的道路，会有很多感悟。我有时候去八宝山，去火化场，看到死亡，会思考很多事情，比如人生的真谛、规律和感悟。

不知死，焉知生？只有在死的问题上有充分的思考，人生的终极道路才能在生的过程中更精彩地展开。

我有一个朋友，在做生意之前是政府机关的一个公务员，岁数很大才开始下海。下海前他做了一件事情，给自己修了一个“坟”。一有不顺或陷入困境的时候，他就坐在自己的“坟”前，想着如果他死了会怎么来看这个事情，他怎么能不死，他不应该现在就死，埋在这里。

有时候他把这比作抬棺出征，鼓舞自己的意志，发誓说死了也要拼这一口气。所以他在“坟”前有很多的想象、反省、检讨、思考。据他讲，由于经常跑到自己的“墓”前去思考，最后他避免了很多灾难：由于查案子他一共有 6 次被带进去，但每次都不到一个月时间就澄清事实出来了。

目前他的事业发展得很好，成为当地很大的一个房地产企业，很多国家领导人专门去他那儿考察，总结他们的经验。他们那里还总结出很多社区党委、党支部的经验，建了很多和谐社区。

我另外一个朋友，母亲去世得早，他跟母亲的感情非常好，一有困惑就搬个板凳、披个棉袄坐在母亲的坟前去想问题，跟母亲交谈，谈他的痛苦、谈他的想法、谈他想做的事情。这样慢慢形成了习惯，最后也让他透彻地感悟到很多人生、现世的道理，让安息了的母亲指引他来做事情。

其实，人生就是要不断地站在终点，回过头来追溯你走过的道路。

我自己也有一次濒死体验。14 年前，我腿上长了一个很大的红色肿块，被医生诊断成癌症，迅速住进医院。在起初半个月，我每天都笼罩在死亡的阴影里。

记得要住院的前一天，我让司机带着我在北京长安街、二环、三环转，最后转到医院。在转的过程中，我感觉生命是非常沉重的，所有事情都是飘忽的。我突然感觉所有平时看着很重的事情、非常有分量的事情、不得不做的事情、很伟大的事情都变得非常飘忽，而此时生命的存在成为一件最重要、最沉重的事情。

在手术前的一段时间，人就开始与死亡博弈，变得既恐惧，又排斥恐惧。当时我看到一本书，专门讲死刑犯在执行之前这段时间怎么度过。

因为所有疾病、慢性病的患者对死亡的恐惧是一点点化解的，直到生命慢慢衰竭，因为他不知道哪一天会死，不知道具体的时间，所以这个恐惧是抽象的；但死刑犯因为知道三天以后就枪毙，这个恐惧是非常具体的。这个时候的恐惧会让人陷入深度的惶悚和麻木，内心会采取一种保护机制，那就是不想它，或转移，或幻想，或歇斯底里。

在这段时间，死亡对我是抽象的，虽然是癌症，有可能死亡，有可能是一年，有可能是两年。一两年对于一个人来说，还是很长的时间，在这段时间里能做什么？这个时候我才开始盘点人生最重要的事情、我不得不做的事情，开始排序，这个顺序和健康状态时的排序完全不一样。

苹果的老板乔布斯也曾经被认为罹患癌症，他也有一次濒死体验，以致后来形成习惯，每天醒来就想："如果我明天要死，今天要做什么？"他一直用这种方式激励自己，把有限的时间用在做最重要的事情上。

因为当人还有大把生命的时候所觉得重要的事情，也许其实不是最重要的。当一个人有很多时间，就会做许多不重要的事，他会认为明天、后天、大后天都可以去做，所以捡了芝麻，丢了西瓜。

可是，当他知道明天就会死亡的时候，今天选的一定是最重要的事情。所以乔布斯总用这个方法提醒自己："假如我明天要死，这个事情是不是最重要的？"

"只有无知的人与不能勇于面对生命的人，对死亡才会感到恐惧。聪明的人会视死亡为亲密的伙伴和仁慈的导师，任何人若要完完全全成为一个生命力充沛而丰富的人，那么他在有生之年，必然得与死亡结友。”这是台湾专门研究死亡教育的一个博士黄天中说的一段话。

死亡对于活着的人更有意义，如果你能够深刻地理解死亡，而且有死亡的体验，会发现平时不重视的一些道理。黄博士还讲过一段话：“如果我们能视死亡为我们人生旅途中看不见而友善的同伴，它会提醒我们，不要常把现在该做的事情拖延到明天，帮助我们每天做得更好，而且充实。”

无论是前面讲的这些朋友的，还是我的体会，抑或乔布斯的体会。作为一个民营企业的领导者，除了在现实生活中奔忙、忙碌，被一些赞扬和虚荣包裹起来，也要静下心来去和死亡对话，谈一谈心，站在死亡的角度来看一看今天的自己，究竟是不是做了最有价值的事情。

“老情人”的女儿长啥样了

7月4日，我去海南三亚跟进一个项目，住在凤凰岭的凯莱酒店。这个地名让我觉得似曾相识，几经确认之后，我恍然大悟，想起20多年前，我曾经来过这里，当时是一个乱山岗，没想到现在居然这么漂亮。

那时我们在海口刚刚做成了第一个房地产项目，于是我们一边在海口继续发展，一边开始关注三亚。

我清楚地记得，那时在三亚，我和王功权一共买了两块地，后来这两块地都给我们留下了非常惨烈的记忆，让人心痛，让人思考，让人怀想，也让人激动。

第一块地就在现在的半山半岛，当时我们买了将近 200 亩，合作对象是一位女老板 S 总，短发，消瘦，挺拔，干练，走路很快，典型的北京妞。

那时候，我觉得能跟 S 总合作是很幸运的，因为她在三亚是一个能够呼风唤雨的了不起的人物。当时这块地手续不全，S 总让我们先付一部分钱，等后续手续办完，再付尾款。这样对我们来说很划算，于是我们很快预付了将近 2 000 万。

然而，世事难料。那个时候我们还没有手机，联系不方便，与 S 总见面的次数也很少，结果她突然就消失了。等我们去处理这块地的时候才发现，她把地卖给我们之后不久，又把它卖给了泰国正大集团。

于是，我们与正大集团的产权纠纷延续了七八年，最后，双方达成协议，按照我们付的钱，拥有大概 60 亩地，其余的地归正大所有。

第二块地就是凤凰岭凯莱酒店所在地。那时候，朋友 H 先生找我们为他的一笔融资作担保，当时没有抵押品、担保法这类概念，我们以为只是帮着盖个公章，不会有什么问题。

不料，过了五六年，H 先生的公司竟然破产了。别人跟他们打官司要钱，同时又来找我们这个担保单位。

遇到这种事，我们很窝火。结果没想到一见面，H 先生反倒恶人先告状："要不是你们，我哪有那么多事，如果你们公司也破产了，不就没人找我了？”这天下的道理原来还可以颠倒至此？真是闻所未闻！

后来，H先生说只有两样东西能给我们抵债，一是凤凰岭这块地，二是北京野长城脚下的地。可凤凰岭的地在他弟弟名下，无法过户给我们，而野长城那块地没有任何产权手续，也不能要。

可担保责任总是要负的，那笔钱原来是1 700多万，加上利息一共有2 700万~2 800万，我们陆陆续续替他把钱都还了。就这样，与凤凰岭这块地擦肩而过。

这就是三亚那两块地的故事。

后来，海南经济泡沫破灭，我们就返回大陆发展。七八年前，有一次在博鳌开会，曾有记者问我：“这么多年没回海南，海南对你意味着什么？对比过去记忆中的海南，今天的海南又是什么？”

我灵光一现，说：“海南就像我们的老情人，而今天的海南就是老情人的女儿。”

老情人，就是很多年不见，梦里有，眼前无。过了十几二十年再见，虽然能依稀辨出当年的模样，但确实已经是“老”情人了——身材发福，脸上有了褶皱，头发日渐稀疏。当年的迷人魅力、挺拔身姿，早已不知去向。

所谓老情人的女儿，就是在她身上能看到她母亲的眉眼、身材甚至表情。但她却完全是一个新的生命，如花似玉，风情万种，而且拥有她独有的、新鲜的人生故事。

当年，她们一个是乱山岗，一个是海滩上的不毛之地；而今天，她们的女儿一个成了国际社区，一个成了五星级休闲度假酒店。而老情人的模样，只是在地理方位上还依稀留有一些印记，其他都已经不见了。

这 20 多年，在这块土地上发生的故事，让我心生感慨。

第一，情人还是老的好。虽然那个时候少不更事，发生很多让人纠结、疑惑、失望、愤怒甚至绝望的事，但毕竟一切都是真实的。无论再大的冲突、再大的不满，都还有一个共同点，就是对未来抱有希望。

所以和老情人在一起，虽然岁月峥嵘，但她给我们留下的都是年轻时最真实的热情、梦想和生命的力量。

第二，对老情人要有信心。因为有时候在她身上不能实现的梦想，却可以在她女儿那里获得惊喜，让你感受到生命和梦想的延续带来的新的激动、憧憬和梦想。

第三，房地产就是要死扛，要坚持。后来 H 先生的弟弟在凤凰岭这里赚到的钱，恰好就来自他哥哥 H 先生原本要用来抵债的那块地。

如果我们当时要了这块地，哪怕手续不全，但坚持下来还是能够有利益的，也就不会因为履行担保责任而赔掉那么多钱了。所以，坚持、不怕扯皮、不怕艰难是做房地产必需的素质，耐心、毅力会让你在这块地上收获你想要的利益。

第四，现在三亚所有的新事物与过去都有一些联系，却完全超越了过去。在这 20 年里，中国已经成为全球第二大经济体，经济的增长带来整个中产阶级消费能力的增长，度假的需求也随之增多。

三亚从一个很小的城市，发展成为中国最好的休闲度假胜地，每年客流量达几千万人次，发展速度超过了海口。

而且，全球知名的品牌酒店均云集于此，三亚已成为“世界酒店博物馆”。而这样的奇迹仅仅经过两代人就实现了，我们真的要为她们感到高兴，感到骄傲。

如果没有人口的增长、就业的增长、消费的增长，带来经济的成长、市场的成长，房地产是没有办法支撑下去的，房地产的市场也是不能成长的。

另外，很重要的就是，这些“老情人的女儿”之所以长得亭亭玉立、规规矩矩，就是因为现在无论是相关的市场经济的法律法规，还是土地管理、房屋销售、酒店运营、旅游市场秩序、政府依法行政的能力，都已经步入正轨，再也不会发生像我们买那两块地时经历的那样惨烈的故事了，这就是“女儿”比“母亲”有出息的地方。

看见“老情人的女儿”之后，我们对“老情人”的所有记忆就变美好了，因为我们看到了成长、看到了进步，所以对未来充满信心，前进的脚步也更加坚定。而且，我们也更加期待看到“老情人的孙女”和“重孙女”的那一天。

海南这个曾经的“老情人”和眼前的“老情人的女儿”的两种样貌、两类角色、两段故事，让我又想起了20年前曾经唱过的一首歌——《来生缘》:

寻寻觅觅

在无声无息中消逝

总是找不到回忆
找不到曾被遗忘的真实

一生一世的过去
你一点一滴的遗弃
痛苦痛悲痛心痛恨痛失去你

也许分开不容易
也许相亲相爱不可以
痛苦痛悲痛心痛恨痛失自己

情深缘浅不得意
你我也知道去珍惜
只好等在来生里
再踏上彼此故事的开始

生生世世
在无穷无尽的梦里
偶尔翻起了日记
翻起了你我之间的故事
……

这其中的每一句词、每一段话似乎都在今天得到了验证，真是让人回味无穷。

选择就是放弃，自由就是枷锁

2007年元月，我去了“神六”基地，特别能体会到那种没有时间限制、没有空间限制、没有是非的自由。我和几个朋友在戈壁滩，坐在牛尸骨架子上，手里拿着把刀，身边熬着汤，热气泛起，向天空散漫开去。我突然就觉得自己和身边的人很像金庸小说中的“侠”一样，特别享受。

“侠”一定是自由的，因为他没有固定的社会身份，做事情也没有时间约束。心到人到，想杀一人，或想救一人，一切皆随心性，所以“侠”一定是“胡作非为”的。这样的“侠”虽然很快意，但不会长久。因为太自由了之后，容易无法无天，对企业来说，就容易滋生“原罪”。

比如以前有家公司在市场监管还不是很严的时候，控制着一大堆金融资产项目，但它停不下来，按照那个时代的民营企业的“资本—暴利”逻辑，在恶赌的路上越走越远，甚至开始违规操作，非法吸收公共存款150亿，最终在媒体舆论、政府清查和市场波动的多重力量挤压下彻底崩塌。

人总想获得尽可能多的自由，而自由多起来，却未必是好事。对企业来说是这样，对个人也是如此。

以80后、90后为例来说，家庭和社会能给你很多，但给你的压力也很大。为什么？比如在20年前，就算我没钱，但别人口袋里也掏不出钱，加上那时候没有什么LV（路易威登）这种名牌，所以，当大家都一样的时候，虽然工作和生活也紧张，但没有太大的压力。

而且那个时候，社会的评价体系相对比较传统，一个男人会写文章、会讲课，就算是不错的了。现在就比较麻烦，不仅要会挣钱，还要有个性，还要幽默，还要足够成功，还要能够在外强大、回家温柔；而且如果是独生子女，上面还有一大家子等着你去孝顺。什么都要有，压力自然很大。

其实，给的自由越多，需要你选择的就越多；越自由，人越不知道怎么选择。

我有一个朋友，因为某件事情进过监狱。他说在里边的时候，每天就是放风、吃饭、干活，非常清楚每天要干什么，虽然不自由，但是不用负责任。从监狱里一出来，自由了，第一件事却是坐在马路牙子上发呆：这个世界变成什么样了？我该去哪儿？接下来全靠我自己，我该怎么办？

自由反而变成恐惧，变成枷锁。

现在的年轻人其实也是这样，自由了，但不知道该怎么选择；在追求自由的过程中，反而成为自由的奴隶。这是很令人苦恼的问题。

我选择下海做生意时，父母一口气给我写了十几个“为什么”：作为一个干部你为什么不好好工作？你为什么要下海？你以后怎么办？……一大堆问题。

我确实要面对这些问题，没有房子、没有职称、没有户口、没有档案、没有单位、没有人替我负责，但是我选择做自己喜欢的事情。不争小利争前途，不争局部争全局，不争现在争未来。如果成功了，我可以和家人分享成功；如果失败了，就只能自己咽下苦果。

在公司的时候，我在时间上确实很不自由，每天都安排得满满的；角色上也不是太自由，因为是上市公司，说话、聊天不能涉及财务数据；公司正在运行的很多业务、正在筹备的新项目，在没有公开披露之前，我也不能私下里跟其他人说。这其实是很不自由的一个角色。

苦恼往往来自想要的东西太多，我宁可认准目标做单一的选择，不做复杂的选择，这样内心才平衡。所以，当我觉得在公司里的角色不自由的时候，我就尽量随便聊天，这是我寻找心理平衡的一种方法。

在高度自由的选择空间里，所有的选择都对你打开，都是诱惑；如果不懂得放弃，每个门都想进，你就会困惑。

在这种情况下，需要做一个对自己负责任的决策，而选择的前提是要学会放弃。当然，最大的风险是，进门之后所有的后果都要自己承担，没有人为你负责。

我们都在跟时间交易

时间这个东西特别有趣：它既是生产资料；也是消费资料，它既是资本品（投资品），也是消费品。

比如我们到欧洲去，看到欧洲人很悠闲，一瓶啤酒就能坐在那儿泡一下午。对这些人来说，时间就是消费品。人家已经活到那份儿上，生活质量高到可以消费时间了。但对我们来说，每天加班加点，时间就是资本品，相当于是一种资本，我们是要靠这个时间去换取金钱的。在这个过程中消耗时间就是生产。

所以，在人类有限的一生当中，有一个互相排挤的效应。时间作为消费品和作为资本品是互相挤兑的，也就是说，你在生产上用了多少时间，就是挤兑了你的消费时间。你有这个就没那个，有那个就没这个。

在时间的投资上，你可能得到的回报是金钱，但也可能就是时间本身。当温饱不成问题的时候，时间本身就变成了特殊的消费品，甚至是奢侈品。

如果我们在有效的时间内，尽可能地去做好一件专业的事情，用持久、专注的办法来对待，我们可能会得到很多金钱，同时又能省出很多时间。而省下的那些时间，就相当于投资回报。我们可以拿出来消费，很好地去支配时间，享受生活。我们可以去度假，可以去画画，去满足个人的其他兴趣。

而投资在时间上，会有几个有趣的规律。

第一，在时间的方向上，时间是单向的、不可逆的，所以人在时间选择上具有唯一性和不可替代性。相反，人在空间上的选择上就可以重复，比如我们今天来这儿，明天还来这儿，空间上是没有变的，像有句古诗写的，“去年今日此门中”，一年后“桃花依旧笑春风”，时间却已经完全不一样了。

我们每个人行为的选择都是有限的，究竟怎么做才能收益最大化呢？我们往往是自以为聪明地去想一件事，好像能做甲，也能做乙，能做这件事，也能做那件事。

但是即便你是聪明人，时间也是有限的。假定说大家都只活 80 岁，你做 10 件事，你就是从小开始，每件事也只能用不到 10 年的工夫去做。而一个比你笨的人，可能一生就做了一件事，他就是在这事上花出多你一倍（20 年）的时间，还富裕出好多年呢！所以他连玩带做，一定很轻松，实际上在这件事上面的收益会大于你每件事做 10 年的收获。

为什么阿迪力走钢丝掉不下去，而我们走一下就可能摔死？他走钢丝这个活儿，练了 20 年，所以艺高人胆大，不仅摔不下去，还能靠这挣钱。也就是说，如果专心在一件事上花时间，花到足够多，你既可能成为这件事情的主宰，也可能因此而获得收入。更重要的是，时间还游刃有余，你还会有很多闲暇，去消费时间，做别的事情。

就一件事情持续地用功，按一个方向投资，在时间上不吝啬，把时间往同一个方向去追加，就能把事情和时间按量搭配好，收入才能不断提高，边际收益会越来越大。过去的老话叫“十年磨一剑”，讲的也是这个道理。

想在人生的路上投资并有所收益、有所回报，第一件事就是必须在一个方向上去积累，连续地正向积累比什么都重要。打个比方，我拿着一杯水，马上就喝了，这叫喝水；如果我举 10 个小时，叫行为艺术，性质就变了；如果有人举上 100 个小时，死在这儿，这个动作还保持着，实际上就可以做成一个雕塑；然后如果再放 50 年，拉根

不争小利争前途，不争局部争全局，不争现在争未来

绳就可以卖票，就成文物了。

不是行为本身，而是时间会决定一件事的性质。你如果苦练一件事，朝着一个时间方向去努力，会不断提升这件事的价值。你想喝水是几毛钱的事，而一个行为艺术最多挣个几十块钱，如果变成雕塑，放在一个好位置也能卖点钱；但成了文物，那价钱就大了。你看，时间越长，东西越金贵、越值钱。所以关键就是要把时间掌握好。

再从财务回报上来看，时间越长，回报也越高。这就像一个瓷器埋在地下一万年，它就是个文物。全世界做投资最牛的、最受推崇的，是沃伦·巴菲特。

巴菲特从小学的时候，就用300美元开始做投资。那么现在呢，他是世界第二大富豪，由300美元发展到将近400亿美元身家。他是一个简单的人，住在一个小镇上，生活非常简朴，住的是20万美元买的房子。他投资的方法非常简单，以至所有人都能懂，但所有人都不做。他怎么投资呢？

他就是买一只股票，买一只他认为好公司的股票，然后就放在那儿等着，就这么简单。多数人都不断地在挑股票，买了卖，卖了又买，进进出出个不停。他都买了什么呢？他买了可口可乐，买了吉列、《纽约时报》，还买了保险公司。

他成为“大师”以后，总结出很多诀窍。他特别强调的是两个环节，一个是买对，一个是长期持有。长期是多长呢？他都是20年不动。可是一般来说，做投资的人，特别是华尔街的人，没有人能搁20年的，但他就干这一件事，所以成了世界第二大富翁。当然他买股票还有很多其他的方法。

在时间投资上的第三个规律，就是要看你投资的对象，或者说是你在一个时间段上确定的对象是否正确。如果是对象选错了，你投入的时间带来的收益就成了负值，时间越长，灾难越大。所以，事情的性质一方面是由时间决定的，另外一方面也是由投资的对象决定的。

就投资来看，当时间一定的时候，投资回报的多少就取决于你投资对象。举例来说，我们在 1992 年买过两块地，一块地在北京的怀柔（庙城），一块在海南的三亚。两块地前后脚买的，三亚是 1992 年的八九月份买的，北京是 1992 年年底和 1993 年年初买的。

但是 2006 年年初，我们把三亚这块地卖了之后，才发现北京的地涨了 20 倍以上。但三亚的地，放了同样的时间，只涨了不到 3 倍。显然，同样的时间，放在不同的地方，差别非常大。今天我们懂得了这个道理，如果我们仍然准备拿 10 年去耗一块地，那我们就一定要先选地方，而不是强调时间了。

花相同的时间及同样的钱，要想有更好的回报，一定要选对你的投资对象，去发掘被投资对象的价值。

扒下现实的底裤

一直以来就想看清楚这个世界。从小就好奇：大人讲的世界是不是真的？所以我要去学校，要读万卷书，要行万里路，还想与名人谈，真真切切看清这个世界。

后来果然就上了很多学，从小学、中学、大学、硕士直到博士；经历了很多工作岗位，当过老师、做过公务员，又做了生意；认识了很多人，伟大的、卑微的、牛的、有学问的；去了很多国家，远的、近的、大的、小的。

但是，关于人生，我反倒更加困惑起来，发现许多事情都被遮蔽了。许多人讲话都要先计算后果，担心不知道什么时候会讲得不招人待见，进而惹出是非，所以难得讲实话。

而人的思虑越多，心就越惶恐，脚下也就越迟疑，世界似乎也变得更加难以认识和了解，难以让人感到亲切。

原本简单的世界，被一系列理论、圣贤、说教，被一些大人、一些了不起的人涂抹花了。

宗教会把世界描绘成它们喜欢的样子：A 告诉我们一个世界，B 也告诉我们一个世界。意识形态和政党会把世界描绘成他们希望的样子：一个党眼里就有一个世界，一个意识形态就会有一套解说。

科学家和社会学家也是一样，一个哲学流派就有一种描绘，一个社会学家、一个经济学家也都会把世界用他们的方式来解读：弗洛伊德看见了性，马克思看见了吃饭、穿衣，似乎这个世界只有一种解释……

我终于还是糊涂了。

而当我沦落到社会的犄角旮旯的时候，忽然发现这个世界其实非常简单。

现实经过了这么多层的包裹，如同一个人穿上了各式各样的衣服，把缺陷和羞处统统遮蔽起来，用虚假的胸和屁股来欺骗世人。

现实驱使我奔走，眼前世界因为生存的需要变得越来越简单。我常常能在犄角旮旯的地方，在残酷的现实和赤裸裸的生活当中邂逅真相。

于是我开始扒开挡在真相前面的帘子，去探究后面的东西，突然发现真实的东西既不丑陋，也不那么美好，它只是真实存在。

看见了许多伟大人物的阴暗面之后，才发现人其实不分高下，都有天使和魔鬼的一面，都可能在某一个瞬间变得高尚，而在另一个瞬间变得卑微或猥琐。

我发现真相原来恰恰就在最犄角旮旯、最不被人称道的地方，甚至就在那些被认为是最不正经、最不靠谱、最上不了台面的人身上。他们告诉我们的恰好是生活最真实的一面，真实得让人心悸、让人害怕。

比如凤姐，大家似乎都喜欢用嘲弄的口吻来消费她。但她那张脸和她的文字告诉我们，人生就是这么残酷，奋斗其实不分早晚，不分东西南北，只要你活着面对这个世界，就是一种可爱、一种力量。

再比如一些囚犯，他们在生命的最后一刻，在临上刑场时那一回眸的眼神，其实就在告诉这个世界真理是什么。

我喜欢行走，喜欢去看不被人注意的地方。

古人有一种说法叫“逐臭之夫”，讲有个人身上散发臭味，他的亲戚、兄弟、妻妾、相识的人，都不愿和他一起生活和交往。他自己苦恼至极，却有一个人非常喜欢他身上的臭味，昼夜跟随着他，一步也舍不得离开。

似乎这个人是嗜好怪癖，然而在我看来，有勇气“逐臭”的人，才有可能在不正经的地方发现正经，在不正经的人身上看到人性的光芒。

我于是开始倒着看书，从书的最后一页、最后一个标点符号、最后一个字往前看。

我开始倒着看人生。从人的羞处看到脸、从黑暗处看到光明、从人鄙视和不屑的地方找到生的出路、从遥远的地方发现眼前的生机、从死亡的边缘看到活着的希望。

这就是我要说的“风马牛”，不相及也相及。

其实，所有生命的逻辑、现实的逻辑，都在那看似不经意、不正经的逻辑当中。

经过这样一番审视，到了扒下现实的底裤的时候，我们就会看到生命的本质就在那里。当残酷的现实裸露在眼前的时候，其实我们的信心、我们的未来也就在那里，就在脚下，就在我们奋斗的心里。

从此，生活变得有勇气，时光变得更珍贵。我要继续行走，从不正经的地方继续正经的人生！

越庸俗越自然，越堕落越人性

庸俗的事，比如打嗝、放屁，恰好是人最自然放松的状态。七情六欲是人性的体现，但从道德伦理角度看，往往是“堕落”。

人一生中很可能会在某个时候处于某种边缘状态，这种状态接近生命的本真。越低俗，视野越开阔；老装，老端着，会屏蔽掉很多真实。

我爱看街头小报，爱看犄角旮旯所有稀奇古怪的事，比如凤姐、犀利哥，我都是在小报上或者网站上看到的。看这些东西，可以开阔视野，人也会变得释然，对好坏、得失、利弊的权衡也会通达很多。

要是不知道凤姐，你就不知道天下还有这么一个有趣的女人，活得这么精彩；要是不看犀利哥，你就不知道人的外表和内心会有这么大的落差，外表很犀利，内心很柔软。所以我每天看八卦、看新闻、看街头小报，道听途说，看的都是比较低俗的事。

我不仅看今天低俗的事，还看历史上低俗的事。太高雅的事，往往离真实比较远；随心所欲，庸俗点儿，可能更接近生命的本真。很多今天看上去很伟大的事，在历史上其实都很庸俗。比如司马迁受宫刑之前，他老婆到处找人，最后差了一步，没把钱送到一个关键人物的手上，所以就没保住。

有很多所谓高雅的人，说这恶心、那俗不可耐。喝咖啡的人说吃大蒜的俗，看话剧的人说看相声的人俗；两个人第一次见面，脸碰脸亲一下，在中国叫流氓，在美国叫友好；到了西方，吃面条不能出声，出声就是粗俗，到了日本如果吃面条不出声，人家会说你不尊重厨子。

这就像比较放屁跟打嗝哪个更高雅一样，这很难说，都是人的正常需求。你说凤姐俗，有什么依据？一个长相不好的女孩想要追求帅哥，这就叫俗了吗？她爱看《知音》《故事会》，那是她选择的自由，是她的爱好，你也没理由说你看的书就比她看的要高雅。相反，我倒觉得这女孩挺真实的，她心里想什么就说什么，社会应该尊重她表达的权利。

有一次我跟朋友去看歌剧，确确实实是看睡着了，太累、太困了。但你不能说我们睡着了就是俗。歌剧是给人欣赏的，给人品评的，不能老是用仰视的角度去看它，喜欢听的时候就听听，听不进去的时候也可以睡觉，可以走人，只要不影响别人就行。

《红楼梦》大家都爱看，觉得里面的人生活得很精致，吃穿用度样样不凡，一道吃食要好几十种工序，这可以说是很高雅了吧？但里面也有描写随地大小便的细节，而且还不少，你也不能说它低俗。只能看你怎么去理解，仁者见仁，智者见智。

如果你想变得更有意思，那就稍微低俗一点。越庸俗越自然，越堕落越人性。

庸俗是什么？吃饭、睡觉、放屁、打嗝，这当然很自然。为什么说越堕落越人性？你去看那杀人犯，他的人性就是有仇报仇，你夺我老婆，我就给你一刀，就这么简单。不过如果太冲动了，触犯了法律，也不应该。

养家、娶媳妇、生孩子、买车买房，诸如此类的很多人生中庸俗的事，有些人说我不在乎，别跟我谈这个，一谈就俗。说这话的人估计是两种类型：一种是不愁没钱花的主儿，这种人是站着说话不腰疼；另一种是挣不了多少钱，买不起房子，娶不起媳妇，所以不愿意谈这事，谈了伤自尊。

一谈起这些东西就觉得很庸俗，其实完全不必如此。一般正常的人，都有这些需求，这些是美好的愿望。谁不爱钱？君子爱钱，取之有道就行了。

“禁欲”的时代早已经结束，除非你一定要“自宫”，那谁也没有办法，否则，你完全可以轰轰烈烈、堂堂正正地去追求自己的所欲所愿。圣人如孔子，一旦学有所成，不也周游列国，急着求个一官半职吗?

可见，在有些事情上，是无所谓俗与不俗的。反倒有时候，伟大的事一定要落实到庸俗上，才能开始操作。

最大的考验是收场，而不是开场

科比退役的消息当时引来无数叹息。英雄的离去，总给人们一种“天空中美好的一片彩云从此离你远去”的感觉。

科比当然是人，不是神。记得多年前，在阿里的一个活动上，我看到科比和马云之间的一场互动。给我的印象是，科比是一个很有魅力，同时也很机智的运动员。

> 马云：和你聊了之后，我发现其实我们是一样的人。
>
> 科比：打球和做生意其实有很多共通之处，关键点都是活力、决心、明确的目标，以及相信梦想会实现的信念。
>
> 马云：什么才是正确的篮球训练方式?
>
> 科比：基础训练很重要。但篮球并不是一门照本宣科的技能，创造力和想象力都很重要。
>
> 马云：你能否从动物身上学到本领?

科比：我会和女儿一块儿看《动物世界》等纪录片，比如研究猎豹的奔跑。我们其实可以从大自然当中吸取很多经验。

当然，我对科比更多的印象来自他在球场上的优秀表现。人们看到的科比总是在潇洒地奔跑，有力量地投篮，还有他神话般的得分记录。但是，即使是再美好的东西，也总有结束的时候。

我记得台湾的辜振甫曾经说过：

再美好的东西也总要结束，关键是转身要优雅。在一个华美的舞台上亮相的时候，聚光灯照下来，这时你的动作一定要舒展，要能让观众从你的姿态上看出你的坚定、从你的表情上看到你的信心。而当戏唱完了、你要退场的时候，切记转身后不能跌跌撞撞，不能丢三落四，更不能连滚带爬落荒而逃。其实，退场比亮相更难把握，因为你演绎的剧情可能已经引发了观众浓厚的兴趣，致使他们对你的背影也投入了更多的关注。

当然，老先生这里说的“转身要优雅”，指的是京剧。

对我来说也一样。我经常用这样一句话来形容走过房地产巅峰的企业：“传奇过去了，都会归于平淡；蜜月过去了，都会回归日子。”所以，现在我们也要以过日子的心态去看别人度蜜月，以平常心去欣赏别人的传奇。

事物总是在不断变化发展，人也如此。我们从呱呱坠地到长大成人，再到老去，也是一个不断变化发展的过程。在这个过程中，我们的想法也会不断变化。

2014 年，由万通地产发布的一则《临时股东决议公告》引起了人们的猜疑：冯仑是不是要“卖出”万通了？冯仑是不是要退休啊？

其实，我只是想由此开启自己地产人生的下半场，以一个结束去换取另一个新的开始。

我们都在不断创业。如果能有点成绩，那么你可能会出现在历史书的某一页上。但历史书不可能永远都有你。有的老板想一直在书里待着，但就算他待的时间再长，等不到100岁就该结束了。我们的黄金时期始于20世纪90年代，现如今，这一篇已经快翻过去了。

这样说来，我也已经到了人生事业的更年期了。我可以选择再创业，再做一个新的事，一折腾又是一二十年，挺辛苦的；我也可以选择什么都不做，因此省了很多力气；我还可以尝试用别的方式折腾。在中国特殊的背景下，大家在商业史上留下的印记被一篇一篇地翻过去，我觉得是件很好的事情。

人到底能走多远？我们自己并不知道。谁知道呢？心知道，脚知道。

但前提是，你要努力去尝试，去做。我曾经说过，40岁前，多研究、多学；40岁后，多经历困难，勇敢体验各种未知，努力实现年轻时的梦想。这应该就是我现在的状态吧。

对于中国的老一辈民营企业家来说，最大的考验是如何“收场”，而不是开场。大家如果关注媒体新闻，常常会看到某某企业被卖了、被转型了、被收购了或者企业家退休了之类的报道，这些其实都和“退场”有关系。

那么，企业家们退场以后该做些什么？我们应该如何规划自己未来的日子？

我有个朋友在退休后总说要“换个活法”，意思是要开拓人生新的事业天地，让自己的人生更丰满。他的想法是在70岁以后去阿拉善的沙漠上种地。这种新的活法，与钱无关，只关乎自己的梦想和情怀。

在我看来，企业家们创业的过程很像是养孩子：当孩子还幼小稚嫩的时候，需要倾注所有的时间和爱去养育呵护；等孩子长大了、有能力独立思考并外出闯荡了、最后可能不再需要我们的时候，我们应该还会有很多别的事情可做，比如公益事业、学术研究，或者旅行、做自媒体。

总之，我的脑子里有很多稀奇古怪的想法，足够我打发余下的人生了。我相信科比也是一样，每个新的开始都需要用一个结束去换。今天，当我们看到科比在辉煌的巅峰上优雅转身的时候，我们应该为他鼓掌，这才是对英雄最好的赞美。

第七章　世界那么大，我想去看看

56万美元的医疗费，这个医院给她免单

奥巴马推行美国医改的时候，曾经三次表扬过一个机构——梅奥（Mayo）。因此，我和朋友们后来也通过德恒医疗机构的安排，去梅奥考察过几次。

去之前我就了解到，梅奥已经成立150多年了。美国南北战争的时候，有一个医生在部队行医，内战结束之后，他建立了这个医疗机构。经过两代人的发展，梅奥发展到今天的这个规模，并且逐步变成了一个公益机构，外界的捐款全部被用于医学研发和医疗设备改进。

到了梅奥之后我才发现，它在明尼苏达州罗切斯特这样的一个小城市里。这个小城市只有10万人，其中5万人在梅奥工作，还有几千人在IBM工作。

在我的印象里，梅奥有三个特点：第一，收费不高；第二，医术极好；第三，管理非常高效。于是到了梅奥之后，我们也做了个体检

感受一下。我发现几件事很有意思。

第一，抽血的时候扎针不疼。扎针怎么能不疼呢？我以前抽完血以后，经常会有一块青的瘀血，肯定疼。但是在梅奥，如果护士扎针之后病人觉得疼了，就是她的工作失误。

后来我看资料了解到，扎针不疼的确需要技巧，角度很重要。平常我们去抽血的时候，护士会拿胶布按一下针头，一旦针头翘起来，改变了角度，病人当然会觉得疼。而梅奥对护士的要求是，针头要45度角进去，而且始终不能碰针头，所以病人几乎没什么感觉。

第二，梅奥的整个流程管理效率非常高。我们体检了两天，在这个过程中，情况随时可能有变，比如某些项目要加快进度，有些项目要新增进来，有些项目可能会被临时取消。这么多人需要体检、看病，岂不会受到影响，变得很乱吗？

结果一点都不乱。每个病人都有一张详细的日程表，几点要到哪儿都很清楚；如果行程有变，项目负责人马上会去电脑上改，根据各方面的改变协调出一张新的表格，打印出来给我们。等我们要去做那个项目的时候，医生肯定在那儿。这个过程非常高效，任何一个变化都能迅速搞定。

而且我听说这个机构非常牛。牛到什么程度呢？有些官职很高的国家元首、领导去体检，想插队，均被拒绝。因为梅奥奉行的原则是，只要在我这儿，都是病人，只要你没有预约，都是要排队登记的。

尊重规则，而不是尊重权势，最后反而赢得更大的社会尊重。这样的医院规则，也体现了美国整个的法制和程序，从细节来看，那也是美国文化。文化就是渗透在血液、习惯、精神里的思考方式和做事方法。

第三，医院对病人十分尊重。体检前，院方要跟我签一份很复杂的个人隐私协议：“你的体检信息是只给你自己看呢，还是任何人都能查看你的信息？“当时我被问住了，以前体检的时候从来没有人问我这个事，体检报告谁都能看。我说，那我就签只能自己看吧。

体检回来一段时间以后，德恒医疗机构提醒我去收取体检报告，因为指定给我本人，他们没有办法取得。梅奥这种对身体信息隐私的保护，其实是为了防止病人信息被他人恶意利用，我觉得这一点做得很好。

体检之后，我对这个公益机构有了新的好奇：它怎么协调自己的公益性和日常运营费用？做翻译的中国人给我讲了几个故事。

有一个中国的东北女人，老公失业两年半，家里很困难，就靠她倒腾一些中国货养活一家三口。她父亲来美国看她，突然觉得不舒服，查出来是胰腺癌，被送到梅奥去治疗，最后算出来医疗费用一共要 56 万美元。

这笔钱对他们来说太难了，于是女人的老公就给政府有关机构写了几封信，最后这个账居然就免了，全家人感动得热泪盈眶。其实这个账也不是政府给的，是一些慈善机构设立的专项公益基金，专门用来帮助医院里的特殊困难病例。

先到医院看病，最后找到公益组织捐款，这个制度安排很好。

还有一个故事，是一个 30 多岁的大姐，偷渡到那儿之后突然肚子疼，好像是急性阑尾炎，被送到梅奥之后，马上实施救助，环境、设备、护理都很到位。

按理说，她是一个偷渡犯，如果放到其他国家的医院，甚至可能不会搭理这类病人。但梅奥的理念是：只要是在医院，进来的都是病人，每个人有平等的生命价值，一定要实施救助；出了医院，才有罪犯和非罪犯，再考虑法律上的问题。

这个机制非常好地体现了梅奥的公益价值观。我们办企业的也是这样，需要价值观和理想来引导，需要使命感来驱动，这样才能做出正确的决定、坚持正确的方向。

我在梅奥的两天时间，一半用来做体检，另外一半还得上课。上什么课呢？拿着自己的体检报告过去，教授和主治医生会告诉你，你的肝是什么情况，心血管上有什么东西、没什么东西等，所以现在我知道自己所有器官的运行情况。

把自己研究得这么清楚，第一反应当然是放心了，因为确定没什么大事。但是当人完全看清自己的时候，会有一种很奇怪的感觉。本来我们说，“人要有自知之明”，说的是对自己的品质、性格、能力的自知，但很少会提到对自己肉体的自知。而体检完以后，我对自己的肉体知道得非常具体，感觉整个人都很通透。

在梅奥的两天体验让我非常难忘。梅奥还有一个博物馆，我从那儿买回了大量的书。

在建设大型综合社区城市、城镇方面，梅奥和当地城市关系的案例非常值得“立体城市”去借鉴。梅奥凭借它的价值观、服务和管理体系，不仅赢得了整个城市的尊重，也赢得了全美国人民的尊重，由此成为美国最顶尖的医疗机构之一。

一个难民比居民还多的小岛，却最讲人权

有一年，我和史玉柱、陈东升，还有美特斯邦威的周成建、佘山高尔夫的张总等人，一起去了澳大利亚西部的“圣诞岛”上待了两三天。

我们在岛上发现一种“椰子蟹”，能用钳子把椰子扒开，这种螃蟹不是生活在海里的，而是陆地上，能活 80 年。另外还有一种同样生活在陆地上的螃蟹，是红螃蟹。放眼望去，岛上的螃蟹成片，很是壮观。

红螃蟹的交配很有意思。在交配之前，公螃蟹要翻过很多小山坡，花两个星期的时间来到海边，把自己洗干净了在那儿等着；然后母螃蟹就会慢慢过来，同样爬到海边洗干净。它们选择在那个地方产卵，是因为那里的水温、气候比较合适，而且那里的地形像一个港口，排出的卵不会被吹走。

交配完以后，母螃蟹会在海边排出好几百万的卵，再原路返回——一模一样的路径，丝毫不差。破卵而出的小螃蟹，才几毫米大，长大以后，居然也会沿着他们父母走过的路，丝毫不差地走回去。

如果是一个两岁的小孩，他肯定还不能认方向，更不可能知道自己妈妈走过的路，而小螃蟹知道。

动物世界总是有很多令人惊奇的地方，越看越觉得人类没有什么值得自我夸耀的地方。其实人类各方面的能力、美德，都能在不同的动物身上找到，而且比人类做得还好。

在这个孤悬海外的岛上，我们还看到一个更有趣的现象，从而对“人权”有了新的理解。

这个岛版图独立，有133平方公里，上面有1 400余名居民，其中2/3是华人。除了居民之外，圣诞岛上还有3 000多个难民，他们来自伊拉克、阿富汗、伊朗等国。我发现，那里的难民可以分成两种：一种是“有钱的难民”，一种是真正无依无靠的难民。

“有钱的难民”是跨境的难民，通过交6 000 ~ 10 000美元给“蛇头”（指组织偷渡的人），“蛇头”把这些难民从上面提到的这些国家偷运到印度尼西亚，然后再租一条船，带他们“冲”到这个岛上。

这个“冲”的过程非常有意思。圣诞岛有一条海上国界线，澳大利亚的军警和海上警察会不断驱赶这些难民船，阻止他们靠近这条界线。如果警察成功把难民船赶走了，那这些难民就绝对没有登陆的可能；但如果难民船成功突围，越过了这条界限，那警察就会改驱赶为欢迎。

双方就像打球一样，冲过去了就算赢。难民船一旦进入港口，就自动被赋予了“人权”。

我们到圣诞岛上的当天，就目睹了55个难民冲过来。因为当时的浪头非常大，澳大利亚政府海军就把这些难民引导到浪头稍小的港口，然后把装运的毛毯、香烟、牛奶、衣服分发给他们。

大概经过三个月的甄别，大部分难民会被运到澳大利亚本土，作为澳大利亚劳动队伍的补充资源，也有少部分被送到第三国。

在这三个月内，所有难民都被临时集中在一个地方，用铁丝网隔离开来。但我们听到他们在里边唱歌，听上去很高兴。后来发现，难民住的房子，比我们的经济适用房还要好；成立了家庭的和单身的还可以分开住。

难民的小孩不仅喝牛奶、吃面包、有毯子，还全部穿着比当地居民小孩还要好的白色新衣服，被组编成班，可以上学。据说因为一个难民小孩不能上学，他妈妈起诉政府之后，还获得了赔偿。

后来我们了解到，这个非法移民的待遇问题，已经成为整个澳大利亚的社会问题。因为要保障难民的人权，政府花了很多钱，以致当地居民意见很大，觉得难民不仅抢了自己的就业机会，政府还要拿纳税人的钱来给难民提供福利。

但通过这件事情，我们看到了在西方国家的价值观下，为了落实保障人权而采取的具体方法——为此买单。

我发现，说好话是要买单的，做好人也要买单，所以说好话和做好人都不容易。一个人如果只想说好话，而不想为此买单，那么这个人就是虚伪的，最终会被戳穿。对于一个国家来说也是一样。在任何社会中，“保障人权”都不是一句空话，也不仅仅是道德伦理问题，这实际上意味着要安排一整套制度，并且要有强大的预算来支持。

我曾在海上漂了半个月，从加勒比到迈阿密

有一年春节，我没留在北京，而是和慧聪集团的董事长郭凡生一家相约，选择加勒比这条航线，经历了一次有意思游轮旅行。

在 60 年前，迈阿密就已经有了游轮，相当于一个流动的五星级酒店，有 300 米长，14 万吨重，能容纳 3 000 人。

这个“酒店”从总统套房、行政套房、标间到普通房，一应俱全，还分成海景房和非海景房；配有会议中心，上层有游泳池、高尔夫球训练馆、健身房和各式各样的餐厅、电影院。最有意思的是，游轮上还有一条 300 米长的商业街，很受欢迎。

游轮一般有很多航线，比如地中海、加勒比、阿拉斯加、东南亚线等。如果选择比较长的航线，船上的 3 000 人就要一起待半个月到一个月的时间。人在脱离大陆、漂在海上以后，就形成了特定的人群，还真可能发生泰坦尼克号上的浪漫爱情故事。

游轮上的员工来自 60 多个国家和地区，包括菲律宾、中国香港、越南、海地、西班牙、墨西哥、智利……可见美国社会的开放程度。最后大家就养成了一个习惯，先问“你从哪儿来”，然后再开始聊天。

游轮的管理制度非常精细，出乎你的想象。比如，员工签一次合同是 3 个月，其中收入的一半都来自小费。所以他们会特别殷勤地为你服务，在船上的这十几天之内，他对你一定非常熟悉。

到了牙买加之后，我发现牙买加人特别喜欢绿色和黄色，而且那种绿色和黄色跟我们平常看到的不太一样，特别扎眼。

这个地方非常热，我们挑战了“海浪骑马”项目，海水基本上没过了马脖子和马背，马在水里跳，浪在身边鼓，心在嗓子眼蹦，还真的比较难驾驭。

牙买加人喜欢把他们的明星贴在墙上，跟我们农村贴广告似的，到处都是。起初我们以为是政治人物贴的竞选海报，结果他们说不是，都是自己喜欢的明星。

牙买加只是沿途的一个站，后来游轮又路过海地，那儿的风特别大，我看到海地人开着船靠近游轮，每个人都显得特别黑，看上去很贫苦的样子。

海地老是政变，联合国的维和部队也经常去海地。游轮上的导游向我们介绍，有一次海地的总统被赶下台之后，居然被发现是个盗窃犯！据说他们家被抄了以后，床下埋着一捆一捆的偷来的钱，都湿得黏到一块儿去了。

游轮的终点是迈阿密，导游带我们参观了明星岛，岛上全是豪宅。

其中有一个宅子里曾经关着诺列加，他以前是巴拿马的总统，但因为他不听美国的话，又可能参与了南美的贩毒活动，美国居然直接出兵巴拿马，把这个总统抓了起来。但苦于没地方关押，就在明星岛租了这座豪宅，直到我们去参观明星岛前不久才刚被释放——这在国际关系和国际法中都是很有趣的现象。

在迈阿密，我们还参观了一个“棕榈小区”。这个小区已经盖了七八十年了，当时盖起来就是开放式的，有点像咱们的“新新小镇”。

迈阿密有一个很有特色的酒店，是一个“铁路大王”造的，克林顿有时候都会去那个酒店住。加拿大最高级的酒店，也是大概20世纪三四十年代时最有钱的“铁路大王”建的。看来，“铁路”曾经是人类创造财富的重要手段。

这个“铁路大王”一生就造了这么一座酒店，但遗憾的是，这个人后来因为冒进的经济活动而破产了。

人生总是会干一些对事和错事，我们不能要求每个人在每个阶段都是对的，更不可否认他们留给社会的财富。

从迈阿密回来以后，我给朋友打电话，知道他是在土耳其过的年。他说，有时间应该再去趟古巴。

我对古巴这个地方确实挺好奇，因为听导游讲过一个故事：

当时卡斯特罗革命成功以后，美国为了壮大自己，表示欢迎大家到“自由世界”去。结果，几十万人都一下子涌到了迈阿密。美国开始不太在乎，后来害怕了，因为他们发现卡斯特罗把社会的老弱病残都往美国送——你不是自称“自由世界”吗？这些人我们不要，你要吧。于是，这些移民就在古巴办了手续，还盖起一栋黄房子，就叫“自由塔”。

直到今天，迈阿密人口中的外国人还是占多数，外来民族多，文化不高而且背景复杂。那儿的教育水平也是全美最低的，曾经有人担心迈阿密会非常难管，认为整个社会一定会乱。但神奇的是，迈阿密目前是美国第五大城市。

美国通过制度管理，能够吸收并且处理好这么复杂的情况，并激发这些人在这块土地上成长和创造。可见，一个好的制度，可以促进多元文化融合。如何发挥制度的强大力量，非常值得我们研究。

他的自私令人肃然起敬

这几天纽约的天气真好，有风吹过的空气非常清爽、透明，甚至可以看到远处一缕缕的霞光。在这样的一个好天气下，我又一次登上了新的“世贸中心 1 号楼”，也就是原来自由塔最高的一层、未来“中国中心”的所在地。

我在 89 楼边走边看的时候，除了熟悉的自由女神、帝国大厦以外，突然进入眼帘的还有脚下鹤立鸡群的一栋高楼。我问同事：“这就是新建的那个四季公寓吗？”同事说：“对，这栋就是拉里 · 西尔弗斯坦做的四季公寓。”

当这个名字突然跳出来的时候，我一下子觉得好感慨，拉里 · 西尔弗斯坦是我工作中的对手，也是我的伙伴，他居然在离“中国中心”不远的地方又建起一栋这么漂亮的公寓。

由此，我想起好多跟拉里打交道的往事。这当中有一些特别的故事，时时提醒着我，也启发着我，在纽约应该怎样做事，应该如何看待美国人的生意经，怎么样来体会美国人那种理直气壮、赤裸裸、却又充满正义的“自私”。

大概是2002年年底，美国这边的合作伙伴介绍我跟拉里认识。他告诉我，拉里掌握着重建世贸中心的权力。拉里非常客气地迎接了我们，并且请我以后都到他公司用餐。盘子里的食物很精致，但分量非常少，而且每次都是这样，不让人吃饱。在纽约，“抠门”就是拉里的性格符号，“自私”就是他的品牌印象。

在不谈生意的时候，拉里非常热情，每次见面都会给我一个热烈的拥抱，而且总不忘问候一声：“你的孩子怎么样，夫人怎么样啊？”作为一个中国人，每次听到他这样问，我都会觉得这个老大爷很真诚，很好。但一谈到钱，他会立即拉下脸，一分钱都不让，而且态度非常强硬，你能感觉到他是站在自己的立场上，用一种钢铁般的意志，非常执着地捍卫自己的利益。

纽约人跟我讲过一个关于拉里的故事，他的自私已经到了只顾自己的荒唐地步，但别人也拿他没办法——“9 · 11”事件之后，大家都沉浸在痛苦、悲伤和愤怒的激动情绪之中，拉里似乎一刻都没来得及悲伤，马上提起了一个索赔诉讼，只想把自己的钱拿回来。

这是一笔什么钱呢？

本来世贸中心的两栋建筑，分属于三个利益关系：

第一个是土地所有者——土地永久归纽约和新泽西州港务局两个州政府的下属企业所有，不得转让。

第二个是业主——业主租了这块地，盖起两座双子大厦，每年要交地租，而且合约中规定，即便遇到像“9 · 11”事件这样的意外，地租也不能停交。

第三个就是拉里——他从业主手中买断了双子大厦的经营权，同时要承担每年付给港务局的地租。

在买断经营权之后的半年时间中，拉里一直在调整经营策略，希望提高物业效益。同时，他当然会考虑到风险问题，因为世贸中心曾经两次被恐怖组织袭击过。鬼使神差地，拉里居然就在“9·11”事件之前几个月，买了一份“恐怖主义保险”，一旦遭遇恐怖袭击，他将会得到巨额赔偿。

纽约有这么多大楼，只有他买了这个保险。这个举动爆发出的“寸劲”就在于，发生了“9·11”事件，保险买对了！因为大楼无法继续经营，又要付地租，所以拉里急着要保险公司赔付。

这个事件本身不会引起媒体的骚动，也不会让纽约人神经不安，但令人大跌眼镜的是，拉里要求保险公司赔付两倍的价钱，他硬要说双子大厦是两栋楼，这两栋楼倒塌的时间相隔不到半小时，所以要赔加倍的钱。

于是，拉里被千夫所指，所有媒体、民众都对他大加批评，说这个人自私得简直不像话，别人都这么悲伤，他却只想到自己。面临这样的高压舆论，拉里不为所动，他认为这是自己的权利，他有理由、也必须提出自己的利益主张，毫不退缩。

庭审最终判决，保险公司还是赔付一倍即可。法院的理由非常充分：第一，双子大厦是同一个地基上的两栋楼，一个项目，只赔一次；第二，政府把这次恐怖袭击定义为“9·11”事件，一次事件，只赔一次。

戏剧性的变化是，判决下来之后，拉里没有提出二次诉讼，也没有去跟媒体和公众解释，马上用这笔钱重建了世贸中心 7 号楼。其实 7 号楼在“9 · 11”事件中只是被连带着损伤了一部分，并没有完全倒塌，而这栋楼的业主百分之百是他自己家。

拉里用保险公司的赔款重建了 7 号楼，并且把 7 号楼归到自己子女的名下，作为他们的私人物业。但是其他几栋楼需要重建的费用，拉里不肯拿出来，说自己没钱，并且和政府谈判，让政府出钱重建。这又引来了政府和民众的批评。

结果，政府收回了他继续重建 1 号楼和 2 号楼的权利，只能重建 3 号楼和 4 号楼；同时，还租了本来属于拉里的 4 号写字楼一半的面积。对拉里来说，政府不仅要付给他租金，保障了他的利益，同时也减少了他的风险。在“9 · 11”事件重建的大背景下，政府没有用政治手段强迫拉里为国家和民族承担什么责任，它没有这个权力，更没有这个习惯。

后来，我在纽约陆陆续续地参加了很多活动，慢慢地接触到了拉里的另外一面。

有一次我去中国领事馆，看到领事馆对面两栋大楼下，有一群邪教成员，每天像准时上班一样在那儿坐着，弄了一些标语，好像在抗议。当时是冬天，整个气氛很肃杀。

同事告诉我，中国领事馆对他们的这种行为已经习惯了，而且受到影响最大的，其实是拉里。怎么又跟拉里有关呢？因为那两栋高的住宅楼是属于拉里的，如果这些人总坐在这儿，会影响他的物业管理品质。所以拉里不断地和中国领事馆交涉，通过正当的途径把他们请走。这样一来，拉里既捍卫了自己的利益，又间接帮我们清理了邪教组织。

这两天，我去纽约大学开会，突然发现，纽约大学的房地产居然也得到了来自拉里的很多公益捐助。其实，拉里为这个城市的发展也奉献了很多时间和精力。这让我觉得，这样一个千夫所指的、自私的人，其实在做公益的时候，也是毫不吝啬的。

今天我看到的四季公寓，事实上就包含了拉里在商业中的寸土必争、锱铢必较，还有生意以外的温情和责任感。四季公寓的品质很高，房价比周边房子要贵很多，但事实上，他通过1:5的中国移民资金，融到了中国的钱，投到了这个项目当中。

因为这种融资过来的资金成本，也就是2%~3%，相对于其他融资来说成本是很低的，而且时间很长。所以这不仅表明拉里精明地洞悉了中国给他提供的商业机会，而且也透露出他和中国的温暖联系。

无独有偶，我还听说了另外一个像拉里一样的美国企业家故事。

有一个亿万财产的企业家，他的儿子被人绑架了，绑匪逼迫儿子给他打电话要赎金。结果这个企业家接到电话以后，居然无动于衷，还对儿子说："你是不是打错电话了？你怎么问我要钱？被绑架的又不是我，你自己去解决。"

作为父亲，他这样的反应是出乎意料的。当时连绑匪也被惊到了，一时不知所措，逼着这个孩子继续打电话，企业家最后妥协说："如果你现在有困难，你可以向我借钱，但我不会给你钱。"最后，儿子为了脱身，请自己的律师和父亲的律师做了一份文件，向父亲借了一笔钱给绑匪。

这样的事情，在我们看来很冷血，但是站在这个企业家的立场上来说，其实他的逻辑很简单：被绑架的人，应该自己去解决问题，而不应该来打扰我。如果你解决不了，有困难可以向我寻求帮助，但我没有理由无偿、无原则、无限制地替你花钱。这就是他的价值观。

我是在一个特别漂亮的中式庭院里面听到这个故事的。我也有些诧异，觉得美国人的自私简直到了六亲不认的地步，太可怕了。正当我在感慨的时候，朋友给我讲了这个故事的后半段：这个企业家去世以前，把他所有的财产捐给了一个公益基金会，来支持艺术的发展。我们当时所在的这个院子，就是这个企业家捐赠的一部分。

他不愿意给自己被绑架的儿子赎金，但对社会公益、艺术文化又如此慷慨，这大概就是美国企业家对于“私利”和“公益”的理解和立场：在私利方面寸土不让，在公益方面又慷慨解囊。这就是我理解的“令人尊敬的自私”。

拉里在我心目中，就是这样一个让人肃然起敬的“自私自利者”。换句话说，他是一个永远不放弃自己的权利，但也不会逃避责任、充满温情的企业家。中国企业家或许不习惯这种自私，甚至会带着鄙夷的目光去看待他，但美国的企业家能把公私的立场分得非常清楚。

自私其实并不意味着丧尽天良、不讲人情。在自己的利益范围内，理直气壮地捍卫私权，并没有什么错；同时，又能履行自己作为公民的责任，温情地关照社会教育、公益，体现君子风范。

我站在世贸中心 500 多米的楼顶时，对拉里的自私肃然起敬，但从楼顶下来之后，我又开始感到游移：美国式的自私，是不是就是我们企业家应该坚持的立场呢？如果把这样的立场带回中国，又会被如何解读呢？

在市场经济下，企业家对私权、公权，自我、他我之间的关系，应该有一个更深刻的界定和拿捏。只有处理好这些关系，我们才能在中国的市场竞争中，扮演好自己的企业家角色。

这些美国“骗子”靠手艺攒了几栋楼

大概在 15 年前，世贸中心被拉登“强拆“之后，我们参与了在纽约世贸大厦“中国中心”的项目。

2002 年下半年我去了纽约，研究重建的事。2003 年开始，前后去了 50 多次，跟所有的地产公司有了深度接触，我发现有几件事是以前没有遇到过的。我认为那些事是这个行业的未来，我们现在就像 5 岁的小孩，看到哥哥姐姐们拉手，想知道拉手以后那些“大人的事”一样。

当时，当地机构给我们推荐了 7 家合作公司，居然分三种类型。我们当时就愣了，在国内，不是只有一种房地产公司，叫“黑心开发商”吗？难道美国的开发商还有黑心和白心之分？后来发现，心都是一样的，只是玩法不一样。

第一种开发商是很有钱的老家族，就像中国刚开始有钱一样，自己出钱自己做，做得非常慢，但是品质非常好，可以合作。

第二种就是现在我们说的“不动产投资信托”，他们养了一批经理人，每半年或每季度都要分红，所以活儿干得特别快，这些人也可以合作，但是他们的质量特别粗糙。

第三种开发商，是只出很少的钱，甚至不出钱都能挣大钱的那种。我当时纳闷，在我们这里，没钱做买卖的叫骗子，在美国就成了牛的人。于是我们开始好奇地研究这类开发商到底凭什么挣钱，后来我们看见了两个典型案例。

一个是现在的时代华纳中心，给这家公司操作的是一家叫 The Related Companies（瑞联集团）的开发公司。这家开发公司只付出 5% 的资本金，却能得到 45% 的红利，其他跟着投资的也有 30% 左右的回报。钱从哪里来呢？专门有一家公司出钱。

后来我问金融公司为什么要跟着它做，他们说：“在纽约做房地产生意的，The Related Companies 的回报永远比别人高。必须有本事挣得比别人多，才有大公司愿意跟着你投资，才能动用巨额资金、赚大钱；没本事的话，就只能用点小钱，找银行借，或者是用祖上留下来的钱。”

我去了那个开发商的家里，发现他居然在自己家里建了一个青铜器博物馆，更有意思的是他在生活每个细节上的创新。他每隔半年会换一个地球上最奇怪的人种来做保姆，这些人来自各样种族中犄角旮旯的部落。他说：“我每半年了解世界上一个很极端的地方和文化，这样全世界的事我都懂了。”

所以我就发现有这么一类公司，只靠创意、专业、手艺，就能挣得比别人多。

第二个例子是洛克菲勒中心公司。公司的老板叫杰瑞，非常牛，而且是纽约式的牛。我当时刚到美国，时差没倒过来，有点困，他让我出来走走。他说：“年轻人，你抬头转 360 度看看，所有的天空都是我的。”因为那一圈楼都是他的。他当时管理着 120 亿美元的基金，在美国房地产基金中排第三，但那圈楼中，除了一座楼是他自己的物业，剩下都是基金的。

中国的房地产商被误认为很有钱，其实不然。因为媒体统计的时候忘了把税款计算进去，忘了还有我们为自己犯错误买的单，还有管理费等。媒体认为你赚的钱，和你实际装到口袋的钱，永远差了 2/3。大家以为你赚 100 块钱，其实口袋里最多 30 块钱。

再后来我到纽约次数多了，没事就坐在高处，数这些楼都是谁的，发现这些大楼没几个是属于地产商的。大部分楼是谁的呢？是保险公司、养老基金、退休基金和金融机构的。

在国内，我们习惯说自己拥有多少平方米，但我发现美国很多开发商干了三四代，也就两栋楼，还都很自豪，因为一栋楼值几十亿美元。弄了半天，原来地产商是一个手艺人，替别人干活，最后用自己挣的钱慢慢攒了几栋楼。

这就是 200 年以来，纽约房地产商的故事和现状。房地产的发展实际上经历了一个由低到高的过程。

最低的时候，房地产属于制造业，挣的是加工费，做的是苦力，追求的是速度快、成本低、规模大。我们国内第一波开发商大部分属于这类，美国早期也是这样。

随着中国经济和城市化的发展，未来的房地产行业会逐步从制造业变成服务业，再变成金融业。有了参照，这样我们就清楚了，作为一个企业应该在哪里卡位。

要走这条路，相当于小孩子在研究大人的事情，这就是“察于未萌”。这句话出自司马相如的“明者远见于未萌”，形容聪明的人能够注意细节，往往在事情还没发生的时候就能早早预见。

所以我们一直强调，要眼光好、手艺好、良心好，逐渐由过去制造业的力气活儿转型到服务业的手艺活儿，成为一家专业的房地产投资公司，用服务来统领开发，最终提高物业收入，这是一个非常大的转变。

饥饿是没有乳房的

这是一个差不多十一二年前就定下的标题。那一年，我和张跃以及另外几位朋友去北方的一个邻国。

我们从沈阳上了飞机，过了丹东，一踏上这个国家的土地，突然就感到视觉上很不适应。除了天空昏暗以外，男人的面色都非常暗，而且站在一起排队的时候，发现周遭每个人都非常单薄，就像一张纸。

对于那样一种单薄、昏暗的感觉，我起初也没有想太多。但是，待了几天以后，突然觉得不对，为什么都是单薄的？那里应该有女人啊，女人不应该也是这样的！于是开始仔细地看，发现这里的女人和男人其实差不了太多，在她们宽大的衣服里，略显驼背的身躯下，几乎看不见她们的胸脯。

女人的美就在于曲线，那种曲线的美在十几岁发育以后，就会从胸和臀部充分地舒展开来。但为什么这儿的女人这么瘦小，个子都这么点儿呢？胸脯跑哪儿去了呢？

回来以后，我就拟定了个题目，叫“饥饿是没有乳房的”。因为我被这种扁而平的女性深深地触动，因为在这后边有很多奇特而令人唏嘘的故事。

因为饥饿带来了一系列的疾病，除了白内障、骨折、甲状腺亢进等跟饥饿有关的病以外，更重要的是人的身心发生了改变：男人的脸开始凹陷，女人的胸脯越来越扁平——胸脯是要脂肪供养的，但人在饥饿的时候很难堆积脂肪，发育也就不容易完备，所以胸脯就慢慢瘪下去了。

于是我想，到底中国改革开放以后，这个胸脯是怎么挺起来的？人的脸色是怎么红润起来的？男人的肚腩是怎么越来越肥硕的？

我们这里先不说别的，单说女人的胸脯。至少有三个原因，让中国的女人在改革开放这30年里，胸脯变得逐渐高耸起来。

第一，当然是生活状况的改善、营养的充沛以及身心的健康。

今天，中国人开始关心过胖的问题，而且全是富贵病（三高的问题），不再担心吃不饱了。所以，伴随着经济增长，摄入营养的大幅度增长以及身心的愉悦，是让女人胸脯挺起来最重要的一个原因，而且是一个持续的发动机。

第二，科学技术的发展。科技进步了，女人可以借助于外部的各种技术手段，比如说丰胸的技术、药物等，让胸脯变得更有型、更好看。

一次偶然的机会，我认识了一个老板，这个老板的经历非常奇特，他是学钢铁的，但现在却成了最知名的女性内衣品牌的老板。

他告诉我说，他起初学的是钢铁，而且是特种钢，所以他刚从政府机构出来做生意的时候，就想把这些东西卖给其他的厂商，结果发现有很多内衣厂商成为他的一个巨大的客户源。于是他就开始琢磨，为什么女人的内衣需要钢材？这么硬的东西怎么能放到身体上，跟身体接触？通过认真研究，他发现，原来现在的社会进步使女人在胸部塑型方面有了需求，而这个需求的满足，需要把一种特种钢嵌入胸衣里，来托住乳房的下半部，使其保持美好的形态。

如今恐怕所有的胸衣都在用这些钢材。这种特殊的钢材贴在身上，能传导温度，身体也比较不抵触，塑形也比较容易，而且沾水后也不容易生锈。于是，这个老板就改行，开始做女性内衣。在他看来，一个胸衣里最关键的技术就是塑型的钢，而他是钢材专家。

今天，一个硬汉从一个最过硬的专业投身到了一个最温柔的女性内衣行业。他的技术让女人挺起来了！

第三，由于生活水平提高，女性开始注重自己胸部的保健。我看到很多地方有一些专门的胸部保健广告，而且出现了胸部保健专家，专门呵护女性的胸部，使她们从很小的时候就能够健康地发育，在青年时代懂得正确地养护，完成生养和哺乳任务以后能够尽快恢复，从而得以在人生的整个过程中保持健康和优美的体态。

这三种原因，都是中国改革开放 30 年以来大家有目共睹的。

所以，回到十一二年前，当看惯了那些凹凸有致、前挺后撅的女性的一帮老爷们突然进入一个国度，看到女人都是平着的时候，自然会感到非常不习惯，老觉得什么地方不对劲，甚至有走错了地方的感觉。

再看看我们的国度，改革开放 30 年里，一个很大的进步就是中国人的健康指标大大改善了，这是可以从国人的身高、胸围这些数字里看到的。

有一项研究，说改革开放以来，最大的受益者是女性，因为女性的平均胸围增加了两厘米。也就是说，如果从那个成功转型的老板生产的胸罩行业来看，他现在卖得好的已经不是 A 罩杯了，而是 C 罩杯。这是改革开放以来最大的成就之一。

女人的胸越来越高，身体越来越好，要求也就自然越来越多，而男人的精子死亡率却在不断增加。于是就出现了一个生育上的困惑，这也是现在人工辅助生育技术在中国迅速发展的一个重要原因。

关于人工辅助生育的技术，我了解到的一个数字是，中国平均每年就有 40 万例试管婴儿出生，光湘雅医院一家一年就有 3 万例，几乎像流水线一样在造人。

显然，改革开放以来，女人的胸脯挺起来了，同时又带来了另外一个问题，就是生育的压力。所以现在放开二胎，希望男人通过加油来追赶上女人的胸脯挺起来的速度，使我们的人口数量跟经济成长需要的人口年龄更加匹配。

最后，重温一下当年从那个国度回到沈阳时第一个闪过脑海的念头：在中国，做女人挺好，男人要加油！

走得越远，胆子越大

旅行成为我做企业以后最重要的“工作”。据秘书统计，我曾经有一年一共飞了210次，其中100次是国际旅行。中国几乎所有的县我都去过了，县以上的省会城市更是去了多次；目前为止，我已经去了70多个国家。年轻时，我总想走天下，现在看，已经走了一大半了。

旅行给我的一个启发是，它可以消除人的恐惧。人生下来胆子很小，但是走得越远，胆子就会越大。我看过了战争，经过了以色列，到过巴勒斯坦、加沙、黎巴嫩，看到了耶路撒冷老城，也看到了历史上因为宗教产生的冲突。这个过程中，我看到各种文化的不同，最后胆子变得很大，这都是由于我开始对人有了了解。

小时候，我们看到戏剧里的坏人都是横眉立眼、五大三粗，非常脸谱化，所以出去旅行就会本能地害怕。我在耶路撒冷的时候，以为当地会有坏人，但是后来发现，当地人都很友善；我还去看过监狱里的罪犯，发现他们也有柔软的心。

把人都了解透了，就不恐惧了，因为你有办法和对方沟通。在沟通的过程中，要不断解放自己的观念；学会和陌生人说话，需要突破自我，比如学着怎样说第一句话来调动大家说话的欲望，比如当语言不通的时候又要怎么说，怎么让彼此放松警惕。

王石说他去印度尼西亚爬山，是找当地的食人生番当向导的。我问他："他们饿了会不会吃你？"他说："本来很紧张，食人生番光着身子，底下就一条布，但他们也不是什么人都吃，沟通很重要，要让大家都放松、有安全感，所以，先开口说话很重要。"

我去台湾骑自行车环岛，发现说话是一个大事情，虽然都是中国人，但是文化不同。一个团队里，你说笑话他不乐，他说一件事你也没感觉。大陆人比较爱问"统一"的事，台湾人不关心，人家不爱听国家、社会，就爱听挣多少钱、买什么保险、拜什么神，这事儿咱们又不擅长。可是我们要一起骑行 11 天，早中晚都在一起，总要找些话题来聊。

跟陌生人说话能说多久，也是很大的问题。大陆与台湾文化的差别，表现在个体相处的时候，而不是社交的时候。因为我们在社交长河中多数时候是按公共规则来行动的，大家把自己都包裹起来了，床上和花钱的时候才最能体现文化差别。就像两个人在社交聚会上一见钟情，结婚相处后才发现彼此文化的差别。

有个苏州女大学生跟老外结了婚，婚后发现老外把钱算得特清楚。女人很生气，可是老外觉得挺奇怪："你的钱为什么要跟我的混在一起？将来算不清怎么办？"后来两人又因为"女方母亲该怎么养"而起了争执。在中国，如果父母生病了，只要子女有能力，就一定要赡养父母；但是老外不同意，说要分清楚权利和义务，女人就觉得老公不孝顺。于是，两个人就一直吵架。

在沟通的过程中，要理解彼此的文化差别，尊重习俗。比如穆斯林地区有自己的饮食习惯和净身习惯。他们的要求非常严格：去清真寺之前，要先净身；如果净身之后，到寺内去的路上排气了，这污秽之气是不能带进寺里的，要出来重新净身。

而我们汉族人并没有这么自律，我们的传统一直是比较随意的，比如一个词语可以有多种理解方式：可以说一个人懦弱，也可以说他好死不如赖活着，还能说他能屈能伸大丈夫。所以，汉族文化使这个民族很难琢磨，脑子里天天在变；其他犹太人、埃及人、印度人等文明古国也这样，满脑子都是哲学。

有次我去朝鲜，以前我研究历史，看到朝鲜有个军人讲战争史，我就此发表了一些意见。结果人家马上瞪眼仇视，把我们看成反动派。因为他们是被“一元化”教育灌输长大的，而那会儿我们已经改革开放了，可以比较自由地表达。结果我们说了，人家很不开心。这就可能会带来危险，如果进一步产生冲突，他就会把你设定成他们国家的对立面。

解决了“恐惧”的问题之后，才能不停地再去别的地方。渐渐地，你会变得更加自由，到世界各地都不会觉得恐惧。

走得越远，胆子越大

在定军山读诸葛亮

有一出京戏叫《定军山》，听过这出戏的人挺多，但去过定军山的人却比较少，它位于四川汉中、成都一带，有一年回西安，我就顺路去了一趟定军山。

为了更好地感受历史，我特意在定军山附近吃了一顿饭，又去了马超墓和诸葛亮墓，最后去了诸葛亮的祠堂。

在这座山上，我印象最深的就是蜀道上的栈道。所谓栈道，就是一条沿悬崖而建的狭长小路，建造时工匠们将木头横插进石缝，在横木上铺木板而成。过去从汉中到长安要穿过秦岭，几乎所有蜀道都是用栈道连接的，而这些栈道都是当年诸葛亮打仗时修葺的。

而且在三国时期，为了行走栈道，诸葛亮发明了“木牛流马”，那是一种精巧的木制小推车，使用起来比一般拉车方便，大大提高了战争时期运送物资的效率。

小时候只看书上说“蜀道难”，却不知道它有多难，如今亲身走了一遍才知道栈道的艰险。对三国当时的交通和运输也有了一些概念。

只可惜现在我们能看到的栈道已不完整，有些部分被烧毁，还有些部分由于雨雪等天气原因而自然腐败。

我过去在读历史时，心中一直有个疑问，诸葛亮跟定军山到底有什么关系？为什么他“六出祁山”，每次都在定军山出兵，还每次都回到定军山？

现场一看才发现，原来定军山是一个军事基地，而且还被一条汉水环抱着，在那儿除了能操练陆军，还能操练水军。

也许正因为他的所有事业都是在定军山开始的，临死之前，诸葛亮提出他死后要葬在定军山。诸葛亮活了 54 岁，他死在五丈原，最后安葬在定军山，有人为他种了 54 颗松柏，神奇的是，这些树到现在还活着。

在他死后，皇室为他在定军山上修了一个武侯祠，以此表彰诸葛亮的丰功伟绩，其中的几项表彰给我留下了颇深的印象：首先表彰他对汉室的鞠躬尽瘁、殚精竭虑，这是对诸葛亮在政治、军事能力上的肯定；其次表彰他的清廉，诸葛亮死后家中的财产都不够安葬他；接着还表彰了他的美德，传说他太太比较丑，但是他俩一直厮守，而且诸葛亮还擅长教育孩子，我们能在《诸葛亮集》里看到很多他给孩子写的书信。

不过，看书是一回事，到实地看到与诸葛亮相关的事迹和文物又是另一回事了。

在那个年代，诸葛亮能够辅佐君主进军中原、夺天下，实在是不容易，从他的《出师表》中就能看出他的心理：“我在干一件实际上不可能的事情。”

明知不可为而为之，才更能体现诸葛亮对事业的执着和对君王的忠诚。可能有人会认为诸葛亮那场仗没打好，那是你没亲身经历过当地的天气——冬天很冷，夏天有瘴气，湿气很重，打仗时士兵很容易中暑、中毒。

《三国演义》和《三国志》都提到，诸葛亮死后，老百姓沿路摆了很多祭祀的东西怀念他。一直到现在，在定军山还能看到很多当地人保留着祭祀的风俗。我从定军山回来之后，有一个体会，在中国，如果一个人要得到人心，必须具备三个特征：

第一，对事业足够忠诚和专注。成功不成功并不能决定你是不是能够赢得尊重，诸葛亮赢得尊重就是因为他鞠躬尽瘁，死而后已。

第二，品德好，并且够穷。我迄今为止没有听说过一个有钱人生前被尊重，死后还有老百姓祭祀的例子。如果当时诸葛亮家里良田百顷，仆从上千，我估计他的美誉会大打折扣。你要想在中国赢得生前身后名，最好是把钱都捐掉，不然是很难征服人心的。

第三，足够的智慧。除了发明木牛流马外，诸葛亮的智慧不用多做赘述了，他的足智多谋就是历史上的一段佳话。

月薪 2 000，他们为什么还那么幸福

不丹王国是个面积狭小的内陆国家，但它的国民幸福指数却是全球最高的。对于这个国家，我和我的朋友们一直非常好奇。2009 年，因为恰好有个项目需要开股东会，我们就把地址选在了那儿。

到了不丹后不久，因为工作需要，我们有了一个机会跟不丹的皇亲国戚们一起吃饭。大家都很高兴，在咱们这儿他们都是部长以上的干部，多大牌啊。结果事实上，我们只是在一间小餐馆吃炒辣椒和大米饭。

席间我一开口，就有人说他以前看过有关我的介绍，问我是不是在美国做过项目。我兴趣上来，开始套他的话，知道对方是不丹国家电视台的节目制作人，在美国伯克利大学读完研究生后归国。

我非常在意他能挣多少钱，于是问他："你的薪水有多少？"

他说："一个月 300 美元。"2010 年美元对人民币的汇率大约为 6.8，我们按 7 来算，大概是 2 100 块钱。

我继续问："那么少的工资，你干吗不留在美国？"

他说：" 你不知道，我们不丹有将近 9 000 个公职人员，60% 以上都在西方发达国家学习过。而所有在外留学的不丹人，最后大部分都回到了不丹。"

我说："在外面应该能够有更好的发展吧，怎么大部分都回来了呢？"

他说："在外边没有方向感。"

我说："这话怎么说？"

他说："在国外我不知道我是谁，不知道我为什么要去那里，不知道我未来将去哪儿，也找不到自己的价值，心很乱。但我一回到不丹，看见青山，看到僧侣，看见庙，心里就安定下来了。你在不丹随便找个人问问，他都会明确地告诉你，他是谁，要去哪儿，为什么。"

再后来，因为一些原因，我们又有了一个机会去拜访不丹的国师卡玛，一位穿着民族服装，手提着电脑的现代学者。他是牛津大学毕业的哲学博士，还是第五任不丹国王的老师。在不丹，他的地位相当于副首相。

国师专门为我们讲述了不丹经济发展和社会价值观与国民情感等

是如何保持平衡的。同时他还运用了西方社会学的先进方法，以不丹国民为研究对象，通过大量的实验，分析得出一些有效的、可量化的幸福指数模型。譬如，一个人如果在一年内生气达 26 次以上，就会感觉不幸福。

这个话题引起了我们的极大兴趣。因为对企业来说，我们现在除了为客户提供物质层面的满足，更要关注他们的社会价值观伦理和情感层面。如果我们万通现在发展一个项目，也弄点指标系统：你要是想买万通的房，得先在“幸福机构”培训一下。这样子一来，人们是不是会更幸福呢？

社会经济的发展是不是必然带来幸福？这一直是一个现实问题，也是一个经济学伦理问题，更是一个哲学问题。

于是我问国师：“为什么不丹那么注重国民幸福指数而并不关注 GDP？”

他说：“不丹这个国家很小，人口总计 63 万，地域面积是海南岛的 1.1 倍，还四处带山坳。在这样一个国家，如果要发展现代化，加速经济增长，最害怕的就是外来文化的冲击。

“不穿本民族服装而穿西服、牛仔这些外来服饰，在你们中国无所谓，中国有十几亿人，文化那么强大。但我们这儿如果有一半人不穿传统的服装，国家就岌岌可危。所以从形式上我们强制要求穿民族服装、说民族语言。但仅仅这些还是不够的，如果我们不能够使国民价值观高度一致，只要一对外开放，不丹就很有可能消失。”

“那么你们为什么不跟中国建交，是两国关系不好吗？”我又问。

国师答道：“不是不好，是我们没有能力。跟每个国家建交都需要建立使馆，有使馆就得派人、就得买房子，没有必要花这个钱，并且跟很多国家即使没有联系也并不会产生什么影响。”

国师的话让我想了很多。应该说，一个人获得幸福的方式有两种。

第一种方法成本最低、见效最快，但是生理上得受委屈，就是要管住自己的欲望。宗教提倡让欲望越来越简单、越来越单一，这样幸福就会不断增加。

不管怎样，你会发现我们的不满都在于对自己的欲望疏加管理，而欲望的生产成本又特别低。同样吃一口饭，你可以有 100 个欲望。欲望膨胀得很快，但是现实中满足欲望的过程却很漫长，你就会不开心。

例如有人递给我一把凳子，但我的欲望是坐沙发，会觉得他不给我面子。又例如买房，你一毕业，想买一套 100 平方米的房子，产生这个欲望只需要一秒钟，可是要挣买房的钱说不定需要一辈子，你肯定感到不痛快。如果你把你的欲望改成，我先租三年房，攒三年钱，再从经济适用房入手，那就实际多了。

第二种追求幸福的方法是先把欲望放在一边，同时想方设法创造满足欲望的手段，去掠夺金钱、权力、财富。希特勒就是用战争和消灭犹太人的手段来满足自己的征服欲的。

用第二种手段追求幸福的人，大部分都是那些所谓的“爱折腾的人”，他们在追求幸福的路上，通常反被追求的手段奴役。比如一个企业家的欲望是挣钱当首富，为了挣钱不择手段，结果幸福还没得到就坐牢了，有些得不偿失。

所以，这两种获取幸福的手段：一种是管理欲望，让自己的欲望跟自己外部的物质适度融合；另一种是放纵自己的欲望，同时拼命在满足欲望的手段上下功夫。在不丹人民眼里，第一种方法更靠谱些。

管理自己的欲望说起来容易，但做起来很难。你的朋友已经买车买房，你还在家里吃斋念佛，这的确是一个巨大的挑战。与此同时，我们也得向社会提出要求，在物质社会追求更多的精神价值，让哪怕是伯克利留学归来的硕士在挣着300美元的同时，仍然对这个国家充满爱，对自己的生活和生命充满信心。

也许，这就是不丹之行给予我们的启示。

害羞的屁股

一次在逛书店的时候，我看到一本书《害羞的屁股》。这本书可不是色情书，相反，它讲的是一个非常严肃的话题——有关人类屁股的进化史。

很多人不了解，人类大概花了100万年才进化出一个屁股，忒不容易。同时，在这个过程中，还有一些机缘巧合。比如，如果当时地球不发生“地壳变化”，我们就没有今天的屁股了。

这里说的“地壳变化”，指的就是东非大裂谷的形成。裂谷形成后，一边是热带雨林，猴子将四肢吊在树上爬行，于是，它们的前臂变得长而有力，而后腿则短而无力；另一边的气候却大不相同，天气干旱，没有雨林，于是这一边的猴子就必须从树上转移到陆地上，通过打猎、捡拾残果来生活。

大概 100 万年之后，通过打猎和捡拾残果来生活的猴子，后肢越来越强大，前肢越来越短小，逐渐变成直立行走。同时，直立行走让人类腿部和腰部的肌肉变得越来越有力。这块有力的肌肉又逐步变成一个向外翘、两瓣圆的东西，这个东西就叫作“屁股”。

1974 年在埃塞俄比亚（东非大裂谷所在地区）发现的所有人类的老祖宗“露西”，就已经进化出了屁股。她的屁股看上去比我们现在的更好使：在找食物、躲避猛兽、睡觉的时候，为了爬树，这块肌肉可以收缩起来；一旦下地行走，又能恢复如常。

而我们今天说马屁股、牛屁股其实都是不准确的，因为如果从生物学、人类学还有古生物学的角度来说，凡是爬行的、四肢向下的动物，它们只有“后肢”，而没有“屁股”，没有这样一块圆的、两瓣可以合起来的肌肉。

为什么书名叫《害羞的屁股》？作者是这么说的：“屁股雅称臀部，若只是两瓣或浑圆的、或丰满的、或柔软的、或健硕的、或松坠的、或干瘪的肉，定不会羞羞答答，或遮遮掩掩盖盖，或半隐半藏，或避词讳语地碰不得，只因为那里还藏着另一方风水……酥胸呼之欲出，那叫性感；若丰臀裸露，那就叫下流了，可见，屁股，注定是害羞的。”

这个话说得比较绕，但总的来说，屁股自从产生以后，人们对它的情感就挺复杂的。

首先从功能上来说，所有四肢爬行的动物都是从背后交配的，所以它们的性器官是裸露在外面的。但光裸露还不够，许多灵长类的雌性在两腿间都有一种生理构造，称为“发情皮肤”。最典型的就是猴子。母猴子发情的时候，这块皮肤会充血，又红又肿胀，特别醒目。这就是给公猴子的求爱信号，让它一眼就能看见。谁需要，谁就辛勤地从后面去使劲，帮助它受孕，最后繁殖。

自从有了屁股以后，雌性的生殖器官就开始往下移，经过100万年之后，性器官就面向下面了，变得更加卫生，不至于风吹日晒。但是因为不再裸露在外面，雄性就很难看见，看不见就耽误事。而且在四肢爬行的哺乳类动物当中，如果雌性不给出一个强烈的“信号”，雄性是不知道自己要跟谁去做的。所以雄性就要开始寻找其他的信号。

雌性浑圆的乳房，也许就是为了替代进化后的屁股才演化出现的。四肢爬行动物的胸部，是垂在下方看不见的，而我们的祖先在直立行走之后，就能够面对面交流，乳房成了直接冲着视线的部位，胸部理所当然地变成了另一块“发情皮肤”，象征着健康和生育能力。

所以，人类的乳房其实是第二个屁股。同时，在这个过程中，人与人的交配行为也发生了改变，从完全在后面发生，发展到也可以从前面发生。人类成了24小时、全方位、各种动作都可以进行繁殖的一种特殊的哺乳类动物。

其次，从审美上说，由于器官下移，通常看不到，这也是造成“害羞”的一个原因。但在人类的初期，因为屁股和生殖关系密切，所以最初的人类对臀部的审美是越胖越好。莫言有一本小说叫《丰乳肥臀》，其实这就是生命力的象征。

在法国的历史上，大家会看到很多女性穿一种大裙子，裙子里面绷成弓形。这样一来，让人感觉腰下面的屁股很大，那就叫作假臀。这就是这种审美习惯带来的服装上的变化。也正因如此，现在当一个人老了，屁股开始下垂、开始干瘪的时候，还会去填充它，要保持屁股肥硕的形象。

屁股在宗教里也有一些很有趣的作用，这个书里面也提到了。宗教相信，魔鬼是没有屁股的，所以就有一个迷信：当魔鬼要爬进窗子来骚扰你的时候，你最好把窗户打开，把裤子脱了，用屁股对着他，这样就能把魔鬼赶走。

关于屁股，作者还另外去研究了一些奇奇怪怪的小话题。

女性比男性要更早、更认真地开始洗屁股。

当母亲看着婴儿的小屁屁时，所有的母性都会在这一刹那洋溢在自己的脸上，充满了无限的爱意、幸福感、满足感。所以从这个角度来说，正是婴儿的小屁屁成就了母性，使母性变得更完整、自信、幸福。

同性恋，特别是男性，一般都是从屁股开始对对方有感觉的。

这本书的话题是由一个器官的进化展开的，却足以窥见其社会性，以及人类进化中生理和心理的微妙变化。文明或许就是越来越复杂的过程。但不管怎么样，我们应该正视一件事情：对于每一个器官的运用和保护，我们都应该遵循社会的公序良俗。也就是说，我们不仅要用好嘴巴，饭要吃好，话要说好；也要用好手，不要把手伸错兜；更重要的是要用好屁股，不要坐错了地方。

牛的性生活与人的高潮

人们对已获得的享受往往并不追究其背后的来由，不懂得感恩。对拥有的一切，也往往理亏心安，不知反省。一切看似自然而然的事，其实并不自然；心安的事，到头来也不一定心安。以前，与王石诸兄去内蒙古和林格，面对牛眼，开了人眼。

人的幸福生活究竟从哪里来的？是从牛奶里来的。牛奶又是从哪里来的？是从奶牛身上挤出来的。而奶牛身上的奶又是怎么来的？是剥夺了奶牛的性生活和性快乐来的。

草原上的人都知道，牛为人类的健康和幸福，牺牲最大的一点，就是被终身剥夺了正常性爱的权利。

奶牛每 21 天就会经历一次排卵期，发情的时候，不仅会给公牛抛媚眼，还会用更性感的姿势来站立和行走。公牛在收到信号之后，会立马冲到奶牛身边和它一起跑来跑去。奶牛散发的气味、尿液的味道、皮肤的接触等，都会对公牛产生很大的影响。时机一到，公牛就会把前脚重重地搭在奶牛背上。交配的时候，虽然来势凶猛，但不持久，2 分钟就完事了。

之后奶牛会经历 9 个月的孕期，生了小牛之后才会产奶，而产奶量到第三个月左右达到高峰后，就会逐渐下降。奶牛可以一边产奶一边怀孕，但如果让它们自然发情，又会变得食欲减退、精神不安、乳房变大但是产奶量降低。

所以，工业化取奶的方式，就是人工授精、控制怀孕周期，让产奶量最大化。中国有将近 800 万头奶牛，为了确保牛奶品质的纯正、消除病菌传播的机会，人们创造了禁绝奶牛自然交配的制度：强制将所有奶牛与公牛隔离，不仅不许偷情交配，在奶牛目力所及的区域，不许公牛活动，甚至连公牛味都不许闻，一定要把公牛圈得远远的，以防风成为淫媒，将公牛的气味吹到奶牛的鼻子里。最终，不单母牛永远失去了性的自主权，连公牛也失去了正常交配的记忆，并最终彻底丧失这一美丽的本能。

据说有一天，有个牧民心生怜悯，把一头公牛放到正在发情的母牛边，但是公牛对母牛的屁股毫无性趣，却四下打转狂找木架子（公牛平时被采精时，前蹄要搭在木架子上面）。

人类不仅粗暴地剥夺了牛正常性生活的权利，还以改革的名义，肆意践踏牛的和谐社会，建立起牛的母系社会。

牛被工业化（人工授精、配种、优化种系、集中饲养）地制造出来之后，立即按性别和“母尊公卑”的原则给予不同待遇。

母牛仔被小心呵护，好吃好喝地伺候着，直到它到两岁青春期之后，便用公牛的精液诱使其怀孕、产仔，然后爆产鲜奶。据说，一头奶牛可以日产 30~80 斤鲜奶。如果以平均每天产奶 50 斤、平均工作 6 年计算，一头奶牛一生要为人贡献约 55 吨鲜奶。十四五岁的时候，奶牛就会被请出正宫，迁往敬老院，催肥上膘，然后被屠宰上市。

而公牛仔却悲惨地被判处死刑并且立即执行，血清被卖到制药厂，尸身被肢解后送入超市，涌入市场经济的大潮。

公牛死了，但精液活着；母牛死了，但鲜奶卖着。

更有甚者，牛被进化为从嘴里排气（相当于放屁），失去了随意放屁的权利。而其他畜牧业发达的国家，比如澳大利亚，每年光征收牛的放屁税就是一笔不小的收入。

相比较于牛的悲惨生活，人类却从牛的痛苦中得到了自己的“高潮”。自从汉人由吃稀粥改为喝牛奶，不仅身高有所增长，而且骨骼的密度大大增强，比过去结实多了。跌倒了爬起来，不伤胳膊，不断腿，完全跟蒙古人一样孔武有力。

其实人与其他动物的关系同样如此。人的进化是和对动物的奴役程度成正比的。特别是人为了能过男耕女织的生活，有老婆、孩子、热炕头，愣是把原来奔放、自由、健美、骁勇的动物强行圈养驯化：先是女人为了摆脱自身重体力劳动，比如耕田，强迫牛、马、猪、羊成为自己的替代品，妇女的第一次解放就是建立在牲畜的第一次堕落（不再自由奔跑和随性交配）的基础上的；后来男人又学女人这一套，把女人当猪狗一样地圈养和驯化，同样剥夺她们自由交配的性的自主权，终于使女人依附于男人。

所谓文明，其实不过是女人按自己的需要改造动物、男人按女人的方式把女人改造成动物的进化史。而妇女的所谓解放，最终将取决于以奶牛为代表的广大哺乳类动物的性的解放程度。

决定美国命运的不是总统，而是制度

美国当地时间 4 月 19 日，纽约州举行总统大选初选投票，特朗普 (Donald Trump) 在共和党初选中大胜对手。我们对特朗普并不陌生，中国小伙伴通常亲切地称呼他为“川普”，自带争议体质的他自从加入“美国总统角逐赛”，就成了国际媒体的宠儿。

这次的美国大选冒出了一个川普，一时间公众哗然，大多中国人不太理解他是怎么突然出现的。过去 10 年，我因为纽约的房地产项目去拜访过川普的公司，也间接地跟他打过一些交道。川普的父亲就是做房地产的，所以按今天的说法，他是个富二代。

川普从沃顿商学院毕业后就去纽约做房地产，这个人特立独行，在房地产界算是比较有创新意识的。现在川普已经很少做传统的房地产开发项目了，他更多是对外销售自己的品牌，谁要用他 Donald Trump 的品牌，他就向对方收钱。

所以你能在迪拜、佛罗里达和纽约等很多地方看到 Trump Tower，而这些以他名字命名的大厦实际上大多都是他授权贴牌的，由他自己直接开发的并不多。

他在生意上创造了很多奇迹，另外也有很多的失败的经验。他的赌场曾经破产，为此只能变卖游艇等财产。他也经历了几次失败的婚姻，现在的太太是个名模。

令人惊讶的是，最早期的选秀节目之一《学徒》就是由他主办的，这档节目做得非常火，以至我们国内有不少电视台模仿。

他这样一个特立独行的人，在互联网时代的选举中居然受到那么多人的欢迎，确实出乎人们的意料。按照西方传统政治选举来看，政治领袖基本上需要有一定的职业素养，例如希拉里那样的政治背景。同时，个人的领导力要比较强，形象须正面，长相要端正，道德上不能有瑕疵。

再者，竞选还需要政党提供持续的动员机制，为竞选者进行政策背书。虽然通过新闻、媒体也能得到很多人的支持，但要想得到深层且有力的政党背书和传统政策支持，着实不大容易。所以这样一个带有娱乐特质的企业家，能够一下子得到这么多基层民众的支持，在过去是难以想象的。

美国历史上也不乏一些企业家竞选总统，但他们的得票率都非常低。当然那些企业家相对来说是比较传统守旧的，所以民众有理由担忧：

如今他真的成了总统，美国未来 10 年将会变成怎么样的形象？

美国的政党会沿着一条什么样的路线发展？

公众对于政治人物的期待会发生什么样的变化？

这些都是目前很难预见到的，但是美国的体制就是这样——任何人都有机会，只要你愿意，就有可能通过选举来创造属于你自己的事业。

你的职业、性别和肤色不是障碍，无论你是什么教育背景、家庭出身，都有机会成为美国总统。所以即使川普竞选成功，也只恰好是美国制度下产生的必然结果，并不是一个奇闻。

当年，演员出身的里根通过总统初选时，其实大家也都很奇怪，一个演员怎么能当总统？但是事实上里根当总统当得还不错，所以我们对川普的态度也不能一棍子就打死。

今天他当选了，我相信美国的制度设计能够让这么一个看起来有所欠缺的总统，踏实地履行好他的职责。

第八章　我们的时代与社会

时代的烙印就像屁股上盖的戳

每一代都有每一代各自的光荣，也都有各自的局限。时间、历史，特别是体制、文化，都在每个人身上盖了戳。就像猪被送到东三省的时候，屁股上要盖个戳，是哪一年的很清楚。每一代企业家的屁股上也很清楚，越是在改革开放以前出生的，那个时代的烙印在他们身上就越特别。

尤其是在"文革"那个时代成长起来的企业家，他们在经历"文革"之后，基本上人格都有一些改变：要么把自己包得特别紧，因为这样才能活下来；要么陷入一种角色分类，那时候精神病的类型经常是自大狂，或者是被害妄想症。

那样的人格特质导致他们在做事情的时候，要么觉得自己超牛，要么埋头苦干，一句话不说地把一件事偷偷做好，因为他知道出声是一种危险。

我们这个年代的人的性格特质比较别扭。前半截“文革”的时候，我们还在上中学，年纪还比较小，到后半截才逐渐开朗起来，所以我们的性格中还有装的成分。比我们老一代的人是“彻底装”，装不住了就开始别扭；我们这一代是“半装”，有的场合说话比较随意，有的场合人多了，说话也很严谨。

但我发现，80 后的企业家基本上都不装了，比如什么什么“总”的称谓也不叫了，都叫名字，不是 Peter，就是 Tom。因为在他们出生的年代，社会已经变得很宽容了，他们更多是服从内心和自己的价值观来扮演角色，而我们这代大概有一半时间是按照别人给我们的框来演戏，回家做梦自己琢磨，一醒来发现不对，还得进框。

到了 80 后、90 后的企业家这里，他们不按框来办事，这决定了这代企业家群体的基本特质：第一，企业家数量很多；第二，创业领域很广。你没法设想一个 50 后的企业家去创新一款智能性用品，一男一女互相拿着手机 APP 远程调控着玩。

前几年最赚钱的是房地产，全被我们这一代占了。因为房地产的竞争叫垄断竞争，不是充分竞争的行业，它要跟体制合作，跟人合作，这是 50 后的特长。但 80 后、90 后的市场是充分竞争的市场，他们对客户关系、技术很敏感。

老一代的人或许对微信时代的创新一点概念都没有，但是他那个时代干的事，年轻的一代也学不会。所以，是哪一代人就吃哪一代的饭，每一代人都有自己的光荣、自己的角色、自己屁股上的戳。把自己的事办好，传承上一代有价值的东西，这就算对得起自己这一代了。

很多人都说我是有“竞争洁癖”的人，其实我是在商业和公益中间找了一个平衡点，既能做生意赚钱，还能践行社会责任。

其实这个平衡起来特别难。现在很多人都在创业，可能过几年，连 00 后都要创业了。他们很多人都喊着一个特别大的口号，上来就要颠覆、要改变，最后企业却败了。

我觉得理想和狂想、妄想还是有一些细微差别的。所谓理想，是有价值观的，是非常长期的坚持；光有一个想法，没什么价值观，特别现实，就想挣钱，有时候就是妄想；如果一开始就把词儿说得很大，要 IPO、要多少身价，这是狂想。其实这都不是理想的本义。

每个人都在说未来，有的精神病患者也在说未来，但是我们说的理想，是在一个认真、清晰的价值观引导下，对自己事业的愿景，每天睁开眼，还是要去做具体的事。而且，也不能因为有理想，就原谅自己没做好那件具体的事。

成功需要每件小事情的累积，别人要慢慢地看你身后的故事。就像一个老爷爷，如果膝下无儿无女，大家就不知道他这辈子的轨迹是什么；就算没有儿女，也要曾经做过重要的事情，总得留下点什么，有点痕迹。这些痕迹，最后是用来验证你有没有为最初所说的理想努力过。

我们早期的理想，到现在都没有变化。因为在我们那个年代，说的理想都比较宏大，宏大到要“改造中国”。后来我们缩小了，缩小到创办企业。最后才说是“以天下为己任，以企业为本位；创造财富，完善自我”。

“以企业为本位”，说的是咱只做买卖，不想别的事，但是做的买卖还是要“以天下为己任”，还是要想想宏观的事情，这是套路。二十五六年以后，我们这些人的价值观还是很明确，认真做生意，也没有干坏事。

认为不对的事情，我们就不做。至于生意上能赚多少钱，那是能力、兴趣问题，还有环境的局限。正因为有这种价值观的认可，一直到今天，我们仍然都维系着自己的企业、彼此之间的关系。如果没有这种价值观，我们说不清楚为什么能坚持几十年、为什么能幸存下来。

我们不仅都活下来了，而且都赚钱了，还开玩笑说“把自己养活得挺好”。有现在这样的结果，都是因为我们对承诺给自己的价值观是认真的，没有欺骗自己，也没有欺骗别人。

过年那些事儿

又过年了，北京成了空城，所有人都回到他们出发的地方，回到亲人的身边。城市的所有喧嚣都停下来了，一切似乎都归于宁静和停滞。

我一直觉得自己不怎么会过年，和过年的习俗也好、气氛也好，总有些隔膜。或许这和社会的变化、我个人的际遇都有些关系。

60 年代：排队

小的时候，我对过年印象最深的事情就是排队。那时物资极端困乏，什么都要票要证，肉一个月配发一次，米也是配额供应。所以过年最让人兴奋的一件事情，就是可以有好东西吃，但是要想吃到这些好东西，就需要排队。

那时候，我住在西安的一个大院里，里面有一个小卖部。每到过年，这个小卖部门前就排队。一般要从早上三四点钟开始排，一直排到天亮才能买上几两黄花菜、几两木耳、一些糖果和点心。似乎只有这件事情大功告成之后，过年才有了着落。

另外就是等待我父母的单位分肉，其中会有羊肉。我平时不吃羊肉，每次闻到羊肉的味道我总有些抗拒，但父亲会非常高兴。

除了“排队”和“羊肉”以外，几乎没有什么过年的仪式感，也没什么特别热闹的事情，那时所有的习俗都被作为“封建的东西”压制、清洗掉了。

70 年代：中美苏

中学以后，我每年过年都要很认真地记录自己的心情，同时展望一下自己未来的一年。这个习惯一直延续至今，也算是给自己的一份小小的新年礼物。

印象最深的是 1975 年。那时候我看了很多书，以为自己甚是了得，就想要写一篇“特别大”的文章，讲讲国际关系，讲讲中美苏之间的三角关系，以及如何借鉴三国的智慧“联吴抗魏”。

我记得那是在年三十的早上，是一个大雪天，当时那篇“特别大”的文章已经写好了，大概有六七千字，我想把它打印出来。我趁着大人都在忙，自己去了卫生所，想借刻钢板的蜡笔、蜡纸、油印机。

到了卫生所，我发现那个医生病了，他歪着脑袋坐在那里，脸颊和眼窝深陷、目光呆滞，身体瘦得就像一条线。我几乎被吓到了，我跟他说了我要借的东西，他只是轻轻摆了摆手，让我自己取。我拿了就跑。

这一幕在我脑海中停留了很久，直到我把写好的文章用蜡版刻出来，自己推油墨把文章印了几十份，才感觉有些缓过神来。

第二天一早，也就是大年初一，我去卫生所还钢板和蜡笔的时候，看到门口围了一些人。别人告诉我，这个医生已经去世了。我也记不清最后那些东西我是扔了还是还了，总之我很快离开了那里。

回来以后，我就把这些文章分别寄给一些当时在我看来很了不起的人，但是没有人理我。因为通常来说，没有人会注意一个 15 岁的小孩写的一些不着边界的东西，或者去关心这个小孩的想法。但我觉得自己花了这么大的力气去做这件事，还脑补了一个自己奄奄一息的老人形象，最后居然没有任何人给我一点回应，我就很失落。事后，我就淡忘了这件事。

大概几个月之后，我居然收到了一封信，这封信是北京大学的周一良教授写给我的，他居然认真看了我的文章，而且给我写了大半篇的回信，鼓励我继续研究下去。这么有分量的一个专家，居然能够给我回信，这让我特别兴奋，觉得自己做的事情很有意义。这是我少年时一个特别的记忆。

80 年代：火车

这一年过去之后，我到北京读书。那时候改革开放，过年的时候，所有人都轻松下来，脸上越来越多地出现笑容，吃东西似乎也不需要排队了，平时言行也不需要那么拘谨了，以前过年时感受到的压力也慢慢消失了。

这之后，生活越来越好，人也越来越自由，我对过年的记忆就变成“坐火车”了。因为我在北京读书，毕业以后也留在北京，所以过年的时候就要往西安跑。那时候没有现在这么好的交通条件，一定是坐火车回去，于是坐火车成了我回家最大的压力。

当时坐火车的条件很差，人又非常多。我体验了各种坐火车的方法：能站着回去都算是非常幸福的了；挤在火车的连接处，也算是幸福的。最闹心的是在行李架上面吊着；或者拿两张报纸垫着，人就缩在硬座的座椅下面，座椅下的空气非常污浊，要憋一晚上才能到西安。

这就是我对过年的印象。但是我觉得自己真的不懂怎么过年。我们家先从浙江迁到了西安，我自己又从西安迁到了北京。我们家就像没有根的浮萍，因为没有一个在传统社会中长期稳定的历史传承，所以造成了传统习俗的断档。

在西安，父母偶尔会遵循一些浙江人过年的习俗，但是并不刻意，因为周围都是西安当地人；但是他们也融入不到西安本地的习俗中去。我在北京一晃也待了 30 多年了，除了在电视上看别人过年以外，自己对过年似乎没有什么深切的感受。

90 年代：线上

所以，我对“过年”几乎没有任何记忆，它只是传统仪式和习俗演化成的对我的约束，我必须要按照这个约束去完成一些规定动作，比如“拜年”。

我记得改革开放之后的几年流行电话拜年，因为之前家里能装电话的都是特别大的官、特别牛的人。大概到了 90 年代初，突然掀起了家家户户都装电话的潮流，于是打电话拜年就代替了上门拜年，一下子就把过年的仪式简化了。

这样流行了几年之后，手机出现了，于是又出现了一阵“短信拜年”的狂潮。短信不仅可以一对一地发，还可以群发。这样一来，人和人之间的联系，似乎是变多了，但是更淡了，通过短信拜年只是走一个形式而已。过完年之后，也记不得哪些人给你拜过年。

现在可好，又有了微信，大家可以在群里互相拜年了。这更加是一种“批发式”的拜年，可以一对多、多对多，让以前仪式性的拜年变成一种娱乐活动。

线下的过年少了，线上的反倒多了。这样一个急速的变化，让人在应接不暇的同时，又觉得有些茫然，并突然生出一种无力感，不知道该怎么过年。

00 年代：旅行

对于在都市里生活的人来说，“过年”是一个特别隆重的假期，这个假期让整个社会都放慢了节奏，每个人都不得不停下来，只做一件事——回家，回到亲人身边。和家人一起过了年三十、年初一之后，接下来多数会选择出去旅行。最近十几年来，我每年过年都是这样，所以没有一次过年是老老实实待在北京的。旅行去了异国，就更没有过年的感觉了，甚至忘记了是在过年，只觉得是一个假期。

网络上流传的一个段子说得很有意思：因为过年，本来在都市中的各路名媛、贵妇、白富美都现出了原形，不管平时有多国际范儿、多上流、多大气，不管是低胸低到肚脐眼，还是开衩开到胳肢窝，不管是不是全身装备着古驰、LV、香奈儿、爱马仕，还是经常混迹于M2、苏荷、皇家一号、五星级酒店——到了年关，都要回县城、回山里、回村里。而名字也从Anna、Monica、KK、Angela变成了翠花、小芳、二妮、狗剩子。

如果是在都市中过年，各种商家又会通过花样百出的推销手法，硬把过年包装成一个商业庆典。这样一来，当你安排去旅行，或者去商场的时候，就离传统的过年越来越远，和自己的亲人相聚的时间变得短暂，和远方朋友的联系反而密切了。

我曾经连着三年都在台湾过年，因为我觉得那儿应该会保留很中国式的过年传统，所以我去观察和体验他们是怎么过年的，希望借此能找到一些依循传统方式过年的方法。

但实际上，到了台湾以后，我仍然没有学会怎么过年。台湾的大都市台北，到了过年的时候，也和北京一样，几乎是一座空城，所有人都去外面旅行。只能在电视上看到台湾中南部或者是稍微乡下一些的地方，还保留着过年时候特别传统的习俗。

他们过年最热闹的地方是庙，大年初一“抢头香”这件事情让我觉得不可思议，他们认为只有抢到头香，今年一年才会有好运气。于是，天还没亮，大家就在庙外等着，庙门一开就跑，甚至不惜摔倒。电视上也会报道各个庙“抢头香”的情况，现场人越多，摔得越惨，人们越是认为这儿的香火旺，抢到头香的人一定会有好运气。

除了“抢头香”以外，还有两件事情给我留下很深的印象。

一件事情，是马英九发红包。马英九当政 8 年，每年过年要到马家庄去，给所有排队的普通民众发红包，虽然这个红包好像只包了一块钱的硬币。他以一个领导人之尊，还能这样虔诚、这样恭敬、充满诚意地送给大家新年祝福，我印象很深。

另外一件事情，就是大家在百货公司里抢福袋。每个百货公司会把一些礼品放在一个“福袋”里促销，价格很便宜，就会有很多人到百货公司去抢。

这三件事情，我一件也做不了，而且台湾的传统和大陆的传统也衔接不上。所以，我过中国年的能力，并没有因为去台湾过了三次年而有所提高。

不过今年，我要带我的父母一起去，第四次到台湾过年。在我出发以前，我突然想起台湾有两个歌手的歌，唱的都是关于都市化以后，失去传统的台湾的。

罗大佑唱过一首《鹿港小镇》，“台北不是我的家，我的家乡没有霓虹灯，鹿港的街道鹿港的渔村，妈祖庙里烧香的人们”，“台北不是我想象的黄金天堂，都市里没有当初我的梦想”。歌曲的最后，讲了都市的变化已经让人无法辨认台湾的面目，这个城市已经不是自己当时熟悉的城市了。

郑智化在《星星点灯》里也唱过，“现在的一片天，是肮脏的一片天，星星在文明的天空里再也看不见”，“天其实并不高，海其实也不远，人心其实比天高，比海更遥远”，也是觉得城市化的发展扭曲了人的情感，消除了过去人们在一起的紧密联系，淡化了人们心中的乡土情结。

此刻：祝福

不会过年，也仍然要过年。毕竟家人在一起，亲朋好友在一起，整个中国人在一起，这是一个和乐融融的时光，也是一个情感交融的时刻，让我们对未来充满了期待和憧憬。

跟神走还是跟小妹走?

今天打开手机，无意中看到一条新闻。

这条新闻，让我回忆起20年前的一件事情。

当时我在海口做生意，我们的公司刚刚成立。有一天，一个朋友说：“今天吃饭碰到神人了，能现场变出蛇来。”他说这个人叫王林，一定要我去看看。于是，江湖上的各种神仙、大哥改日又设了一个饭局，一起请王林来吃饭，请他现场变蛇。

我记得当时海口非常热，王林光着大膀子，真的就从一个脸盆里拽出一条蛇来，摔到墙上。虽然那时候的道具比较糙，但是我们都看得震惊了。

更早的时候，大概是30年前，有一天，听说有人请来了“特异功能大师”张宝胜（80年代红极一时，被称作“神人”、“国宝级气功师”、“活佛菩萨”，后因欺诈被批捕），让他在主楼里变戏法。一些人去看了，当时他表演的是“隔空搬运”，就是可以用意念把东西搬走。我没有看明白是怎么回事，但他确实能把东西从屋里搬到屋外。他还表演了另外一个技能：用手发功点火。我们坐在那看的时候，突然就有一个人的棉袄烧焦了。

看了那次表演之后，我就问别人：“魔术和特异功能到底有什么区别？”别人告诉我，有三个区别：第一，魔术是训练出来的，练成之后就可以重复表演；第二，表演魔术一定要有助手，没有办法独立完成。第三，魔术是在特定环境下的表演。如果没有这三条，就可能是某种特殊的能力。

我了解到这个原理之后，就知道大部分所谓有特异能力的人，都是在做一个特定的表演。我15岁入团、20岁入党，就是一根筋地信了共产党的基本世界观：唯物主义、无神论。我相信科学，对这些奇怪的事情，我只观察，不相信。

本来我都已经忘了这些事情，直到最近的这则新闻出来。之前还有类似的新闻，说的是一些明星、企业家、官员，都纷纷往王林在江西的一个大宅子里跑，去拜见这个大师。2015年年底，张某“坐床”的新闻也引起了各界的争论。

这些新闻让我一下子把几十年前和现在联系起来了。我突然觉得很有触动：我们这个社会究竟在哪里出了一点奇怪的问题？

有两个事情联系起来看很有意思：一方面，是传统意识形态的空洞化、碎片化、庸俗化，大家对所谓“正统”的一些说法和教育慢慢地淡漠了、放在一边了；另一方面，当我们解释不了一些事情的时候，又开始去追求一些灵异的、超自然的解释，信鬼神。

河北曾经有一个副省长专门在家里养了一个跳大神的女人，他每天外面冠冕堂皇地为人民服务、办公上班，但是回到家里之后，所有的事都要问这个大仙。最近这二三十年，我们看到手上戴串的人、上山求签拜佛的人越来越多，甚至有一些“神人”收了干女儿，办了女徒弟，还成了亿万富翁，盖了大宅子。

这真的是重现了汉代贾谊的境遇：“可怜夜半虚前席，不问苍生问鬼神”。现在的社会面临一个急剧的转型，而根据过去的观察，每到社会急剧转型的时候，人们的观念、社会的思潮都会产生很多变化。

比如，清末，农业社会向现代化发展，民间方术盛行，有很多妖魔化的东西出现，号称“刀枪不入”的义和团就是在那时候发展出来的。对于一种超乎常理的能力，大家总是有一些好奇心，有一些期待。相当于现实世界太黑暗，我们就相信包公；医生无力，我们就相信神。于是，过去的王道正统慢慢礼坏乐崩。后来，在中国土地上，又掀起了一波一波各种由西方思潮引起的社会运动、文化运动，演变成阶级斗争，最后演变成战争，导致了国家社会发展轨迹的变化。

100 多年以后的现在，由于改革开放，经济层面发生了深刻的变化，单一的计划经济变成了以个体私人为主的市场经济。在这个变化过程中，传统意识形态逐步“去意识形态化”，这又让社会上一些所谓的“特异能力”披着各种各样形态的外衣出现了。

在中国社会，底层社会受教育程度不高的人群还是占了很大一部分，而这些人就是王林这样一些“神人”最主要的生存基础。加上媒体还夸大他的能力，把他和明星、名人放在一起炒作，又会给他带来一些新的追随者。王林这个气泡迟早会破，但不管这个人最后的结果怎样，接着还会有其他气泡产生。当年台湾经济成长以后，这类人也曾经出现过好多次，都是为了诈骗钱财。全世界都是这样。

这就出现了一个问题：当一种极端的传统意识形态被逐步边缘化的时候，什么样的价值观和新的道德标准能填充人们的精神世界，使人们建立起一套长期可靠的、正确的价值体系？

如果不能解决这个问题，这个社会仍然会非常不稳定，随时都可能爆发冲突。比如一些宗教在现代化的发展过程中，就因为对若干派别的解释不同，产生了极端冲突。从人类历史发展的经验看来，意识形态的冲突，最后都不是光靠嘴就能解决的，而是用拳头和枪炮解决的。

其实这也是一个“跟谁走”的问题，特别是那一部分成功的人要跟谁走。以目前的情况来看，无非就是三种走法。

第一，跟领导走。领导说去哪就去哪，闭着眼睛不思考、不多问。

第二，跟神走，也就是跟宗教走。这种走法相对来说比较安全，因为三大宗教加上中国文化的传统，大家都不会对神有太大的争议。哪些人愿意跟神走呢？

一种是对现实世界感到无力、对未来感到不确定的人，希望能找到一个确定的地方，安放自己的灵魂，让自己身心平和。

另外一种是特别能折腾的人。对这种人来说，搞定人对他来说已经不在话下了，他要搞定神。所以，很多牛的人最后选择跟神走，因为神是一个不可战胜的，而且还能让他服气的对象。

第三，世俗的选择——“跟小妹走”。这就意味着他选择了阶段性的快乐。康有为本来想跟光绪皇帝走，但是到晚年的时候，流亡到海外，最后跟小妹走了。当时有个普遍的认知，认为睾丸是生命的发动机，他希望能换个发动机，和小妹走得更长久一点，于是他还用德国的技术换了一个睾丸。但遗憾的是，他还是没有活过 70 岁就死了。

总之，在社会转型的时候，重塑价值观是一个重大的社会课题。根据台湾的经验，我们现在特别需要重塑的，实际上是国民的价值观，这应该逐步成为未来二三十年里，中华民族复兴的重要基础。

经济的发展不仅需要物质方面的逐步强大，更需要精神的强大。坚持信仰，坚定人生方向，我们的社会才算有一个完整的“中国梦”，才会有一个很好的结果。

向代沟投降

每逢过年，老友、同事等各种访客都会从四面八方汇聚到一起，真是群贤毕至、少长咸集。大家坐下来唠家常的时候，往往会你说东、我说西，你说你那儿的变化，我说我这边的新闻；老的会说我当年如何如何，小的会说我正在干啥干啥……

在这样的聊天中，我突然发现，不同年代出生的人，身上的时代烙印真的特别明显，在价值观、表达方式、生活习惯这些方面，各有各的风格和精彩。但是在这些交流中，也会不断地闪现出两个字——“代沟”。

“代沟”其实是社会发展过程中的一个特别现象，在不同的地方有不同的具体表现。

每次我回到中央党校的大院里时，都会和老同学聊聊旧事。我记得，当年我们一起读书的时候，都认为我们和上一代是有代沟的。但这次回去时我发现，二三十年过去了，上一代人走路的姿势、谈话的内容甚至吃饭的方式都没有什么变化，倒是我的老同学们身上发生了微妙的改变：他们和当年的“上一代”长辈之间居然完全没有什么代沟了！

我的理解是，在一些稳定的体制内，“代沟”的表现是比较弱的。机关的体制比较稳定、封闭，可能三五十年都没啥变化。在机关里工作的老人或新人，会被同样的体制吸纳、同化和改造，成为那个体制需要的一类人，然后复制出自己的同类，因此，代与代之间就不会产生太大的差异。

就算是初出茅庐、满脑子新鲜想法的年轻人，到了这样的体制内，往往也不方便表现出有“代沟”存在，因为“代沟”会让他的进取变得咄咄逼人，而他只有通过依附体制、依附上一代，才能获得成长的空间。所以体制内的年轻人只能适应环境，改变自己。

而在体制外则恰好相反，“代沟”的存在是非常明显的。因为体制外是开放竞争的环境，博弈的两代人不是依附关系，新一代要通过战胜上一代来获得发展空间，上一代人反而要虚心学习、适应新一代人创造出来的新规则，包括这个消费时代的语言、习惯、价值观，以适应和应对这种“代沟”带来的冲击。

我们看到各种小鲜肉、网红、明星，比如像吴亦凡、李易峰这样一茬一茬出现的新人，以及很多新时代的创业者、企业家。几乎所有体制外的人都围绕着这些新的一代，给他们欢呼和掌声，投资他们，使这些新人的市场越来越大。

所以，在体制内是老一代主宰着世界，而在体制外，我们更多看到的是年轻人主导的未来。

那是什么导致“代沟”出现的呢？我觉得有如下三方面的原因。

第一，社会环境的剧烈变动。制度环境发生变化之后，不同时代人的行为方式、情感是不同的，这就非常容易产生代沟，而且这种代沟具有鲜明的时代特性。

比如从 40 后到 60 后，都从宏观的角度出发想问题，说的全是大时代、大概念、大是大非，生活方式也是过“苦”日子，保持“苦”作风，以苦为乐，并且希望人能艰苦奋斗，在苦难中学会生存发展。而现在的 90 后讲的是一个“小”时代，他们的生活形态是小兴趣、小情趣、小恋爱、小发展、小资、小清新、小鲜肉等。

一个是政治时代，一个是消费时代，不同的制度环境和经济变化带来了不同的时代烙印，导致了生活、行为方式的巨大差别。而且这种变化越持久、越剧烈，差别就越大、越深刻，波及的范围就越广、越持久，产生的代沟就越明显、越不可弥合，对后续发展的影响越大。

第二，技术的发展。每一个时代物质条件的变化，会带来生活习惯和交往方式的变化，所以上一代人和下一代人之间会产生差异和隔膜。

比如现在的90后是“一部手机行天下”。无论是买电影票、叫车、叫外卖的支付，还是发红包、抢红包，甚至看病挂号、旅行订酒店、遇到危险一键呼叫大保镖、每个月管理自己的大姨妈，各种各样的事情，全都可以在手机上搞定。这些不断发展的技术被新生代迅速吸收、运用和驾驭。

反观40后、50后，他们经历了改革开放前经济落后、技术不发达的时代，那时候养成的生活习惯和沟通方式深深地影响到他们今天对世界的看法。他们更相信自己看得见的人与人之间的关系，甚至只相信熟人、上级、组织，而不相信网络，不相信通过网络付费能获取可靠的服务，对网上通过各种好评、差评这种技术建立起来的信任系统往往不以为然，甚至是担心、排斥。

第三，价值观不同。总体来看，50后、60后甚至更早年代的人，更多是被意识形态训导出来的一代。意识形态曾经完全统治了他们的生活环境，包括规范的生活方式、工作行为、与家人的关系，这会使他们习惯用意识形态的尺度去衡量社会、评价是非，而且往往会把一些偶然事件、生活的细节上升为政治问题、原则问题，甚至上升成与国家命运息息相关的大话题。这听起来就让人感觉很有压力。

而现在的90后，其实是“去意识形态化”的一代，是消费的一代，他们对世界的看法是物质的。50年代的人是从大集体主义来看自己，强调自我服从集体；而90后是从自我主体出发，以个人的喜好和成长发展来界定集体，由我及他，而不是由他及我。这种价值观的差异导致了两代人之间的分歧。

面对这样的变化，作为一个民营企业家，我发现自己站在了一个体制内、外交界的位置上。

当我面对体制内的领导时，常常感觉不到时间的流转，因为我从体制内走出来，和他们的代沟几乎是不存在的。

而面对消费者、竞争者、合作伙伴的时候，如果发现有代沟，一定要投降：向年轻一代投降，向新技术投降，向新的消费趋势和价值观投降，向未来投降，向更开放的中国投降，向更加法制化、在“自我”的基础上形成的共同生活新准则的社会体系投降。我们除了跟随、研究、适应他们，没有任何别的选择。

所以当我和这些老同学有机会跟80后、90后同时在一起的时候，我感知到的“代沟”的压力要远远小于原来同事、同学们。换句话说，在当下快速生长的、最有活力的年轻人，和我们这些为了发展事业而处于高度竞争环境中、每天要应对新变化的职业人之间的代沟，要远远小于那些几十年都处于原有轨道上的人。

这就注定了在市场竞争中，在企业发展中，在开放的社会生活中，我能被年轻人创造的未来消化、吸收和接受，能和年轻人一起推动未来的发展，甚至我就属于年轻人。这是我喜欢的、也是所有企业家唯一能选择的角色。

面对90后甚至00后主宰的未来世界，我们甘愿跟着他们走，成为他们中的一员，一起去开拓属于我们自己的更开放、更有包容性，也更强大、更光明的未来。

白鹿原的后裔

《白鹿原》的作者陈忠实老先生走了。整个“五一”假期，陕西人民都沉浸在失去这么一位优秀作家的悲痛之中，媒体关于陈先生的悼念更是铺天盖地。我作为一个陕西人，通过陈忠实的为人、事迹和作品，发现很多媒体没有关注到的一项重要内容——陕西人的独特价值观及其背后的历史变革。

陈先生虽然不在了，但他用作品刻画出的完整、真实的陕西人形象将会长存。他在小说《白鹿原》中所描绘的人性和纠结的恩怨情仇，都是在历史变革中沉淀下来的；与之一起沉淀下来的，还有陕西人的思维方式和性格。

说到陕西人的思维方式，最有意思的就是他们的“宏观思维”。他们看待一件事情，往往喜欢用“百年”“千年”作为衡量标尺，先追溯过去的历史先辈，再向前展望未来。拥有这种宏观思维的人一般活得更有使命感，因为往回看，祖宗如果留了什么东西没做完，咱得做；往前看，子孙还期待着什么，也得为他们铺个路。一个陕西人，尽管生活在狭窄的农耕社会，但他思考问题时所要顾及的可能是“方圆几百里”。

按费孝通所说，乡村社会也就“方圆三十公里”的事，但是陕西人擅长将历史延展开来进行阐释。他们能从历史光荣的一面看到背后犄角旮旯里的事情，能从失败中看到成功的机遇，或者从成功中看到潜伏着的失败，这是陕西人很独特的地方。

也正因为他们看待历史的“宏观思维”，历来在陕西土地上折腾事的人，都是激进而且满怀理想的。拿农民起义来说，其他地方发生的农民起义，大部分都是因为眼前的利益，起义者只想在当地称霸而已，比如东北闹“胡子”，上海闹“小刀会”。只有陕西的农民起义，目标很清楚，就是想做皇帝。比如李自成，喊着“闯王来了不纳粮”的口号，最后果真打到北京当了几天皇帝。陕西人对称帝的执着，都是因为他们有自己的标杆——给了他们无数的想象空间的“十三朝古都”历史。

这样看来，陕西人仿佛是有理想、有抱负、时时刻刻充满激情的，这和大家平时接触的陕西人似乎有一些不同。

我们认识的陕西人好像总是和和气气的，谁也不得罪，给人面子，从来不让人难堪。在陕西人的人际交往当中，“给面子”是最大的事情。陕西人对“给面子”的定义是降低自己、抬高别人，让对方感到被尊重，激发对方想要帮助你和支持你的冲动。

这种性格放在陕西本地来看，你会觉得稀松平常，因为大家都这样。但是如果在外地，有时候你一眼就能认出陕西人，因为不管是张艺谋、顾长卫这样的公众人物，还是一些媒体人、艺术家、官员，这些陕西人总是保持着谦和的微笑，让你感到被尊重。

陕西人深得中庸的奥妙，而且把它变成了一种本能。我担任北京—陕西商会会长的时候，想要给商会找一个商训用以自律，发起所有的陕西商会成员一起帮忙。所有人在寻找商训的过程中，想到的第一件事就是翻《史记》，这符合了前面讲的第一条——“宏观思维”中对历史的追溯。

最后，大家的意见非常一致，选择了“朴”和“中”两个字作为商训，“朴”意味着简单、实诚，而“中”意味着凡事不走极端、坚守中道。这是取了《史记》当中的一句话，“抱朴守中”。

因为在市场中，我们应该注意“抱朴守中”,“朴”就是穿戴朴素、为人朴实，不会刺激到他人。同时这也是一种“中”，让人感觉不到你的存在，不会给别人带来压力，也不会让人觉得“没面子”，这都是陕西人真正的道德取向和处事原则。

喜欢“中庸”的陕西人，为人都较为仁厚，如果受到委屈或是需要处理一些突发事件，又都比较低调隐忍。比如说张艺谋的“超生事件”，舆论来势汹汹，民众要求他缴纳上千万的罚款，他道歉之后认认真真地把罚款交了，从没对这件事情表达过不满。他在用这样一个特别“陕西人”的方式来处理事情，实际上也透露出了陕西人的智慧——用时间来死扛一件事情，通过时间来决出胜负或对错。

你以为陕西人谨慎、中庸是因为害怕得罪人？实际上，陕西人很勇敢，他最大的勇敢就是善用时间跟你搏斗，会用时间慢慢来证明自己的正确和你的愚蠢。因为在陕西人眼里，千百年来，有太多是非成败转头空。很多事情往往今是昨非，短时间内的成败在拉开时间长度后看是毫无价值的。站在千年来看，你在某一时间的较真和算计，简直愚蠢可笑。

陕西人拥有自己的处事原则，他们聪明又骄傲，也正因为如此，很多从外地到陕西做事情的人，似乎很会算账，最后却都败下阵来。

我离开西安 20 多年以后，有一次回到西安办点事，一个老同学认为我离家多年，早忘了陕西人的行事风格，坚持要告诉我与陕西人共事的诀窍。他跟我说，和陕西人谈事，最重要的就是“悄悄地、缓缓地、㧟㧟地、潺潺地”这 12 个字。

第一，“悄悄地”。交谈时要低声，悄悄地，这符合我们前面讲的“朴”，不要咋呼，不要引起别人注意。

第二，“缓缓地”。说话一定要慢，不能急，慢是成功的关键。

第三，“㧟㧟地”。陕西有种小吃叫“㧟面”，就是在面上浇一些稠汁，搅拌在一起，比北京的打卤面还要干一点。这种把东西混合在一起分不清的混沌状态，就叫“㧟”。上海人认为把事情搞清楚是聪明的，当你事情没做好的时候，他们会觉得你把三七弄成了 23，会说你是十三点、拎不清。但是陕西不一样，在他们眼里，事情模糊化是成功的关键，你有本事把事情弄模糊才有成功的机会。

第四，“潺潺地”。就像那种吃饱了拍着肚子，然后抽着烟，闭着眼，迷迷糊糊的舒服状态，让大家都感到很满意。

不急不躁，徐图进取，用时间证明自己的正确，把事情模糊化以减少被攻击的可能，同时用中庸之道来躲开各方面的压力，再以低调来避免偶然打击。这些都体现了陕西人特别的智慧，这种智慧从过去一直绵延至今。

但如果你回顾历史，会发现陕西长期重复着与《白鹿原》类似的悲剧。这样的故事一代又一代地延续下来，每一代人似乎都从历史中汲取了很多经验，却仍然逃不出宿命。

因此，他们会开始思考，人为什么要活着？世界究竟是什么？人生究竟是什么？是非究竟是什么？成败究竟是什么？

当然，这一系列的终极思考，至今仍是无解的谜题。陕西人虽然拥有宏观思维和特别的智慧，却总是落入历史同样的误区。这就像我们今天做的很多事情，当下看都非常聪明，但放到历史长河之中，却显得有些无奈和滑稽。

而陈忠实给白鹿原留下的那些故事，所有的智慧与恩怨情仇，最终都没有任何结果，历史仍然停留在白鹿原上。尽管今天的白鹿原上建了很多房子，环境也比过去好了些，但是生活在那里的人，和 100 年前没有什么变化，他们的内心仍然留有历史带给他们的自负，白鹿原仍然还是历史中的那个白鹿原。

不过，我们要感谢陈忠实老先生这个“纯粹的作家”，他用自己那张像刀镌刻出来的脸，和他充满现实主义色彩的作品，为我们展现了真实的白鹿原，塑造出一个个典型的陕西人形象。你如果认真地阅读他的作品，将会更好地认识陕西人，也会更好地认识中国人。

同时我们也要感谢陕西人，在和他们打交道的过程中，我们也会被影响，渐渐开始思考未来，开始拥有前进的方向。

老炮儿的黄昏与江湖的周期律

这几日，《老炮儿》又成了一个焦点话题，一些人憋着劲儿为那些曾经的强者和叛逆者叹息，表达着不甘寂寞、不愿意与时代告别的悲情。在电影里，"老炮儿"成了比大叔更有色彩、更有魅力的"大爷"，看上去是老腊肉，但比小鲜肉更有道义感，更多一抹英雄色彩。然而，影片所塑造的"老炮儿"形象，无论是讲理的还是死磕的，无论要面子的还是讲道义的，或者是片中时常闪现的那种麻木、呆滞甚至扭曲的目光，都让我感受到他们即将与这个时代告别时的无奈和挣扎。

事实上，"老炮儿"这种称呼，曾经说的是在北京城里的一些混混，甚至是那些因为在街头闹事而频繁进出炮儿局的惯犯。别人说"老炮儿"是对他们惯犯身份的指认，他们自称"老炮儿"则是自嘲，甚至是一种自我标榜，表示自己在混混中也很牛，听上去显得非常不羁、狂放。电影所展示的"老炮儿"，又几乎集中了所有北京混混常用的道具，比如三棱刮刀、将校呢、鸟笼，还有在北海溜冰的场景，让"老炮儿"成为这个时代最浓重、最让人难以忘怀的一个记忆符号。

但是这仍旧难掩"老炮儿"们的落寞，以及被混球"小炮儿"们嘲讽时的那种无力感。一个时代终将结束，即使你不愿意与它告别，那个新成长起来的时代并不会停下来多看你一眼，更不会怜悯你、给你半丝温情。相反，新的时代会像一列阻挡不住的列车无情地从你身上碾过。这个时候，你连一声临死前的哀鸣都不可能发出，甚至能保留一具完整的尸体都已经是万幸了。

我在电影里看到了“老炮儿”这种旧时代的人物在和新时代交汇时的绝望、无奈、挣扎，和那副不甘死亡却必须死亡样子。当“六爷”挥着军刀在野湖的冰面上奔跑时，他身上的所谓道义、正气、不屈、勇敢，都显得那么脆弱、无力、苍白。

其实，这种题材的故事和电影作品，在中国的民间社会非常多，在香港的江湖片中尤其多。无论是《纵横四海》，还是《跛豪》，或者是《古惑仔》，一代又一代的江湖电影，讲的都是这样的主题。

老一代的大佬年岁渐长，有家眷之累，又有生计上的压力，身体也逐渐衰老，无法继续冲在一线喊打喊杀，于是过起了“半正常”的生活，甚至退到街角一隅，喝茶、抽烟、斗嘴、打麻将，又或者是守着自己的小女人，过着猥琐而可怜的日子。

当他们的生活慢慢安定了，和那些刀光剑影渐行渐远之后，如果突然又遇到一些冲突或打斗，特别是面对着一些更年轻的愣头小伙、街头的新生英雄，他们总是会感叹“世道变了”，年轻的一代心太狠、手太辣，一点都不讲江湖道义，对老人更是不尊重，全然不顾道上的规矩，破坏了江湖秩序。

这些老江湖所谓的“江湖秩序”，实际上只对他们自己有利，因为这种秩序也是他们在早年的生活环境中自己创造的。在他们 20 多岁的时候，当他们挑起事端、抄起家伙和上一代死磕、玩命抢地盘、好勇斗狠的时候，他们从来没有想过他们正在破坏着上一代人的秩序；而在那些上一代人的眼里，他们也是不讲道义、不守规矩的一帮混小子。

在所谓江湖或者是黑社会的游戏规则里，从来都是新的战胜旧的，新的一代只有更狠才有机会出头。不光是中国，西方的黑社会和江湖其实也是这样，比如《教父》《美国往事》，新一代要想冒出来，只有比上一代更狠，他们生存发展的力量才能够超过保守的力量，成为又一个时代的强者，完成代际的更替，延续又一个时代的“江湖”。

杜琪峰拍过一部电影叫《黑社会》，分上下集，非常生动地描绘了江湖中新旧更替的游戏规则。这种规则大体上来说分两类，一类是家族世代传承的规则，比如香港的新义安，这种传承的方式相对稳定，常见于东方社会，还有意大利的西西里。这种传承的过程中也会有搏杀，但总的来说，厮杀不那么激烈，不那么刺人眼目。

另外一类是不言自明的潜规则，就像电影里演的，某个帮派要换话事人，帮派后台的大佬们就坐下来喝茶，每一个大佬都会推举出自己心目中的接班人，于是大佬之间争执不下，这时只好任由那些接班人互相厮杀。因为这些小辈们也知道，要想上位，光凭大佬在背后支持远远不够，必须把其他所有竞争者逐一杀绝，同时把他们背后的大佬斩草除根，剩下唯一的自己，才有可能抢得龙头棍，成为一世枭雄，执掌天下。甚至这样做还不够，还要把支持自己的大佬杀掉，免得出现一个“太上皇”，变成一个背后的力量控制自己。

电影所描绘出的就是这样一个场景，厮杀到最后，最狠、最凶残、最蔑视上一代规则的那个人，夺得了龙头棍，取得了大哥的地位。所以，在江湖上一直都有一种说法，也是生存的金科玉律，那就是“要想当大哥，杀了大哥，便是大哥”。而从大哥的角度来说，他的生存秘诀乃是“最可靠的就是最危险的”，所以做大哥一生都要谨小慎微，时刻提防着来自身边人的暗算。

在江湖上，新人上位的手段往往比上一代更狠、更暴力、更不守江湖规则。这是他们唯一的出路和必然的选择。江湖的新旧更替完全处于一种毫无法制可言的灰色地带，必定是一种弱肉强食的自然选择。当新的一代老了之后，他们又会像上一代一样，哀叹下一代不讲道义、不守规矩，而新一代又总认为老一代无用、可怜、迂腐、迟钝，最终无情地一脚把他们踢开。这种不断产生的更替，就叫作江湖的周期律。

江湖上演进的周期律，恰好和朝廷中的周期律相呼应。在中国几千年的封建社会当中，当一个农民通过起义杀了无数人、取得政权、登上皇位之后，一开始会干劲十足，而且对前朝遗老绝不手软；而当他们坐稳龙椅之后，必然会与民休息、轻徭薄赋，给社会经济发展的空间；等到社会发展到一定程度之后，又会出现豪强兼并、外戚专权，或者内宫祸乱，爆发继承性危机。一般等到第三四代皇帝即位时就会出现一次危机，那时候，就会有一个超级强人出现，这个人会杀掉所有前朝可能会影响他上位的人，包括亲戚、手足，成为新的至高无上的中兴皇帝。

再经过三四代的演变，又会出现尾大不掉的局面，后宫多、子嗣多，这些人制造出宫廷祸乱，加上社会矛盾、封疆大吏的野心，势必演化出新的动荡与绞杀。于是，又会有一次新的农民起义，又冒出一个强者，血流成河之后，社会最终归于正常。而这个新的皇上，又会变成下一个太祖、高祖，重复着前朝的故事。汉朝的高祖皇帝和光武帝，唐朝的太祖和唐太宗，以及清朝的太祖和后来中兴的皇帝，都未能脱此窠臼。中国的封建社会本质上就是这样一部治乱兴衰不断循环往复的历史。

这种皇朝的治乱兴衰规律，就是中国封建社会历史发展的周期律。无论江湖还是朝廷的周期律，恰好都反映了一个问题：当没有法制、没有一个透明的权力更替程序或游戏规则的时候，新与旧的矛盾、当权与在野的冲突、上台与下台的更迭，都会引发暴力和流血。胜则全赢，败则全输，从而造成对社会经济发展的剧烈破坏。

今天看《老炮儿》，不必沉溺于所谓“老炮儿”的血性与道义，也不应过分夸大这种精神的价值。我们应该看到的是，无论江湖还是朝廷，都需要打破这种周期律，我们需要秩序。而最有效地建立秩序的方法，就是建立法制系统。如果所有人都遵守一套共同的游戏规则，那么无论新一代怎样成长，都不会出现老一代这种垂死的悲鸣和无奈的挣扎。

有了法制，“老炮儿”也不必披上旧时的战衣，无力地挥舞军刀，去挑战一个新时代的到来；新一代也不需要通过杀伐打斗、阴谋诡计去残忍地剥夺老一代的尊严，不需要用鲜血祭奠自己的权力；新时代和旧时代将能和平地更替、共存、共容，互相滋养，共同成长，使社会经济能够连续不断地正向积累——不光是财富的积累，还有文明的积累、情感的积累、价值观的积累，以及国民精神的积累。

我们的中国一旦摆脱江湖和朝廷的周期律，国人的精神气儿才能够舒展，整个中国在世界上才能够拔份儿。中国人只有生活在健全的法制社会里，才能实现一个理想的中国梦。

每一代人都很牛，只是没到时间

每一代人都有各自独特的精神气质，只要奋斗，就会有所成长，很多杰出的人会脱颖而出，把人类的成果和文明延续下去。历史不会放弃任何一代人。

我们不能笼统地拿“一代人”来说事，所谓“某某后”的说法，只是媒体闲着没事干，硬给不同年龄层的人强加上的标签。

每一代人都会成长，都会比前一代更强。上了年纪、自以为成功的人，一定要打消导师心态。你所拥有的社会资源、人脉、经验比年轻人强，就说现在的年轻人不行，相当于在更年期的人，老说青春期的人不正常。人家不正常了是希望，你不正常就完了，是死亡，长江后浪推前浪，前浪死在沙滩上，这差别大了。

年轻人想的当然和你不一样，你跟你爹想的都不一样，凭什么要求他们想的跟你一样？50后、60后、70后如果一直在原地待着，总是用自己那一代的使命去衡量别人，很快就会被摔到沙滩上，那时候也会被归为“弱势群体”。

我常常跟80后、90后聊天，也转过来变成后浪，这样才能找到新时代所赋予的激情、立场、眼光和方法，而不是站在这里说年轻人不行。其实等年轻人长到我这个年龄一样能行。只有当整个社会开始把年轻人作为主体，这个社会才是一个有希望的成熟社会。

没有一代是会“垮掉”的。每一代人都有自己的使命，无论这代年轻人怎么受摧残、怎么被别人看不起，总有一天，他们会成为社会的主流，掌握话语权。

年轻人不要被“上面的人”吓到。现在刚入社会，上面的人还没有走呢，你想牛也牛不起来啊。上面的人说：“你就听着。”但无论在哪儿、做什么，都要按照自己人生的方向努力奋斗，该怎么着还怎么着。按照时代发展的脉络和脚步，不要落后，只要你比同代人走得快一点，等到四五十岁的时候，就能赢得社会的尊重，这个世界就是你们这一代人的了。

我刚硕士毕业参加工作时，也被叨唠过。我是50后，上面的领导多是30后、40后，他们老是觉得我们没戏，指责我们没有理想，既不能吃苦，又不懂马列主义、毛泽东思想，什么都不懂，什么都不行。

我当时被他们这样一说，也觉得自己挺差。后来我想明白了，自己最大的优势是年轻，耗得起，这世界早晚是我们的。年轻人都应该坚信：我很牛。

中国社会目前正逐步形成财富的圈子、权力的圈子、明星的圈子，这叫“头等舱效应”。在中国坐头等舱的人，在社会上也基本属于头等舱的地位。头等舱会相对宽松一点、舒服一点，但从面临的风险来看，与经济舱没有本质区别，飞机要是掉下来，一样都身不由己。

年轻人无论生活在头等舱还是经济舱，面临的问题都是相似的，一样要奋斗、成长、选择、面对风险。同样，每一个年轻人都要对自己有要求，“天助自助者”——我还特意把这几个字写给我女儿看，她一看乐了，说：“我知道这是什么意思。自己先要帮助自己，自己不能帮助自己的时候，别人帮你也没用。”

不论你在经济舱还是在头等舱，首先要有“自助”的心态，然后其他人的帮助和外部环境才能发挥作用。中国人常说“富不过三代”“一代创，二代守，三代耗，四代败”。要想走出这个怪圈，年轻人必须担负起自己肩上的责任。

女人消费的水越多，气质越好

“当这个世界连最后一滴干净的水，最后一口干净的空气都没有，钱还有什么意义呢？”前阵子热映的电影《美人鱼》反复出现这句话，让人印象深刻。人鱼姑娘为了保护那片水域表现出来的勇敢和美好，更是让人难忘。

陆地上的女人们也和水里的美人鱼一样，要靠水才能养出气质来。每个人都向往美，心中都有一片海洋。

在人出现之前，地球上就有水；在婴儿从子宫里出来之前，要经历破羊水这个过程。所以，水是人类的母亲，水孕育了人类。

前两天，我回母校，正好看了一个关于人类历史的展览。根据达尔文的理论，在上百万年以前，人类还在水里，只是单细胞的浮游生物，后来渐渐地变成像蛆虫一样的生物，再后来又变成有脊椎动物；上岸以后，我们又经过很多变化，慢慢学会了直立行走，最后就变成了今天所谓的人。

如果当时没有水，也就没有今天的人类了。我们对水的敬畏，其实是对自身生命的尊重。另外，不光是生物进化过程，社会制度的起源跟水也有很大的关系。

历史学家认为，东方“集权”的管理模式就来源于水。在东方文明起源以后，人和人之间渐渐地开始有了差别，水作为一种很重要而短缺的资源，需要被公平地分配。于是，地方上出现了一种社会管理方式，并形成集权制度。因此，水就成了维持统治的必要条件。

再说女人跟水的关系。在我的老家西安边上有一条河，叫浐河。6 000 年以前，河边上有一群人，叫半坡人。半坡人是母系社会后期的一个部落，在他们的部落里，女人是最厉害的。

在母系社会的部落当中，女人出现了两类分工：一类是从事农业的，女人把水引入田地，进行灌溉，这样就逐步发展出了种植业；另外一类则负责“圈养”，让野猪变成家猪，野生植物变成家种植物。

女人是最先学会利用水的。她们用水创造出了私有财产，创造了农业，创造了家畜。但没想到，这些成果又被男人学会了。于是，男人就来养女人，社会就进入了以男性为主导的父系社会。在父系社会里，男人控制了水，又为水而战，让女人帮他养育子女。这就是人类历史的故事。

每一代人都很牛，只是没到时间

前段时间，我们流行说“主要看气质”。女人最重要的就是气质，那气质是怎么形成的？这和水的消费量有关。如果一个女孩子从小就有洗澡的习惯，洗到 18 岁，那就一定会给人干干净净、漂漂亮亮、清水出芙蓉的感觉，不化妆也会很美；如果她从小不爱洗澡，总是脏兮兮的，等到 18 岁的时候，气质肯定好不到哪里去。

那么，靠什么来消费水？靠钱。很多女性所谓的“气质好”，无非就是花钱多，用的水多。美容护肤，上妆要用水，卸妆也要用水；再加上美容整形行业的迅速繁荣，让胸部尺寸也发生了变化。这些消费越多，也就是消费的水越多。

所以，女人是水的消费主力。要提升所有女性的气质，核心就是要把水管理好。这样一来，不仅是女人的气质会变好，爱她的男人的气质可能也会变好，整个中国的气质也就会越来越好。

怎样才能把水管理好呢？一句话：对水好一点。

第一，保护水源。这就是阿拉善在三江源做的事情。这也是今天我们对水好一点最初始、最关键的地方。

第二，吝啬一点。节省地用、循环地用，别浪费。

第三，多嚷嚷。大家应该一起来嚷嚷，让所有人都知道对水好一点就是对自己好一点，更是对女人好一点，最终是对子孙后代好一点。

因为我们都想对水好一点，所以“水美中国”这个论坛就诞生了。无论从哪方面看，我们今天到这里来，都是一件特别有意义的事情。我们对社会问题可以表示无奈，可以呻吟，但更重要的是要去大声地呐喊和呼吁，让大家知道，对水好一点，不仅是对自己好，也是对碧水蓝天好，更是对子孙好。我们的呐喊，是有价值的。

附录　少年冯仑日记

编者按

该部分节选冯仑1975～1976年初中时的部分日记，十六七岁的冯仑，读《史记》，学毛选，研究费尔巴哈哲学，争先进，当团员，树立崇高理想，寻找人生方向，建构自己的世界观，关注国际形势，制订三个五年学习计划，夯实知识底蕴，与好友相互砥砺，一心为将来锻造领导能力。

1975年5月4日

从今天起我的日记又开始了新的一页，因为我已是一名中国共产主义青年团团员了。昨天我和晓明还有其他同学在红旗下已经宣过誓。今天是我们青年的节日——五四。今天我的心情不同往常，遐想很广。从今年1月被年级团支部批准之后，在待批的三四个月里我又经历了一次不幸，在一个公共场合，与年级组长高路平（女），发生了争吵，之后高路平的一些高明手法逼我上了梁山，我在水泊中与鱼儿共处。通过这件事，对苏老师的感情在固有的基础上有了增进，我对其有了进一步了解。在这三四个月里，我曾第二次拿起笔，准备写《文言文启读》的小册子，约莫用了一个多月，写成了前两章，后两章还正待写，碰上了一位好老师，也可以算作我的师傅——王奖晴同学的父亲，他答应我和他一起学习历史。由于其家里藏书之多，故我决定再度搁笔，以后有时间再说。最近半个月我遵照师傅的指示，读完了《毛泽东选集》前三卷，第四卷还在读，大概两天后即可读完。季才（我最好的朋友）最近又有新的打算，准备以小说《敌后武工队》为蓝本，写一个同名的电影剧本，以求扬名。这个想法，我投赞成，只候捷音。若此举能成，则我俩树大气之第一步，就算成功，登台之时也随此而近。且勉，且勉。

1975 年 7 月 29 日

自上次写日记（6 月 1 日）到现在，拿起笔已有近两个月，在这一段的时间里，我终于在今后要走的道路上认准了方向，所以想在下面将第二次记日记时定的五年计划修正一下：

1975~1980年，重点放在政治经济学、社会学和马列、毛主席有关的著作上，因为只有正确的世界观的指导，才能走在革命的路上，只有掌握一定的政治经济学、哲学和社会学的知识才能研究好历史，否则那只是空谈，雄心再大，没有成绩。

1980~1985年，在前面的基础上，从事历史研究，从粗知到了解，从了解到精通，从精通再深入。这样一步一步地向前走，才能在身后留下一个个脚印。在这一阶段里要虚心向他人请教，在他人的基础上，用自己的观点进行辨析。反对自我盲目崇拜、不敢创新的保守主义思想。

1985~1990年，以前面10年的成绩为基础，系统地研究历史，重点在两汉，用5年（1985~1990年）时间写出《两汉（包括三国）史》，力求问世。为达到和完成以上三个五年计划，我现在的任务很重，还需要进一步地刻苦学习，努力实践，做到踏踏实实地坐下来，认真读一点书，不要这也想看，那也想摸，克服读书不求甚解的坏毛病。

在近两个月的时间里，我参加了10天的夏收劳动（实际上只有8天）。在劳动中我得到了锻炼，有了一点进步。我在班里，总与党老师谈不到一块儿，常常是争论不休。揣摩党老师在鉴定中对我的评价，使我颇感不快。我要和他继续争论下去，看看到底哪方是“空城”，却在那里卖弄玄虚。党老师任我班一个学期的班主任后，苏老师又接过了班主任的交椅。在正式移交手续之前，已和苏老师谈了几次话，大抵都是鼓励我的话。我这次是不到黄河不死心，一定得为自己争口气，为苏老师争口气，给一个小看我的人一点颜色看看，到底谁是诸葛亮、谁是马谡。放假几天来，我有空和张志平、徐文豪谈了几次（都是闲谈），通过交谈使我对班里的有些人有了进一步了解，尤其是对名誉上还是团员、红卫兵小队长的这个人，认得更清，将笼罩在我脸上的面纱撕开，眼睛更透亮了。我要大声疾呼：快来人吧，救我一命。

季才和我的关系一直很好，虽然有时脾气、个性有些不投，但在一个共同的目标前使我俩手拉手，毫不放松地向前走去。在这里我要默劝季才，把雄心放大，把眼光放远，识今之时务，拿出魄力来，在政治上能有成绩，其他一般都好办了。我要把心放正，克服自己的缺点，不受任何人的吸引、引诱，一心一意地奔着目标前进。我要向一切有知识的人学习，学习他们的知识，学习他们可取的思想，不断地在各方面得到进步。

上面两段话，就是我对自己提出的希望。黄晓明走了快两个月了，还未见有来信，不知原因为甚。吴学宁 17 日（本月）走，至今已有十多天了，亦未见来信，原因未详。

大概下月 5 日，要到草滩三奶场学农，任务对我来说又是需要又是艰巨，怎么办呢？努力吧，柔龙。

1975年9月8日

结束了一个月的学农生活，今晨返回学校。回到家里静静地坐下来想想，便发现以往看书学习之所以收获不大，其中一个原因即缺乏分析精神，不假思索，走马观花，不出成绩。另一个在我身上存在的致命弱点是好大喜功，而缺少实干精神，拿了这本书，想看那本，再拿了那本却又想另外一本。这样下去，势必要误了前程。我下狠心要克服，改正这些毛病和缺点。

我回来了，季才却走了（也是赴草滩学农）。一人常闲，甚感寂寞。天下何乏知我心者也？季才之情，天下独一。晓明也未来信，不知何故。将动手为书于晓明处。

1975年10月31日

前天收到晓明的回信，至今未复。

眼看着今年只剩下两个月了，今年打算做的事，基本上可以完成：一篇系统的读书笔记整理和一份论诸葛亮的文章。

只有正确世界观的指导，才能走在革命的路上

这星期季才被校里看中，荐为校小报——《革命青年》的编辑，与他同样的还有三班的万隆等人。季才有幸，我有何理由不为之大喊大叫地高兴。其他人呢？不过区区小可而已，并未发现有甚惊人之处。而万隆——常被人称为“干部”自命不凡的人，听季才说，他倒挺有兴趣于文化创作，譬如写小说。由此看来，其志不过于季才，更有何疑，不足畏也。又有季才其班之徐宁，被选中为红卫兵大队的宣传委员，我心里亦鸣不平，什么原因呢？是我才不如其吗？还是照顾我现在班里的处境（一把手工作之忙，可以想象）？我自认为是后一种可能。普列汉诺夫云：人对社会起影响，要看到主要是能满足于社会所需，我之所以各项皆不得志，其因大概如此。我将来能干什么呢？什么最难、什么最高、什么最利、什么最便，我就决定干什么。什么能使我最高兴快乐？

与季才畅谈，兴而忘其寝食。刻苦地学习，不断地投身社会的涌浪旋涡之中。朋友多而遍天下，知己者却不过五六。我最终的目的是什么？致力于国、于人类，全心全意地为其服务，鞠躬尽瘁。在中华民族新的历史上永铭季才、柔龙二贤之名，光耀于永世。勉其勉其，手绝墨想。

1975年11月9日

这几天，并没有白忙。

自上个星期六晚上与季才谈话之后我们订出如下计划：

打算用半年至一年的时间完成一项关于诸葛亮问题的文章。要完成此项任务，我首先考虑的已不是成名成家，而是怎样去做，怎样使它为社会服务。我之所以有此打算是因为我发现：《三国演义》中的三国与现之中、美、苏的情形很相似。在三国中，蜀最初弱，但蜀之诸葛亮能用其高超之策，北抗曹魏，东和孙吴，六出中原，一直掌握主动，原因是什么呢？我认为仔细将此研究以后，对当今我国如何在三国之中掌握主动，是有借鉴之处。这就是我的动机。

一个星期过去了，我应做的准备工作，已进行了一点，但估计还需要相当长的时间进行准备，才能成功。

我们的事业一定要成功，我们的事业也一定会成功。

给晓明的回信已写好，还未发出。

过几天，工作可能更忙了。

1975年12月3日

今天的日记，本应是昨天记的，因为内容大抵都是昨晚与郭一亮、王健和季才等谈后的感想。

和郭一亮在一起谈过一次，不过那已是好久前的事了。昨天是第二次谈，发现此人并非平常，与我相比，有过之而无不及。他看事、分析事，敏感且尖锐，说话隐讳而含意却深。正是此，使我能从思想上来一个大飞跃，既抛弃一切个人主义的念头，把为什么而学的问题真正解决，树立起为社会主义，为世界革命，为祖国而十倍、百倍地刻苦学习，为什么呢？

回顾一下，我过去的想法是好好地学一番，争取名利双收，这样走到哪儿都光彩。其实这些都完全是资产阶级极端的个人主义，太危险了，要坚持把它扔开，扔到茅厕去，粪坑里去。如不这样做，就会使自己的前途，永远不会光明。与此相反，无产阶级的思想，要求我学习一刻也不能放松，相反还得更加抓紧，但目的绝不能只为个人着想，一切从“公”字出发，什么名啊、利啊，统统不去想它。这样才不会被时代抛弃，踏着光明的道路走下去。

解剖自己要比解剖别人更严厉、更无情——这是不犯错误的保证之一。

写到这里，我是这样想：今天以前的日记都算作丑恶灵魂的大暴露和自省。因此要不时地重读它，目的是为了改正它，今后的日记将开始我思想上新的光明的一页。

1975 年 12 月 5 日

前几天听说，班上王彦青同学的父亲得疾病亡，我对他非常同情。

王彦青在班上的表现并不算十分好，我与他接触的这几年来，算是近半年有了真正的了解：他性格直爽，心地耿直，为人忠厚。这样的同学确实不多，他可算得上我中学最感同情，也是最称为心的好同学。他的困难，就是我的困难。我要设法帮助他，这也是我应尽的义务。

最近的研究工作进行得还算顺利，大概是没碰到什么困难吧！今年还剩下三个多星期了，光阴真是一年快似一年，眼见得中学时代还有一年多就要结束了。在最后的时间里，我要抓紧，一切时间，多学本领，好为人民服务。

苏老师的病又重了，但我对班上的工作一直不热心，也很难解释其中的原因。工作就这样混下去，怕不行，可有什么法子使工作做得更好呢？我在主席著作中去找吧！

时已 9 点 45 分，该睡觉了。

1975年12月26日

今天，有好长时间，浑身感到不舒服，头痛，身上发冷，直到现在才初步恢复正常。

听说今年的假期，只有20天（1月19日~2月9日），不知是什么原因。

最近一段时间，在前10天的工作基础上又进行了一番努力，从《诸葛亮集》中辑录出了有关材料，接着又按实践—认识—再实践—再认识的认识方法，回过头来学习马列和毛主席有关方面的论述，从中得益不少，对下一步的工作就更有了把握。同时，也对我既定工作的决心，更加抱有希望。

我和季才，商定在明年2月底要互相拿出东西来。看来任务还是相当艰巨的，还需要花费相当长的时间进行工作。因此，也只有抓紧时间了，本来对一个假期的时间抱有很大的信心，可是只有20天，怎么能行呢？为了节约时间，今日的日记就到这里了。

1975年12月29日

我父亲从别人那借来一本毛泽东的《政治经济学笔记》，这本书从未公开出版过，因此，内容上不免有出入，但从此可以看出伟大领袖毛主席的学习方法——分析鉴别的方法。因此，我昨天花了四个多钟头的时间（从晚上7时开始，到夜里11时半），写完了此书的摘要。

读书，真正的读书方法，可以说我还没有掌握，但相信将来终究会掌握的，实践出真知。

今天已是29日了，离元旦只有两天了。年终总结的任务又落到了我头上，于是从今天始便要认真准备了，力求写好它。学习马列主义，绝没有止境，因此，必须下更大的功夫来读它、运用它，做个真正的马克思主义者，为人类做贡献。

1975年12月31日

今天是31日，是今年的最后一天。

此时，我回顾了今年一年的工作和学习情况，有很多感想。

从今年起，我的思想，我的世界观才初步确立。以前只想学习，想学历史，想学军事，却是徘徊不定。今年，在王老师的指点下，在自己的努力下才明白，我想学这学那，都是些个人名利主义思想，没有真正树立起为革命而学的崇高理想。学军事、学历史，最多不过是一门通，对人类社会的贡献是有限的，于是便决计不学这些了。要学政治，学世界政治，学治理国家，学领导革命，这样才能对人类、对社会有较大的贡献。这种贡献虽然也是有限的，但比起前一种理想来，还是更有意义的。

回顾一年，我的工作抓得还不紧。年初我抓紧利用寒假通读了《史记》。《汉书》、《明史》的个别册也通读了。我想手抄《史记》结果也是半途而废。我又想写《文言文启读》的小册子，结果学历太浅，成了妄想。我想在报刊发表文章，结果没有成功，最近我又想用半年时间进行研究写出一篇文章，是否还是妄想？我这时却不如此想，最近一段的工作成绩又给我添了信心。

回顾一年，我还有很高兴的地方，就是我又真正认识了一个人——郭一亮。认识他，对我的帮助是很大的。从认识了他，我才确立了为人民学、为革命学的世界观。我才有信心学好政治、战略——世界性的政治、战略，学治理国家，我若能为人类做出贡献，那当感激他的帮助，虽然不是明说。

回顾一年，我在学校里的政治表现上进步并不很大，年初入了团，再没有什么成绩。

回顾一年，我对黄晓明更加了解——一个诚实的同学，我的好朋友。不但了解了黄晓明，还了解了其他人。回顾一年，我感到马列主义、毛泽东思想是自己永不可少的必修课。仅从刚开始学的几个多月便尝到了甜头。学习马列主义，学习毛泽东思想，只要我还活着，就不能忘记它。

马列主义、毛泽东思想在我心里装，马列主义、毛泽东思想为我提供武器，马列主义、毛泽东思想光照全球，永远不灭。马列主义、毛泽东思想万岁！

回顾一年，我看到国内外动荡的局势，更感我未来的重任，和现在需要学的东西实在太多。因此，我在新的一年，将花费出比以前十倍、百倍的力量来学习，为将来打下基础。

回顾一年，我看到我们的书架已经满了，但我还要继续为将来搜集更多更好的书。马列、毛主席的书第一重要。

明年，我的任务更艰巨，我的信心也更足，外语是明年的新任务，一定要完成好。

努力吧！新的目标在等着我。

努力吧！祖国希望着我。

努力吧！多少只眼在看着我。

努力吧！为人类的光明、前途、希望加倍努力。

最后，让我为季才前不久被支部通过入团而高声庆贺。

1976年2月12日

开学前三天，在学校参加干部学习班，因此与郭一亮交谈的机会多了。通过多次交谈，我发现他在办某一种事时，比我有魄力，但在其他各方面与我基本相同。我昨天对季才说，“郭一亮有能力，我能下苦功夫，精力胜人，你沉着、善思，将来正好成为一个全面的领导班子，哈哈……”这是对目前三人的总结看法。

我一直担心，三人中将来最能有竞争能力的一定是郭一亮，因此，要提高警惕。最近看来，这种担心是不必要的。只要干一切是出于公心，一切都是为了人民的地位，就不应该考虑。只要全心全意地为人民服务，那就一定不会为私心杂念所惑。

要抓紧时间学习马列主义，其他有时间的话才可以学习，但后者绝不能忽视，一定要注意。苏老师又病得很厉害，但千万得坚持到放暑假以前，否则我们的计划将会有困难。我现在对自己将来学习提出这样的要求：

哲学要精（马列主义、毛泽东思想）；

其他要通（经济学等）。

共产主义的信仰一定要坚定。

1976年3月2日

班上目前的状况仍同上学期一般无好转，我心有余而力不足，呜呼！我要警惕，我滑到可怕的道路上去。我始终信奉的准则是，为大多数人服务。离开了此，只有走投无路。历史的审判，也是会做结论的。

如果我觉得，并好多人都同我一样地认为，当政者是全心全意为国为民的，那我就要不遗余力地去做工作。至于此的道路，那时也何尝不愿去走呢？如果相反，我决心站在大众的一边，站在历史的一边。

毕业临近了，社会职业对我来说不能说是无关紧要的，我希望能在文化系统的某某单位供职，这样对我来说，比其他单位的工作要好。可是社会并不是由我主宰，我愿意做什么工作，只是我愿意而已，事实上的可能性是微乎其微的，但我绝不放过百分之一的希望，要用百分之百的态度来对待。要努力，当然还要下功夫，身体应当注意，否则就会使一切夭折。

1976年3月7日

开学后我们接着是学学劳动，开始我劳动的七八天之后，就一直没去过。请了病假——装病，为的是有时间多学习（在工厂劳动，收益比起家里来那是不及的）。

最近七八天里在读费尔巴哈的著作，有关他的哲学思想，我只能说他是一个唯物主义的哲学家——承认：存在决定意识，这个哲学的基本问题，《辞典》中也称作哲学的最高问题。费尔巴哈的著作读起来暂时还有些困难，要认真读，读出味道来起码得花费相当长的时间——力气倒是舍得的。读了这几天在脑子里只有个大概的影像，真实的东西是不清楚的。

今天是7日，打算到14日把费尔巴哈的有关著作、书籍读完，无论如何，总不至于白读吧。

这两天的体会使我认识到，哲学这一门科学是需要花费很大的气力才能学好的，我虽不是准备去当哲学家，但也一定要努力学好。功夫就是果实，不对吗？到放暑假时，我一定力争要把马列的有关哲学的著作读完，只有在此基础上才能有更深的学习、研究。任务非常艰巨，大概地算了一下起码有七八本，时间若稍一放松，怕就不够了，需要特别注意。

1976年3月25日

到兴平去了几天，回来便患病，今日感觉好转，于是记上两笔。

兴平是个县，地方还可以，出去走上一遭总比在家待着有收获，这不用多说。

今早郭一亮来了，一是送鸡蛋，再就是说汪鸿严要来，准备谈一谈。可是等了一上午客人却没来。听说，在我去兴平的几天中，汪曾来过，但因我不在，其自然失望。

这个月一直没去学工劳动，上课后肯定在同学中产生的影响不好。现在看来既要办成什么事，又怕遇到困难，那是不可能的。今后的道路还很远，我将在父母和同学及有的老师眼里越来越坏，但我认为却是越来越好，究竟谁正确？事实自然会说话的。就这些，再不写下去了。

1976年4月6日

因为形势所迫，不得不抓紧复习一下文化课了。今天测验，头一次感到考场上不知所措，真是的，如果总是这样，怎么能行呢！

眼看着离毕业越来越近了，一切的一切全都可能成为泡影。没奈何，这事并不怨我，难道我有多大的本事使一切都顺我的心吗？我不过也是一个平常的人。

下定决心排除万难，争取进步！

五卷（《毛泽东选集》），昨天爸爸拿来了一本，打算这两天认真地通读一遍。

1976年5月30日

期中考试已经过去了，这次的考试实在是紧张，以至我有时只能睡六个钟头，然而幸好始终坚持跑步，所以还不觉得有什么不舒服。考试的成绩除农基外都公布了，我的成绩如下：语文98，政治95，化学95，数学91，物理73。

今天，权老师已把关于凡因病可以免下的同学，可以报名的事传达了。看来，毕业的事宜一个接一个地快来了。这也好，早早了了学生的历史会更有益。

学习还得抓紧，今年高考与否，于我来说，并不抱多大希望。如果真要考，也不妨试试，我想自己还是有这点实力的。以前曾对季才说过，如不达目的，将是终身的一个遗憾。

现在只剩下屈指可数的日子了，一定要竭尽全力，不留下这样一个遗憾。晓明不知何故，多长时间没有来信了，争取到最后的一点时间，迈出实际开始的一步。

1976年6月2日

这两天又觉得有些不舒服，搅得我好心虚。关于我们三人拟定的研究问题，四五天来，有了一些眉目。这次一定要一个点地扎下去，搞个水落石出。

团员毕业鉴定已发下来了，布置下月底前搞完，病患的下午已到医院检查了，毕业真的已到眼前。

一切都必须抓紧，要有大庆工人活一分钟就战斗六十秒的精神。

锲而不舍，金石可镂；锲而舍之，朽木不折（我们的题目：限制法权与物质基础之间的辩证关系）。

1976年6月7日

光阴荏苒，将夏收了。

回忆起来，正是去年的这个时候，我开始接触政治书籍——《共产党宣言》，从那时起我才摆脱了片面地理解很多问题的幼气。一年来，在我的思想上确实起了飞跃，从只知埋头读书——但不会读书的学生可以说，一跃而成了初步成熟的人。这些，我都要感谢帮助我进步的他们，主要是人，其次才是书籍。

我现在越发感到不足的是，没有紧跟形势，结合现实斗争的学习，而是脱离了这些去看书、思考，这无疑是不对的。但面对眼前的情况，我只能这样计划：先读完眼前的杂书，然后再认认真真地结合现实地读一些，力争在毕业前做出一些什么。

至于今年是否夏收，或者去，或者不去，我只好听从学校安排了。

暑假一行，非成不可，这是已经定了的。

1976年6月19日

多时不沾笔墨了，以至连起码的东西表达起来都感到有些困难了。看来自己说的“写作主要是靠写”这句话该用来教育冯仑了。

从今天起，我的学习方法和内容，要有一个大改变了。以往的脱离实际斗争的学习与我作别了。联系实际学习——内容主要是无产阶级专政的理论，将会给我带来很大的好处，可以帮我实现毕业前的目标。最近一段时间由于考虑到从小过度疲劳会对将来的学习、工作不利，所以也就不每天半夜才睡觉了。而是改为每天晚上10点睡觉、早晨6点起床的作息时间，这样就会避免兵器还未打出来就坏了炉子。怎样才能真正学到些东西——可靠和科学的学习方法，我一年多来经各方面尝试摸索，目前才刚刚有了一点眉目。但这一点上，若是成功，今后是不成问题的——对待我自己的天赋，我一直很自信。

夏收今年没有去，请了一个星期的假，没别的目的，就是集中时间读点书。快要放假了，在放假前打算到农村去一趟，体验一下生活，并看看农村是怎样的。17岁的周唤涛，34岁的冯天瑜，激励我更加勉励从事目前的学习。我为人民谋幸福，越苦越累心越甜。总的感觉就是如此。

今天，给《陕西日报》寄去一份文稿和一条建议，未知采纳否，过两天就会明的。

前天晚上，郭一亮来了，恳谈了一场，还是有收益的，值得在此提一提。我坚信我们之间的友谊是牢固的。

1976年6月25日

双喜来的这几天，我大部分时间都陪他或做饭，因此空闲的时间并不很多。双喜大概明天（26日）离开西安回家（西宁）。

不管怎样，在这几天里，还是把三十条语录学完了（中间还学习列宁《无产阶级专政时代的经济和政治》一文）。不错，确实如此，学了之后思想上的确提高了。目前，我的政治经济学的知识太差，可以说是一窍不通，因此我打算先花一些时间，把它攻下来，然后才能有系统地进行工作。

现在在理论上主要研究的是这样两个大问题：

其一：资产阶级法权的诸问题。

其二：为什么资产阶级就在党内及走资派的诸问题。

这两天晚上是和华华一块儿在楼下睡的，不免要多言几句。在我看来，眼下和郭一亮的关系还是可以的、可信任的，不过，人对我谨慎，我也不得对人百分之百放心，这是正常的。也许这个正常会坏大事，但是我自信，还不至于到被人动手打我时还昏昏沉沉，我的大脑、手脚还健在，不要忘了。

昨天接到母亲从上海写来的一封信（给我的，给我父亲的不知什么内容，未见到），意思是，到外地并不舒服，不如在家好，想让我打消假期去上海的念头。岂不知，我已不是个孩子了。我母亲对我这唯一的儿子，是各方面都不放心，每次来信，都要叮咛要注意卫生、多洗澡，确实体贴入微。可以说我的父母亲都是很好的，可以引为自豪的。

下午，还要陪客人出去，就记这些了。

1976 年 7 月 21 日

这两天来，忙了一个墙报，今天下午又开了一个理论讨论会，我也做了发言。但我必须从今天的发言中认识到在我身上存在的这样一个缺点：对事情缺乏冷静分析便做出断言。这一点对今后是相当有害的，一定要在今后的实践中克服它，以培养自己善于分析问题的能力，而不鲁莽从事。谨记！

马上就要放假了，本来打算在假期中要去上海一趟，目前看来可能性是很大的，具体何时动身，那将来看情况了。

从今天会后李主任的讲话中看，下学期（包括假期）对我们的理论学习是很重视的，这是绝大的好事。假期学校在各班抽三五个人和我们原班人马共同组成假期的理论学习小组，组长由季才、刘丽担任，副组长由刘树涛、赖从萍担任。22 日，把这些同学召集在一块开了个会，定出学习的时间等具体问题，看来大家的情绪是十分高涨的。

昨天，我和郭一亮又对办组的事进行了具体商量，一致认为这是一件好事，成功与否，从目前的状况看来，主要还得依靠我们这些原班人马，因此，一定要做出点成绩来。

在这里，应补充这篇日记的开头。我和容克邵师傅争论的问题，经过辩论、讨论已见分晓，主要是在民主派这个概念的理解上有大与小之分。当然，从我的理解和他的理解出发，目前各自的论点都是成立的（容师傅这样认为），但我一直肯定地认为我的看法是正确的，这一点今后是会有明确的结论的。

天太热了，算了，不再写了。下一次日记就将在苏州记了。因为我们的行动路线（计划）是西安—苏州—上海—杭州—西安。